现代性研究译丛

日常生活与文化理论导论

〔英〕本·海默尔 著

王志宏 译

商务印书馆
2018年·北京

Ben Highmore

EVERYDAY LIFE AND CULTURAL THEORY

AN INTRODUCTION

First published 2002 by Routledge

根据卢德里奇出版社 2002 年第一版译出

All Rights Reserved

Authorized translation from English language edition published by Routledge, a member of the Taylor & Francis Group

现代性研究译丛

总　　序

中国古代思想中历来有"变"的智慧。《诗》曰："周虽旧邦，其命维新。"斗转星移，王朝更迭，上下几千年，"故夫变者，古今之公理也（梁启超）"。

照史家说法，"变"有三个级度：一曰十年期的时尚之变；二曰百年期的缓慢渐变；第三种变化并不基于时间维度，通称"激变"或"剧烈脱节"。这种变化实为根本性的摇撼和震动，它动摇乃至颠覆了我们最坚实、最核心的信念和规范，怀疑或告别过去，以无可遏止的创新冲动奔向未来。倘使以此来透视中国历史之变，近代以来的社会文化变革也许正是这第三种。

鸦片战争以降，随着西方列强船坚炮利叩开国门，现代性始遭遇中国。外患和内忧相交织，启蒙与救亡相纠结，灾难深重的中华民族在朝向现代的道路上艰难探索，现代化既是一种激励人建构的想象，又是一个迂回反复漫长的过程。无疑，在中国，现代性仍是一个问题。

其实，现代性不只是现代中国的一个问题，在率先遭遇它的西方世界，它同样是一个难题。鸦片战争爆发后不久，法国诗人波德莱尔以预言家的口吻对现代性作了一个天才的描述："现代性就是短暂、瞬间即逝、偶然"，是"从短暂中抽取出永恒"。同时代的另一位法国诗人兰波,则铿锵有力地呼吁:"必须绝对地现代!"如果说波德莱尔是对现代性变动不居特性的说明的话,那么,韩波的吁请显然是一种立场和态度。成为现代的,就是指进入现代,不但是形形色色的民族国家和社会,而且是千千万万男女个体。于是,现代性便成为现代这个历史概念和现代化这个社会历史过程的总体性特征。

现代性问题虽然发轫于西方,但随着全球化进程的步履加快,它已跨越了民族国家的界限而成为一种世界现象。在中国思考现代性问题,有必要强调两点:一方面是保持清醒的"中国现代性问题意识",另一方面又必须确立一个广阔的跨文化视界。"他山之石,可以攻玉。"本着这种精神,我们从汗牛充栋的西方现代性研究的著述中,遴选一些重要篇什,编辑成系列丛书,意在为当前中国的现代性问题思考提供更为广阔的参照系,提供一个言说现代性问题更加深厚的语境。所选书目,大多涉及现代性的政治、经济、社会和文化诸层面,尤以80年代以来的代表性学者和论著为主,同时兼顾到西方学术界传统的欧陆和英美的地域性划分。

作为一个历史分期的概念,现代性标志了一种断裂或一个时期的当前性或现在性。它既是一个量的时间范畴,一个可以界划的时段,又是一个质的概念,亦即根据某种变化的特质来标识这一时段。由于时间总是延绵不断的,激变总是与渐变错综纠结,因而关于现代性起于何时或终于(如果有的话)何时,以及现代性的特质究竟是什么,这些都是悬而未决的难题。更由于后现代问题的出现,现代性与后现代性便不可避免地缠结在一起,显得尤为复杂。有人力主后现代是现代的初始阶段,有人坚信现代性是一个尚未完成的规划,还有人凸显现代与后现代的历史分期差异。然而,无论是主张后现代性是现代性的终结,还是后现代性是现代性的另一种形态,它都无法摆脱现代性这个关节点。

作为一个社会学概念,现代性总是和现代化过程密不可分,工业化、城市化、科层化、世俗化、市民社会、殖民主义、民族主义、民族国家等历史进程,就是现代化的种种指标。在某种意义上说,现代性涉及以下四种历史进程之间复杂的互动关系:政治的、经济的、社会的和文化的过程。世俗政治权力的确立和合法化,现代民族国家的建立,市场经济的形成和工业化过程,传统社会秩序的衰落和社会的分化与分工,以及宗教的衰微与世俗文化的兴起,这些进程深刻地反映了现代社会的形成。诚然,现代性并非一个单一的过程和结果,毋宁说,它自身充满了矛盾和对抗。社会存在与其文化的冲突非常尖锐。作为一个文化或美学概念的现代性,似乎总是与作为社会范畴的现代性处于对立之中,这也就是许多西方思想家所指出的现代性的矛盾及其危机。启蒙运动以来,浪漫主义、现代主义和后现代主义,种种文化运动似乎一直在扮演某种"反叛角色"。个中三昧,很是值得玩味。

作为一个心理学范畴,现代性不仅是再现了一个客观的历史巨变,而且也是无数"必须绝对地现代"的男男女女对这一巨变的特定体验。这是一种对时间与空间、自我与他者、生活的可能性与危难的体验。恰如伯曼所言:成为现代的就是发现我们自己身处这样的境况中,它允诺我们自己和这个世界去经历冒险、强大、欢乐、成长和变化,但同时又可能摧毁我们所拥有、所知道和所是的一切。它把我们卷入这样一个巨大的漩涡之中,那儿有永恒的分裂和革新，抗争和矛盾，含混和痛楚。"成为现代就是成为这个世界的一部分，如马克思所说，在那里，'一切坚固的东西都烟消云散了'。"现代化把人变成为现代化的主体的同时，也在把他们变成现代化的对象。换言之，现代性赋予人们改变世界的力量的同时也在改变人自身。中国近代以来，我们多次遭遇现代性，反反复复地有过这样的深切体验：惶恐与向往、进步与倒退、激进与保守、激情与失望、理想与现实，种种矛盾体验塑造了我们对现代性的理解和判断。

现代性从西方到东方，从近代到当代，它是一个"家族相似的"开放概念，它是现代进程中政治、经济、社会和文化诸层面的矛盾和冲突的焦点。在世纪之交，面对沧桑的历史和未定的将来，思考现代性，不仅是思考现在，也是思考历史，思考未来。

是为序。

周宪　许钧
1999年9月26日于南京

献给温迪·邦纳

目　录

序言与致谢 …………………………………………………… 1

第一章　塑造日常 …………………………………………… 4
第二章　论证 ………………………………………………… 32
第三章　席美尔：日常生活的断片 ………………………… 58
第四章　超现实主义：日常中的奇迹 ……………………… 77
第五章　本雅明的垃圾美学 ………………………………… 101
第六章　民意调查：关于日常生活的科学 ………………… 125
第七章　亨利·列斐伏尔的日常生活的辩证法 …………… 187
第八章　米歇尔·德塞尔托的日常生活的诗学 …………… 240
第九章　后记：日常生活与文化研究的未来 ……………… 288

参考书目 ……………………………………………………… 295
索引 …………………………………………………………… 310

插 图 目 录

图1 现代工作的不可抗拒的规律性——约容·米利摄 ········ 15
图2 哥贝林大街的商店——欧仁·阿特热摄(1925年)········ 28
图3 世纪之交的柏林,弗里德里希大街 ················· 73
图4 雅克-安德烈·布瓦法尔摄(1928年),为《娜佳》拍摄的多芬广场 ································ 91
图5 捡破烂者(1899—1900年)——欧仁·阿特热摄 ········ 107
图6 "戴纸帽子的小孩,波尔顿"——汉弗莱·斯彭德摄(1937年)···································· 148
图7 "汤姆·哈里森和民意调查成员在一起,波尔顿"——汉弗莱·斯彭德摄(1937年) ················· 162
图8 勃兰特电冰箱广告,《玛丽·克莱尔》,1955年5月号 ··· 188
图9 电影《让娜·迪尔曼,23号商业码头,1080布鲁塞尔》的剧照,尚塔尔·阿克曼导演(1975年) ·············· 243
图10 巴黎涂鸦,1968年5月 ························· 250
图11 《红色带状厨房》,选自"把战争带回家:美丽的家"——玛尔塔·罗斯勒尔的合成照片系列(1967—1972年) ···································· 291

序言与致谢

本书是"日常生活与文化理论"的导论。之所以说它是导论，并不是因为它是用导论的文体写就的（尽管我希望，我写作它的这种方式能够避免学院写作当中某些让人大倒胃口的陈规陋习），而是因为，我认为，关于日常的研究才刚刚起一个头。我在这里奋笔疾书的"日常生活理论"既是一个导论，又是一份邀请函，引导和邀请大家开始对在很大程度上总是想方设法逃避细致审查的生活竞技场作深入的思考。或者毋宁说，生活曾经遭受的种种干涉主义的审查总是在对日常进行管理的名义下进行的。相反，在这里，对日常的关注既是慧眼独具的，又是一丝不苟的，它有可能使另一种"日常"终于浮出水面，真相大白，至少存在着这种可能性。

本书章节的安排也许会令人产生扑朔迷离之感。与第一章相比，第二章更像是本书的导论性章节（因为这一章告诉你本书其他各部分论述什么问题，并且力图把某些主要论点拧成一股绳）。我之所以决定在这之前加上一章关于"日常现代性"的总论，是因为我想借助于对一个"外在于此"的世界的某种历史性描述，有力地为某些论点夯实基础，而文化理论可以看作是对那些论点作出的应答。第二章之后，本书就以大家习以为常的年代顺序向前推进。

至于在本书中该把哪些理论家与何种理论涵括在内的问题，

也许还值得赘附上三言两语。本书是一幅一条特定道路的路线图,而把"日常生活"和"文化理论"这两个词联结在一起就暗示了这条道路变化多端,有许多可能性。我深深地感觉到,对于这个来自于让人难以捉摸的生活的方方面面的而又最为迫在眉睫的谜题来说,"理论"这个词可能还是值得保留、以备专用的名称,尽管这个术语泛滥成灾了。如今,虽然有一大批理论家在研究各类重要的问题和日常(我们可以稍稍提一下其中几个大家耳熟能详的——埃尔温·戈夫曼、哈罗德·加芬克尔、马丁·海德格尔、阿格尼丝·赫勒、多萝西·E.史密斯),但是,他们没有非把日常当作核心问题来处理不可的意思。于是,日常常常变成了一个迷题出现的场合、地盘,而这个迷题常常是别有所指,另有所图。在我看来,这里选中的那些理论家和理论共有的基本特征是,它们对日常这个核心问题的关注更加直截了当,直奔主题而不及其余。他们所有人都把日常带入一个颇为棘手的焦点之中。

任何一本书的写作都贪得无厌地消耗掉数量庞大的日常生活。本书也不例外。首先我必须感谢温迪·邦纳,天知道她曾不得不在本书上花费了多少小时(天,年)!我把本书连同我所有的爱题献给她,因为她默默承受着各种恶劣的心绪、诸多语义含混的独白、一次又一次地错过用餐时间以及许多诸如此类的事情。我们的孩子可能还没有从这种情感的阴霾中走出。在问起"爸爸在哪儿?"时,回答总是"他在他的工作间里",这成了一再弹起的老调,总是萦绕在我心头,让我产生一种罪责感。因此,我应该感谢莫莉不把这一切看得太严重,并且一如既往地用各种新戏法和新式穿衣法来"烦扰"我。我也感谢泽贝德,他总是在合适的时候出现。

从一开始,史蒂文·康纳就帮助我制订形成这个计划,并且在它迂回前进(有时候几乎濒临绝境了)的过程中,使它通畅无阻,一往直前。他那经久不衰的热情和深中肯綮的建议使本书的写作更为驾轻就熟。有很多人读过本书以前各稿中的部分或全部(有的人是被我施以妙计拖下水的,其他人则是心甘情愿为之的;他们所有人都提出了宝贵的建议)。我想要感谢伊恩·布坎南、巴里·柯蒂斯、伊恩·汉密尔顿·格兰特、米歇尔·亨宁、艾伦·里德、西蒙·萨德勒和莫拉格·希亚克。许多不具名的审读者读过本书的若干部分,并期待着它能面世——他们的支持给了我完成本书的勇气。我还要感谢卢德里奇出版社的丽贝卡·巴登和阿利斯泰尔·丹尼尔,他们促成了本书的出版。我想要感谢西英格兰大学文化与传媒研究学院的每一个人,尤其是所有那些参加"日常生活研究小组"的人。最后,我想要感谢我的双亲,是他们支持我从事这么多年来看上去无足轻重的职业。

第一章 塑造日常

> 无论它的其他方面是什么样子的,日常都有这样一个本质的特征:它不容许任何约束力的存在。它四处逃逸。
>
> (布朗肖[1959]1987:14)

对日常进行调查

已经无处可以逃避了:如果想要发动对那些关注日常生活的人的理论活动进行一次调查,其前提条件是关注日常"自身"。如果想要追溯一下"日常"这个费人思量的进程在从19世纪末叶到20世纪末叶期间是如何被一群风格各异的知识分子推动的,我们就有必要千方百计地估测这个词确定的分量、它的内涵和它的所指。也许我们最好是用"不确定的分量"这个词。因为在西方文化中通行的"日常生活"的观念是以许多不同的面目(*Alltagsleben*,*la vie quotidienne*,run-of-the-mill,以及诸如此类的面目)出现的,所以,很快就出现了一个困难:"日常生活"的含义模棱两可,非常模糊。一方面,它指的是那些人们司空见惯、反反复复出现的行为,那些游客熙攘、摩肩接踵的旅途,那些人口稠密的空间,它们实际上构成了一天又一天(但是并不对它们作出判断)。这是和我们最为切近的那道风景,我们随时可以触摸、遭遇到的世界。但是,从这种可量化的意义中潜生暗长出别一种意义:日常作为价值和质——日常状态,这种意义从来都不是远远晚于前者的。在这里,游客熙攘、摩肩接踵的旅途可能变成了百无聊赖这种沉重的负担,人口稠密的空间可能变成了一座监狱,而反复出现的行为可能变成了压制性的路线。在这里,日常生活中的日常状态可能被经验为避难所,它既可以使人困惑不解,又可以使人欢欣雀跃,既可以让人喜出望外,又可以使人沮丧不堪。或者说,它那特殊的质也许就是它缺乏质。它可能是那不为人注意、不引人注目、不触目惊心之物。

这种矛盾状况生动地显示出了现代性的各种影响。如果日常是我们了如指掌、一眼就可以看穿的东西,那么,在那个世界被我们对之不甚了了的事物所扰乱和弄得土崩瓦解了的时候,又会发生什么呢?如果"新异所具有的震撼"在日常的核心引起一阵阵颤栗,那么,对于日常这个我们了如指掌、一眼就可以看穿的东西的感觉又会发生什么变化呢?在现代性中,日常变成了一个动态的过程的背景:使不熟悉的事物变得熟悉了;逐渐对习俗的溃决习以为常;努力抗争以把新事物整合进来;调整以适应不同的生活的方式。日常就是这个过程或成功或挫败的足迹。它目睹了最具有革命精神的创新如何堕入鄙俗不堪的境地。生活中所有领域中的激进变革都变成了"第二自然"。新事物变成了传统,而过去的残剩物在变得陈旧、过时之后又足资新兴的时尚之用。但是,失败的诸种迹象处处可以看得到:有关日常的语言并不对新事物持乐观态度,推崇有加;它折射出彷徨于无地的茫然情绪,对背弃的诺言失望至极。

这就需要我们对日常的现代性这种异质的和处于矛盾状态中的风景进行调查。和所有的调查一样,本次调查也应该从一个侦探开始。对歇洛克·福尔摩斯来说,有一点是确定无疑的,即"日常生活"并非确定无疑的。尽管福尔摩斯从来没有对他自己的调查方法的正确性发生过怀疑,但是他和日常之间的关联却表明了一种激情式的矛盾状况,这种矛盾状况把我们带入现代性中的日常生活问题的核心。歇洛克·福尔摩斯感到无聊了。当生活的神秘而令人困惑的一面使他的理性主义的智力不堪重负时,他感到无聊了。柯南·道尔的侦探就是这样一个常常厌烦的人。对他来说,日常的世界是和索然寡味与单调乏味联系在一起的:"我知道,我亲爱的华生,你和我情投意合,热爱所有那些稀奇古怪、光怪陆离的东西,以及所有超出日常生活之外惊世骇俗、标新立异的东西"(道尔[1892]1993:45)。有待于我们探讨的问题是,华生究竟在多大程度上与他一样有此爱好。有一件事是确定无疑的,即他热爱那些稀奇古怪的东西可不像福尔摩斯那般感情投入、专心致志。在面对日常时,他也不像福尔摩斯那般备受煎熬。福尔摩斯被日常打得落花流水,他只能通过服食可卡因寻求慰藉,以此来对付日常的萎缩性力量:

"我的心,"他说,"拒不接受死气沉沉的日子。请给我问题,给我工作,给我最深奥难解的密文,或者最错综复杂、茫无头绪的分析,这样我才是生活在适合于我自己的氛围中。那样的话，没有人造兴奋剂也可以了。但是，我害怕单调、乏味的生存路线。"

（道尔[1890]1995：89—90）

阿瑟·柯南·道尔爵士花了近40年（1887—1923）来写作他的那些故事，它们把歇洛克·福尔摩斯描绘成在日常的重压下不堪一击的人。他的朋友，华生博士担心他的身体健康和精神正常，希望出现某种新情况，可以冲破那些困扰着他、威胁他生命安全的麻痹状态的樊篱。但是在福尔摩斯的故事的宇宙中，这种作为把人窒息致死的力量的日常的意象只是组成日常状态的因素中的一种而已。

日常也是光怪陆离和神秘莫测之物的家园。"生存这种寻常事物"中充满了各种稀奇古怪的事件：

> 生命太奇怪了，奇怪到了难以想象的地步，人的心灵所能够创造出来的任何东西都无法望其项背。我们不敢去设想事实上只不过是生存这种寻常事物的那些事物。如果我们能够手牵着手从那窗户中飞出去，在这座大城市上空翱翔，轻柔地移开屋顶，偷窥那些正在发生的奇闻轶事……这令人惊异的事物链会通过一代又一代人起作用，导致各种最为极端的后果，它使所有那些依照老套循规蹈矩地写出来、可以预见到结局的故事都显得陈腐不堪，让人一无所获。

（道尔，转引自兰鲍尔1993：94）

我们可以在日常的中心地带发现非日常(例外)。事实上,歇洛克·福尔摩斯的许多故事都是从一件件看起来稀松平常、毫不起眼的事件开始的,这些事件几乎没有理由证明它们值得引起这位大侦探家的注意。但是,在福尔摩斯看来,日常和它表面上看起来的样子可不是一回事。或者毋宁说,日常正是他在解决他正在对之进行调查的那个神秘时采纳的路线。在这里,我们又回到了福尔摩斯和日常之间的关联的核心:无论他多么热爱稀奇古怪和光怪陆离的东西,他整个的生命都奉献给了揭穿日常的神秘。福尔摩斯在许多不同的层面上做他这份祛魅的工作。一旦他那解决这些案件的力量起作用了,就会坚定不移地把光怪陆离之事拽回到大地上:那些看起来充满魔法或幽灵的事件变成了普通的行为,变成了与贪婪、怨恨、热爱、嫉妒以及"人性"其他的显现方式相关的流俗的行为。在这一点上,我们可以认为,福尔摩斯在把那些光怪陆离之事去神话化,让这些事件回归到日常。但是,在柯南·道尔的小说中,正是福尔摩斯的侦探方法最能引起对日常的特定塑造。

福尔摩斯是一个天才;他不是凡夫俗子。他一次又一次地让华生和他的当事人瞠目结舌,他通过单纯地观察日常的对象和一个人的外在形象而预言一个人的生活的方方面面,细枝末节,让人叹为观止。在《蓝色红榴石历险记》(1892年)中,福尔摩斯细细勘察了帽子,对于那个戴帽子的人得出了如下结论:

> 他这个人一度颇有先见之明,但是现在已经远不如从前喽。由于他的财产状况变得越来越糟,各种迹象表明,他老是蠢蠢欲动,想要在道德上堕落,某种恶劣的影响,极有可能是

第一章 塑造日常

酗酒,已经在他身上有所表现了。这也可以解释那个让人一眼就可以望穿的事实,他的妻子已经不再爱他了。

(道尔 1993:168)

福尔摩斯对日常中最为平淡无奇的对象情有独钟,他似乎有某种超凡脱俗的才能天才,(像变戏法般)挖掘出与那些平淡无奇的对象有联系的种种故事。但是在这里,看起来异乎寻常的东西又一次被带回到普通的和日常的王国。在福尔摩斯解释他的推断过程时,它显得那么琐屑,乏味,简单易懂;看起来,它似乎只不过是对最不起眼的细枝末节多加注意而已。有一位客人对此所作的评论说:"一开始我觉得您做了一件多么聪明的事,但是最终我才发现,这里头空空如也,也就那么一回事"(道尔 1993:48)。和福尔摩斯解决的各种神秘别无二致,福尔摩斯的能力的神秘最终也只是极其平凡的。这并不是说,这就可以让我们不再莫名惊诧了。表面上看起来是凡事皆有先见之明的天才,实际上只是某种方法的系统应用而已。但是,把那些微不足道的事情转变成它的对立面的,正是这种方法。依照福尔摩斯的看法,我们应该写一篇严格意义上的科学论文来讨论这样一种方法,而不是通过侦探小说的方式,这种方式嘴尖皮厚,腹中空空,夸夸其谈,耸人听闻。针对日常中的神秘,福尔摩斯引入了理性主义的祛魅(disenchantment)。他的天"才",说到底,无非是把理性主义的和科学的原则推扩到他所调查的那些表面上看来深不可测、无根无由的事情当中去。如果说他热爱日常中那些光怪陆离、玄而又玄的方面,那么他所热爱的,是通过理性主义来为它祛魅。正是这种理性主义把那些微不足道的和日常的事物转变成了光怪陆离之物的密码。福尔摩斯通往日常的途径既产生了神秘，同时又解除了它的神秘。

但是，很明显，福尔摩斯和日常之间的关联占有优先地位：除了绝无仅有的几次他在它面前束手无策之外，他的绝大部分时间都花在对它作分析，观察它和掌握它之上了。在塑造日常生活时，最根本的一点是他将之都纳入其中的百无聊赖、神秘和理性主义这三者的特殊混合物，尽管如此，我们必须放开眼量，看看这种混合物是如何与日常的现代性发生关联的。我们必须把这种混合物中各种相反的力量分别析取出来，看看它们纠结在一起之后的产物是如何把日常塑造成一个人们对其既有所知悉又一无所知，既让人惬意满足又让人心神不宁的事物的。这种簇集（constellation）必须和处于现代性核心之处的那些观念和实践发生关联。例如，百无聊赖会把我们和某些特定的时间经验联系在一起，这些时间经验似乎是从现代劳动生活的类型和安排中产生的。从现代工厂中把时间"淘空"了到日益扩大的管理官僚化，从办公室里劳动实践的原子化到家庭的工业化，现代世界的基本特征似乎就是按部就班，就是各种制度和管理技术。但是，西方的现代性还有一个基本特征是神秘。无论它是无意识的神秘和它所揭示的哥特式叙述，抑或是"其他人"（相对于西方资产阶级来说，是穷人；相对于西方人总体而言，是"未开化者"）的"带有异域情调的"各种文化，神秘呈现为各种日常的形式。弗洛伊德所谓的"无意为之"（slips）就是日常发生的事件。大众人类学使得我们对其他文化的各种日常（daily）实践既陌不相识，又驾轻就熟。

理性主义，我们这个混合物中的第三个词，把这两个方面紧紧系缚在一起,但不是通过某种解释性的网格,而是像火车头一样推动这两种力量。它也有它的两面性,我们必须注意它在"百无聊赖"和"神秘"中以多种形式出现的反照和回响。令人感到悖谬的是,理性主义在它自己内部却承负着一个非理性的内核:它想方设法要通过一个有着它自身的价值的、毋庸置疑的信念来为世界祛魅。理性主义并不是神话与仪式的解毒剂,而只不过是在"真理"的幌子之下出现的新神话和仪式。

百无聊赖:淘空时间

如果西方现代性可以被看作是产生了某种新颖独特、与众不同的时间经验的话,那么,在很大程度上,这些经验是和一个已经制度化了的工作世界和组织化了的教育联结在一起的。我们可以在逐步走向标准化的时间中找到各种现代的时间性的前历史。把时间单位标准化了的各种机械钟表出现在14世纪,它们和各种类型的工作中的变化动态地相关。正如理查德·别尔纳茨基论证的:"用一种独立于有形事件的衡量标准来标定时间,并且使时间单位成为可以换算的,在所有季节都整齐划一,这种现代方法的引入和14世纪期间城市工薪制劳动的兴盛是同步出现的"(别尔纳茨基1994:62)。单单是时钟还解释不了现代时间的独特性。在时间表象和经验(时间的"本性")中发生的天崩地裂式的变化可能也与教堂、学校和医院里的标准化的实践相关,这些实践在日常的水平上产生了根本性的影响(参见亚当1995)。因此,例如,在19世纪早期,一个学校日可能包含着一张对某天所有活动都一一提前安排妥帖的清单：学生"每天在他的书本上记下某月某日，在那一天他要完成他的所有任务。然后，在他的书本的最后的某一页上，他每天记录学过多少功课，写过多少作业，做过多少算术题等等数字"（安德鲁·贝尔[1813]，转引自琼斯和威廉森 1979：74）。这种每日必修的监督和统计工作已经成了一种固定的程式，它标记着每一个日子，但是它又持续不断地把日子划分成可以计数的部分，并且把它们分门别类。这样的实践强化了把每日的生活程式化和标准化的做法。

标准化时间形成的道路并非一帆风顺、一蹴而就的。在 19 世纪晚期以前，标准化时间只是在地方的水平上才成为规章制度，有其约束力：倘若外出旅游，就进入了一种不同步的时间。斯蒂芬·克恩写道，在 1870 年代，"如果有一个旅行者从华盛顿出发到旧金山去，他每经过一座城市就调整一次他的[sic]手表的话，那么他就要调整两百多次"（克恩 1983：12）。不必因此而大惊小怪，也许正是 1880 年代的铁路和电报系统为建立一个全球化的标准时间铺平了道路（克恩 1983：11—15）。各种网络之被设计出来就是为了提高交往和商业的速度，为了克服物理的空间距离，重新塑造日常的节奏。日常现代性的日常状态就是建立在分分秒秒的基础之上的同步化。每天早晨成千上万的上下班的旅客乘坐火车在大都会会合，这已经构成了现代的一道风景，这道风景依赖于时刻表在时间上已经精确到分钟的水平，即使这些火车晚点已是寻常的事情。

现代性之中的"日常生活"的基本特征是它的整齐划一，它的沉闷无聊等等，也许与它特征相同而又最为常见的东西是流水线。

在一篇探讨日常生活和百无聊赖之间的关联的论文中,劳里·兰鲍尔写道:"日常的城市生活中的百无聊赖和流水线上的百无聊赖别无二致,无分彼此,就好像锁定在一个永远也不会有什么实质性的进步的无限系列中的两部分:它越是花样迭出,它就越是万变不离其宗"(兰鲍尔 1993:81)。与此有异曲同工之妙的是,苏珊·斯图尔特写道:

> 日常的时间近似于丝毫不作区分的直线性,这种观念之盛行可能与工作场所中盛行的各种形式的经验有关。这样一种观念提供给我们的是时间性的流水线,在流水线当中,所有的经验都是不完全的、残断零碎的。
>
> (斯图尔特 1993:13)

西格弗里德·吉迪翁在他那本书名就足以使人浮想联翩的著作——《机械化在发号施令:论无名的历史》——中确定了流水线(*avant la letter*)出现的日期,但不是追溯到20世纪早期的亨利·福特那里,而是追溯到18世纪末叶奥利弗·埃万斯所完成的连续不断的生产线那里(吉迪翁 1969:77—127)。连续不断的生产,无论它采取什么形式,它都遵循着竭尽全力使生产产量最大化的工业资本主义的逻辑;它之所以能够做到这一点,是通过"一个不间断的生产过程",而这个过程的基本特征是"毫不容情的规律性,依照这种规律性,工人必须跟上机械系统的节奏"(吉迪翁 1969:77)。在把这种形式的工作看作是日常现代性中某种根本性的东西的典范时,不同的"流水线"系统的特殊性是微不足道的,重要的是如何看待连续不断的生产一般影响工人日常生活的方式。卡尔·马克思在《资本论》(于1867年首次面世)第一卷当中概述了那些系统带来的转变：

> 在工场手工业和手工业中,是工人利用工具,在工厂中,是工人服侍机器。在前一种场合,是劳动资料的运动从工人出发,在后一种场合,则是工人跟随劳动资料的运动。在工场手工业中,工人是一个活机构的肢体。在工厂中,死机构独立于工人而存在,工人被当作活的附属物合并入死机构之中。"在这种永无止境的苦役中,反复不断地完成同一个机械过程;这种苦役单调得令人丧气,就像西西弗斯的苦刑一般;劳动的重压,像巨石般一次又一次落在疲惫不堪的工人身上。"
>
> (马克思 1976:548)

在马克思看来,在这两种关系的转换中,工人变成了机器的纯粹附属物,而这种转换在一定程度上是现代资本主义带来的异化得到强化的一部分。但是,马克思没有停留在对这种异化作抽象的说明上,他进一步强调了它所导致的感官和心灵方面的状况：

> 机器劳动极度地损害了神经系统,同时它又压抑肌肉的多方面运动,侵吞身体和精神上的一切自由活动。甚至减轻劳动也成了折磨人的手段,因为机器不是使工人摆脱劳动,而是使工人的劳动毫无内容。
>
> (马克思 1976:548)

正如劳动被淘空了"所有[创造性的]内容",同样,时间也被淘空了各种重要的标记,这些标记本来可以把这一时刻与下一时刻区分开来(图1)。在关于流水线的浩如烟海的文献中,有一个主

图1 现代工作的不可抗拒的规律性——约容·米利摄

题是非常明显而且一以贯之的,即活动的受限制性和时间的慢慢腾腾。在本·汉珀关于位于密歇根弗林特的通用汽车厂的铆接线上的生活的说明中,时钟成了头号敌人:

> 时钟是一种彻头彻尾与众不同的哺乳动物。就在你等待下一份工作的时候,它在你身上吮吸着精髓。你每次偷偷瞥上它一眼时,它都对你冷嘲热讽。你越是怒不可遏,它越是走得慢慢腾腾。它越是走得慢慢腾腾,你就越浮想联翩。有时

思考就是慢性死亡。

(汉珀 1992:95)

在该书前面的有关章节中,汉珀解释了流水线和时间的延伸之间的关系:"唯一不可能逃避的事情是我们的新工作的单调乏味。每一分钟、每一小时、每一件小玩意和每一个动作都是之前出现过的那一分钟(一小时、一件小玩意、一个动作)的单调乏味的重复"(汉珀 1992:41)。

同一物的永恒轮回就是日常的时间的基本特征,日常的时间性被经验为使人筋疲力尽、虚弱不堪的百无聊赖。使得流水线成为日常的现代性的非常明显的例证的,并不是工厂的劳动环境,而是它所显示出来的一般化状况:"单调乏味"、"单一无文"——时间的空虚性。使得连续不断的生产如此生动地展现出来的,是已经广为传播的工业化状况中的对时间的管理。从日常的观点看,工业化并不是某种局限于工厂的劳动生产之内的东西,而是几乎在生活的各方面都显示出来了。在著书研究铁路旅行的文化影响时,沃尔夫冈·希弗尔布施给他的著作加了个副标题"时空的工业化"(希弗尔布施 1977)。我们必须注意到工业化的扩张本性,这不仅仅是指技术的状况,更是指感官-心灵的经验。"拿薪水的一族"("工薪阶层"),包括文书、秘书、经理和速记员,打字员的领班,话务员,现在还包括电脑程序员,他们都是在工业和理性化的环境中各司其职(参见克拉考尔:[1929]1998)。吉迪翁几乎在每一种形式的日常文化中都发现了这种高强度的机械化:面包、椅子、死亡、洗澡等等(吉迪翁 1969)。工业化的非比寻常的扩张把工业技术和管理技术带入了家庭,并且在效率和舒适的幌子下,在管理家庭生活和使家庭生活理性化方面起作用了。鲁斯·施瓦茨·考恩在其题为《母亲的额外工作》的著作中已经对这种扩张的后果作了详尽而丰赡的记录,这个书名也提要勾玄地指示出了这个结果的大概(考恩1989)。总的说来,通过某种同时把事物既同质化又区分开来的机制,工业化已经和对于社会差异的不稳定的和不相同的经验粘连在一起了(例如,参见克拉马雷1988)。在各种社会差异中,把时间同质化的经验已经被扰乱得参差不齐了:工厂的劳动工作的无聊和计算机程序的无聊是有区别的,而后者又不同于家务工人的无聊,如此等等,不一而足。

"标记时间"这个短语中夹杂着日常的现代性的某种味道,它对"标记"(区分,使有区分)这个实实在在的过程以及它日常的意义(例如沉闷无趣的等待,无聊)带来了模棱两可的影响。时间的标准化和与之相伴相随的日常生活的程序化在这种模棱两可中产生了理想的效果:

> 从日历当中掉下来的页面,在一棵已不再挺立的树上刻下的凹痕——这些都是日常的印迹,想要通过计数而表示区别的努力。但是正是这种计数把差异还原成相似性,人们设计这种计数是为了使它"消失得无影无踪"。这种"计数",这种标记法,被流俗的沉默湮没得了无痕迹。
>
> (斯图尔特 1993:14)

要解释这种特殊的单调乏味(使人窒息欲死的日常的现代性的程

序化),光有技术化的解释是不够的。还是在20世纪一开始,马克斯·韦伯就对现代资本主义的"精神"作了研究,他指出,"一目了然的是,现代西方的资本主义形式曾经深受各种技术可能性的发展的影响"(韦伯[1904—1905]1991:24)。接下来,韦伯又指出,单凭"技术的可能性"自身并不足以激励现代资本主义的发展。韦伯强调社会结构的重要性:"在那些结构当中,法律和管理等理性结构的重要性不容置疑。因为,现代理性的资本主义不仅需要技术化的生产方式,更需要一种依照形式规则制定的可计算的法律体系和管理"(1991:25)。

这个世界被官僚制的无穷无尽、让人心神疲敝的礼仪统治着,这样一个世界和"官僚生活"的严格管理一道塑造着理解现代资本主义的另一种思维框架,而且还塑造着一直蒙受政府带来的灾难的日常生活。在弗朗茨·卡夫卡的小说中,官僚制下的官僚作风的迷宫侵入了日常,这个迷宫似乎完全是设计来让人困惑不已或者搞破坏的(卡夫卡[1925]1994,[1926]1997)。日常陷入了具有非常坏的影响的管理之网中。现代性中的执行管理职能的政府渗入到日常之中,从征收税款到"制定家庭政策"(东泽洛1980)。对韦伯而言,官僚制的理性化这只"铁笼子"是自娱自乐的对立面,他带着感伤的情绪把它描绘成一种"弃绝,对于完满和美妙的人性的时代的疏远"(1991:181)。通过追溯使这种生活形式得以占主流地位的文化条件,韦伯认识到清教徒禁欲主义的痕迹。对韦伯而言,现代性就是禁欲主义的世俗化、普世化和力量增大:

清教徒想在神的感召下去工作,而我们则是不得已才去工作。因为当禁欲主义从修道院的斗室里被带入日常生活，并开始统治世俗道德时，它在形成庞大的近代经济秩序的宇宙的过程中就会发挥它应有的作用。而这种秩序现在却深受机器生产的技术和经济条件的制约。今天，这些条件正以不可抗拒的力量决定着降生于这一机制之中的每一个人的生活，而且不仅仅是那些直接参与经济获利的人的生活。巴克斯特认为，对圣徒来说，身外之物只应是"披在他们肩上的一件随时可以甩掉的轻飘飘的斗篷"。然而，命运却注定这只斗篷将变成一只铁笼子。

（韦伯 1991：181）

韦伯的"铁笼子"就是日常的现代性，亦即机器般的和官僚制度般的。它就是禁欲主义所控制的日常生活。如果韦伯和马克思的日常的现代性的结果都是百无聊赖，那么，要割除这种无聊就需要持之以恒地对它进行蓄意谋杀。

但是，对于旨在区分日常状态的各种形式的文化鉴别而言，"百无聊赖"倒也是一件精微的工具。在一本关于无聊的著作中，帕特里夏·迈耶·斯帕克斯陈述说：

> 尽管无聊的扩散和对于主体性与个体主义的强调的与日俱增正好吻合，而且前者正是后者的反映，但是心灵状态既承载社会的意义，也承载个人的意义。我们可以注意到一种倾向，自 18 世纪以来，人们总是把无聊归因于群体中的成员们，而不是归因于那个作家自己。18 世纪中产阶级的新闻记者

认为那些新贵们感到很无聊。在 19 世纪,(在拜伦公爵的鼓励下)中产阶级把这种状况归属于贵族。老年人认为年轻人很无聊。

(斯帕克斯 1995:x—xi)

认定某个特殊的阶级和他们的各式各样的继承者百无聊赖并且令人生厌,这几乎总是围绕着日常生活的观念而展开的。从刚刚形成的中产阶级的观点来看,贵族的生活是颓废的、衰朽的(骄奢淫逸已是家常便饭),他们缺乏某种使他们的生活充满勃勃生机的区分。这样一种状况产生了无聊,它是这个阶级已经成了历史的冗余物的标志。无聊成了用来贬低其他社会群体的日常生活的一种标志。一位法国作家弗洛拉·特里斯坦曾经造访过伦敦,在《伦敦日志:1830 年代伦敦生活面面观》中他认为无聊的标志无处不在:"一方面是城里的熙熙攘攘的人群,他们的唯一动机就是渴求利益;另一方面是那些傲气十足、满眼不屑的贵族,为了逃避无聊,每年都要来伦敦"(转引自斯帕克斯 1995:164)。在这里,用无聊来区分各种不同的日常生活,是为了提出一个关于各种民族的差异的观念。在日常的"无聊"中,社会的差异显然被夸大了。但是正如无聊可以用来贬低什么,它也可以用来作诊断性分析:无聊可以变成社会批评的标志。

在现代性的文化中,妇女的无聊可以为此提供一个活生生的例子。19 世纪中产阶级妇女的形象经常被刻画为百无聊赖的家庭主妇,她们经常被描绘成喜怒无常,变幻莫定,总是不能专心致志地做好各项严肃的事情。她的日常生活凌乱不堪,充斥着各种文化垃圾，这显示出她轻而易举地就成为了那些贩卖低劣的工业文化制品的奸商的目标。这种肖像的经典例证是福楼拜的《包法利夫人》中的爱玛·包法利，她酷爱阅读浪漫的小说。安德烈亚斯·于桑把这个虚构的爱玛·包法利描绘成"一个千方百计要去身体力行，把贵族的感官浪漫的虚幻付诸实践的妇女，她最终因为资产阶级日常生活的陈腐平庸而身败名裂"（于桑 1986：45）。一种散发出腐臭的气息、让人厌倦无味的日常生活和对于一种最终被看作是百无聊赖的文化形式的欲望混杂在了一起。但是，无聊也可以用来充当未能得到满足的各种欲望和无以名状的各种焦虑的标志。它可以充任文化（可以看作是掠夺性的、家长制的资本主义的文化）当中更为一般的批判性的不满足的一个特例，以此来管中窥豹，见其全体。日常生活的百无聊赖可能是，而且曾经常常是，一个发生各种社会和政治斗争的领域。和这种对探索所做的理性分析相伴而行的是无聊的巨大的咕哝着的尖叫声。在1960年代，在宣告女性主义第二次浪潮即将汹涌澎湃地兴起之时，贝蒂·弗里丹试图针对这种受到压抑的尖叫和"还没有名字的问题"发表意见：

> 每一个郊区的妻子都单独与之抗争。在她铺床，去杂货店购物，给各种家具套上罩布的时候，和她的孩子一道品尝花生油三明治的时候，开着车送男童子军和女童子军的时候，深夜躺在她丈夫身边的时候，她甚至害怕问自己这样一个沉默的问题："这就是全部？"
>
> （弗里丹 1965：13）

使用"无聊"这个词既可以标记出各种社会区别,又可以对文化主流进行诊断,这就显示出了一个不可回避的因素:(和生活的任何其他方面一样)日常生活是由差异来标记的。在把日常理论化的不同路径中,日常生活经验中的这些差异(这些差异最为明显的特征是阶级、性别、"种族"、性活动等等)也可以得到标画。内奥米·塑尔指出:

> 有两种南辕北辙但却为许多人同时赞赏的观点,它们泄露了天机,让我们知道我们对于日常空间持何种理论:我们把第一种观点称为女性的或女性主义的观点,尽管持有这种观点的人并不必然是妇女或自认为是女权主义者的人,这种观点把日常和私生活中每日的程式联系在一起,而这种每日的程式化活动已经深入到并且弥漫于传统由妇女把持的家庭领域;我们可以称另一种观点是男性的或男权主义论的观点,这种观点把日常放置在公共空间和公众领域,在现代西方资产阶级社会,在这个空间和领域中,主要是男人——虽然并不是只有男人——一手撑天,说一不二。
>
> (塑尔 1992:188)

随着本研究的不断深入发展,有一点已经变得昭然若揭了,即男权主义的视野占据绝对的优势:我们是把大街而不是把家庭看作是日常生活领域中占有优先地位的一方。

日常的核心之中的陌生感

把日常的现代性看作是百无聊赖的,或者说,看作是绵绵无绝期的程式化,千篇一律,这只抓住了现代性的一般表述的一个方面。与这一方面并行不悖,而且与之有所重合的另一方面是作为奥秘的日常。如果我们可以把某种形式的"精神的"理性主义看作是把人窒息欲死的程式的发动机的话,那么,我们也可以认为理性主义生产出来了更多的神秘的形式。的确,在通往日常的现代性(既作为无聊又作为奥秘的日常的现代性)的路途中,有某些最富有生产性的向导就像歇洛克·福尔摩斯那样起作用,它们都处在祛魅的理性主义的范围之内。但是,它们所挖掘出来的材料也是既玄而又玄、又"琐琐碎碎",这也和歇洛克·福尔摩斯一样。在论及迪尔凯姆、马克思和弗洛伊德的人种学方向时,南希·本特利评论道:

> 想要对以下这个事实视而不见都很难:这三位思想家的著作都主张理性的控制,它们出了很多力,使那些对处于日常生活中的我们来说非常熟稔、亲切的自我和社会领域变得陌不相识,几乎不可捉摸了。某种反讽出现了:人种学的分析总是使它所控制的东西在某种程度上变成外在的、异己的了。
>
> (本特利 1995:77)

在这个日常生活和文化理论的研究中处于核心地位的是,在理性主义的文化当中"使……陌生化"以及在日常生活当中发现陌生事物的能力。在他那本《精神分析引论》(出版于1917年)当中,弗洛伊德借助于修辞学捍卫他那一以贯之的学说,即精神分析对于日常生活的理解具有至关重要的价值。在注意到日常生活中的各种失误(笔误、口误、身体失误和记忆失误)之时,弗洛伊德想象他的读者会抱怨说,"在精神错乱的领域中有太多的奇迹,这些奇迹必须或者说应该得到解释和说明,实际上根本就没有必要在这些微不足道的小事上大动干戈、劳民伤财"(弗洛伊德 1973:51)。对日常世界的研究以及"对为什么宴会上的发言者使用某个词而不是另一个词或者为什么某个家庭主妇把钥匙放错了地方等的考察"在与"疯狂"的"奇迹"联系起来的时候,似乎都很稀松平常,没有什么太大的意思。在那篇可以解读为向歇洛克·福尔摩斯表示敬意的文章中,弗洛伊德作了回答:

> 如果你是一个侦探,正在参与调查、追踪某个杀人犯,你会不会期望杀人犯把他的照片留在犯罪地点旁边,并且附有他的家庭住址?或者,难道你不会因为你要追查的那个人留下来的各种蛛丝马迹,无论这种痕迹多么难以辨识,而必然会感到一种无奈的满足吗?

(1973:52)

弗洛伊德的革命理论设想出了一个受压抑的欲望的世界;它们讲述各种故事,因为它们自称无处不在,所以那些故事可以被看作是日常,但是又是由与日常生活的这种沉闷无趣的程式相距十万八千里的那个世界上的素材构成的。弗洛伊德鉴别出在精神分析与日常之间有一种亲密的关联：

> 有一点是确凿无疑的,即精神分析不能自吹自擂,说它自己与那些微不足道的小事从来就没有任何关联。相反,它通过观察得来的素材基本上是由那些不太起眼的事件提供的,而其他科学则认为这些事件无甚紧要,将之推倒在一旁,弃置不顾——有人可能会说,这是现象世界的渣滓。
>
> （1973:52）

这样一幅精神分析的肖像把它自己塑造为一门极为流俗的科学,或者说一门研究流俗事物的科学,一门"日常生活的'表层心理学'"(弗格森 1996:vii)。

弗洛伊德所描述的日常生活是由日常的方式和习惯所组成的世界,这个世界一直都会被受压抑的思想所冲溃。在这里,风俗礼仪常常被看作纯粹是覆盖在"基本的本能"之上的斑斑锈迹。在弗洛伊德所提供的例子中,给日常带来勃勃生机的,是在礼仪的力量和不可控制的压抑材料之间展开的动态竞赛,例如,正如这位教授所评论的那样:"'就女性生殖器而言,尽管有许多诱惑(Versuchungen)——请您原谅,很多试验(Versuche)……'"(弗洛伊德 1973:52)。

虽然弗洛伊德不是本书独特的关注点,但是,对于日常而言,他的著作所具有的重大意义是独一无二的。一方面,"弗洛伊德的口误"(Freudian Slip)一词已经进入了日常语汇,它坚持认为,日常的交往总是露出各种出乎意料之外的欲望。另一方面，无意识作为一种无处不在而又无处觅得足迹的观念为日常提供了一个非常有说服力的相类似的例子。尽管研究日常的理论家并没有明确地运用精神分析的全部机制，但是常常有人坚持认为，意识的王国并没有穷尽日常。

日常作为无意识的生活是我将要描述的那个传统的一个活生生的方面。在另一次提到侦探小说时，弗洛伊德承认说，"科学"并非是不费吹灰之力就能和感觉主义(sensationalism)打情骂俏的："我知道，至少在这座城市中，有许多医生(尽管这看起来令人不快)选择阅读这种类型["多拉"]的个案史，但不是为了对有关神经官能症的精神病理学有所帮助，而是把它当作供他们私人娱乐之用，根据真人真事写成的小说(roman à clef)(弗洛伊德[1905] 1977: 37)。把他自身树立为精通礼仪的人的榜样，这足以表明，弗洛伊德树敌太多，而无论对于精神分析的事业还是对于日常的现代性而言，感觉主义都是更加基础性的。无论是弗洛伊德还是福尔摩斯对于感觉主义的表象形式都抱有某种反感，但是，他们都奋起反抗，追求着在表面上看来最为琐屑细碎的地方的稀奇古怪的东西。

和生存的沉闷无聊的程式一道携手同行，现代性作为"幻影汇集"(phantasmagoria)侵入了日常。对马克思而言，现代性的幻影汇集的基本特征是商品，它用"想象出来的事物之间的关系"遮盖了人与人之间的社会关系(马克思 1976: 165)。现代性的日常生活当中自然到处充满着商品，而幻影汇集的某些最生动的方面也可以在商店橱窗展示品和展览品中发现(图 2)。这两个例子都把"魔幻"推到了日常的前台。在埃米尔·左拉"为现代商业奇迹所做的幻影般的赞歌"(克里斯廷·罗斯为左拉写的导言:1992,V)中,百货商店的生机就是由各种想象的关系带来的。左拉的《妇女乐园》(*Au bonheur des dames*)(1883年)描绘了巴黎一家大百货商店的情形,他是通过一个心醉神迷的外省商店工人的眼睛来观看这家百货商店的:

> 一群又一群的妇女拥挤着,推搡着,瞪大了那一双双满是渴望和贪婪的眼睛,恨不得把那些华贵的衣服吞咽下去。在这种热烈的气氛中,各种货物也变得生气勃勃,光彩照人了:各种纺织品随风飘扬,又慢慢停止下来,最后遮盖住了商店的深度,带来令人不安的神秘的气息,甚至那浓厚而又沉重的衣料的长度都呼出一种诱人的味道,而斗篷却舒展出它们的褶层,掠过人体模型的头顶,这个人体模型似乎有灵魂,尤其是,她身上那件大大的天鹅绒外套向外伸展,那么柔软,那么温暖,就好像穿在真正的肉感的肩膀上,她双胸隆起,臀部颤动。
>
> (左拉 1992:16—17)

在这里,单单是"产品"就呈现出各种魔法般的性质,变得生气盎然。现代日常生活是感性的(充满着各种欲望),即使购买摆在那儿出售的商品的能力受到很大程度的限制。

在幻影汇集的地方,事物似乎是活蹦乱跳的,而人倒似乎是陈列的对象。在现代的各项展览中(人种学的或者"民族"博物馆,世

图2 "想象出来的事物之间的关系"。哥贝林大街的商店——欧仁·阿特热摄(1925年)。蛋白银相纸,玻璃负片,$8\frac{1}{8} \times 6\frac{5}{16}''$(20.6×16cm)。纽约现代艺术博物馆。阿沃特－莱维收藏品。部分为雪莉·C.伯登的赠品。版权所有,纽约现代艺术博物馆,2001年

界交易会,等等),日常被当作了幻影汇集而被陈列起来了。在这种幻影般的表象中最核心的是一种"异国情调",并不是日常的"日常生活",而是"他者"的日常的一个意象,对于"他者"的日常的一种模仿。参观过1889年巴黎万国博览会的人会在塞内加尔、刚果、新喀里多尼亚、加蓬、交趾-支那和刚蓬-爪哇等殖民地发现"人的玻璃陈列柜"(格林哈尔希1988:88)。《蓓尔美尔街报》(*Pall Mall Gazette*)在描绘这些活人展时说:

> 每一个村庄都是用它自己的泥土建造起来的,用一道篱笆把它圈入其中,与世隔绝,里面住的也是它的原住民……所有这些原住民都是为了这场展览会而特地输入的。他们随身携带了许多材料,供建造房子、制造工具之用,他们还带来了在这个文明世界的首都复制他们在非洲、太平洋和远东地区的日常生活所需要的全部东西。
>
> (转引自格林哈尔希1988:88)

把"他人"的日常生活这么细致彻底并且残酷无情地加以分类并且展示出来,这自然是殖民主义的文化的一个核心方面:殖民资本主义输入"外国的生活",把它们当作"外来的产品"。1908年的法国-英国博览会显示出这次博览会是多么广泛、全面,它还包括了一个塞内加尔的和一个爱尔兰的村庄(库姆斯1994:187—213)。把日常生活转化为公开展示和异国情调,这应该被看作是现代性的某个方面已经走向极端,影响深远,把诸如亨利·梅休(Henry Meyhew)在他的著作《伦敦劳动和伦敦穷人》(梅休[1861—1862]

1967)一书中提供的如此奇特的材料和在人种学博物馆、民族博物馆以及遗产博物馆中的"生活群体"的展览(杰克尼斯 1985;桑德伯格 1995)紧紧地连在了一起。通过使用报道、人体模型、"虚假的"和"真实的"演员,日常生活被(尽可能直接地)"经验"为其他的东西。

日常把它自身提呈为一个难题,一个矛盾,一个悖论:它既是普普通通的,又是超凡脱俗的;既是自我显明的,又是云山雾罩的;既是众所周知的,又是无人知晓的;既是昭然若揭的,又是迷雾重重的。歇洛克·福尔摩斯一方面把日常看作是光怪陆离、神秘莫测的;另一方面,与此同时,又让他自己和那样一个世界保持距离("在这个大城市上空往复盘旋"),在这里,我们可以认为,他把日常现代性的特殊性塑造成了幻影汇集之地。福尔摩斯把日常(一个和我们并不相距辽远的日常)看作是一种令人恐惧丛生、危及生命安全的一种状况,这种状况使你陷入它的掌握之中而难以自拔,就这样,他把日常生活和绵绵无绝期的程式化与社会区分的标记这二者都联系在了一起。福尔摩斯陷入了一个双重过程,他既使尘俗的东西陌生化,又使琐屑的东西引起人的惊异,他由此而塑造出一种状况,对于研究日常现代性的作家而言,这种状况似乎无所逃于天地之间。本书致力于探讨的并不是那些多多少少理所当然地认为弗洛伊德或者福尔摩斯的困境可以回避过去的作家,而是另一群作家,他们尝试着把日常生活当作活生生的经验来密切关注,满腔热忱地利用那种"使……陌生化"的能力。如果日常现代性的文化的的确确显示出了"使陌生化的东西变得熟悉"的过程,那么,我致力于探讨的那群作家的任务就是去除我们对这种状况的熟悉感。在尝试着使日常变得生动时,幻影般的表象就被实践中的诗一般的批判性的操作取而代之了。

第二章 论证

接下来的事情并不是设法给这种版本的日常现代性增添细节。相反,我想要为本著作的主体部分提供一个说明,这部著作已经明确地把这种日常的现代性当作一个文化理论方面的问题来探讨。但是,这并不意味着,我们就把日常的矛盾、含混的状况及其自相矛盾的轨道抛到一边不管了。在日常中使用"日常生活"这个词时显示出我们对于日常生活的精确轮廓并不确定,这种用法所指向的东西和作为本书的主题的那个批判性传统所意指的东西是同一个模糊不定的、无固定形状的空间。这个空间就是以模棱两可、不稳定性和歧义为基本特征的日常生活。

我在这里所追踪的理论传统的基本特征可以恰如其分地标画为,它拒绝把某些最日常的含义附属在"日常"之上,并且几乎到了冥顽不化的程度。因此,尽管把日常生活描绘为残酷无情的单调乏味已是司空见惯的事情,但是,这种传统总是千方百计要显示日常是不可思议的、超凡脱俗的(或者至少是辩证地把日常看作是融超凡脱俗与单调乏味这二者为一体的)。同样,如果说把日常与自我显明和理所当然联系在一起的做法正是家常便饭的话,那么,这种传统却强调它的不透明性以及恰如其分地关注这种不透明性时遇到的困难。这就导致我们对诸表象形式(例如,蒙太奇)的关心,这些表象形式似乎可以看作是一般可以被当作"日常的"表象风格的那个东西的对立面。对于"日常"一词更为传统的意义的普遍抵制的另一个例子是，拒绝把日常生活还原为主流社会关系再生产的区域。尽管在我所讨论的某些理论（例如，列斐伏尔）那里，这是一个重要的焦点，但是，它们更多地把重点放在把日常当作抵制、革命与转型发生的场所上。

我正在著书探讨的这种文化理论传统必须被看作是异彩纷呈的各种兴趣和各种不同立场的异质混合物。我们不能期待把这些关于日常的理论聚集在一起，建立起同一性，或者讲述一个观念是如何循序渐进，日趋缜密、精妙的首尾一致的故事。相反，在日常这个观念开始变得生机勃勃时，当它开始发生作用而且陷入危机时，这个故事中容纳了广泛的因素，而把这些因素联系在一起的，并不是什么共享的目标，或者各种相类似的成果，而是对日常所作的主流理解所作的一系列可资比较的反应。这里所要考察的各种理论与实践对那种自我显明的日常的观念构成了一个根本性的挑战，正是这一点而不是其他任何东西容许我把那些歧异纷呈的著作放在一起来考察。在我们将要讨论的作家的所有这些著作中都会有一种拒绝，他们拒绝把日常的王国看作是没有问题的。也许正是这一点把他们所有人统一在了一起。由于这个故事具有反省性，与日常的不可控制性相抗争，因此这个故事包含了各种尝试，尝试着发现日常生活的各种近似性，尝试着制定出比那些认为认识日常生活简直是易如反掌的形式更加适宜于关注日常的各种方式。

格奥尔格·席美尔、瓦尔特·本雅明、亨利·列斐伏尔和米歇尔·

德塞尔托等人的著作,以及超现实主义和民意调查派等文化组织,都是接下来的内容的主要参照点。在列斐伏尔和德塞尔托之间有一个不容易突破也不应该突破的鸿沟。在超现实主义者和瓦尔特·本雅明之间横贯着本雅明对于超现实主义的批评;但是,尽管所有的论证和势不两立的认识论都明摆在哪儿,我们应该承认,在某些具有实质性的区别之外,它们之间似乎还存在着许多亲缘关系。

如果采用马丁·杰伊的一本著作的名称并且稍作改动,那么这本书就可以有另外一个替代性书名:《日常生活———一个概念从席美尔到德塞尔托的历险记》(参见杰伊 1984)。概念(或者问题)有它自己的社会生活,它经历了一次冒险,正如它在不同的语境中,在不同条件下重新得到系统的阐述,重新被招募,重新得到使用,这样一个想法与对我的方法的理解不谋而合。在着手探讨这些面目各异的作家时,我最关心的是如何阐明他们的著作与我即将简明扼要地加以概括的那一大堆问题之间的关系。最核心的推动力量是解决我认为在着手探讨当代日常生活之极具有生产性的那些问题时碰到的那些困难。尽管我的方法强调把理论置于特定的历史和地理位置之中这种做法非常重要,但是,如果我认为这些工作与目前的研究日常的工作,与目前的历史研究毫不相干的话,那么,这其中就没有一个是重要的了。例如,对于席美尔的各种观念的批判性详述就与纯粹的历史学的兴趣和学术的兴趣毫不相干。令我感兴趣的席美尔是一个"当代的"席美尔,对于重新想象文化研究及其对文化的关注,他还能够尽绵薄之力。

赋予这些叙说以生命力的是以下三组问题。

美　学

第一组问题必须被理解为美学问题。乍看上去,似乎这样一个定向和本书的主题有小小的出入。难道美学领域不是关涉到高等文化的价值观和实践吗,这些价值观和实践如果不是和日常的世界不共戴天的话,也往往会被从日常中移离出去?如果是那样的话,我们最开始的那步棋就不得不暂时忽视那些和这项因素之间长期存在的关联了。如果我们拿日常生活的世界和西方美术的社会-历史领域(美学问题正是扎根于这个领域当中)进行交换,那么,美学又是如何生成的呢?我想要证明的是,美学允许我们同时考虑两个问题。一方面,通过把世界置于最突出的地位,即既把它看作是心灵的经验,又把它看作是感官的经验,它就会扩充那些来自日常的有意义的元素的范围,而这种扩充是大成问题的。例如,如果我们把无聊看作是日常生活中最主要的经验,那么,很明显,它就不会局限在思想的王国(这通常是意义安家落户"之处")。无聊可以以一种身心交瘁的形式影响到肉体和心灵。但是这种经验(或者这些经验)应该如何来理解呢?它们应该如何来描述呢?这就把我们直接带到美学的另一个最为关键的方面:它关涉到经验和这些经验呈现出来的形式。很明显,这种关涉对于日常的理论化非常重要。还应该注意的是,以这种方式思考美学就把我们带回到高等文化的王国,尽管并非是排他性的。别忘了,诗人、画家、小说家和作曲家等人的本职工作一直就是试图揭示"流俗的"经验。当我们把先锋艺术家在形式上所作的实验考虑在内时,所谓的高等文化的社会意义就变得更加赫然醒目了。我们可以把这种尝试——尝试着为现代日常生活找到一个位置并去理解它,发现系统地表述它的各种形式——看作是19世纪末20世纪初的许多先锋艺术家的蔑视一切的野心。这样一个先锋主义者的野心的重要性对于本书而言具有重要意义。虽然首先我们必须使美学的观念充实完善,使它可能对日常生活的理论化产生影响。

迈克·费瑟斯通在他的大作《废除文化》(1995年)中探讨了"日常生活"这个词,他指出,"它(日常生活)看起来像是一个范畴的残余,所有那些与秩序井然、条理清晰的思想不相符合的、让人恼火的残渣碎片都可以扔进这个垃圾桶中"。接下来,他又写道,"到这个领域冒险就是要探索生活的某个方面,很明显,这个方面的重要特征中缺乏有条不紊的方法,并且尤其对理性的范畴化持抵制情绪"(费瑟斯通1995:55)。这就说明,理性主义思想不可能适当地为日常提供空间,日常恰恰就是在理性主义千方百计地试图穷尽世界的意义之后残留下来的那些东西。这还意味着日常生活这个概念与美学的早期意义之间有许多共通之处。18世纪末,美学一词首先在德国哲学家亚历山大·鲍姆加登的著作中形成,那时,它所指的是"一门关于各种感觉的科学"(巴特斯比1991:35)——从哲学和科学上对于感官的、身体的经验(也许这才是日常的真正的材料)的一种关注。正如特里·伊格尔顿所写道的那样:

> 似乎哲学突然惊醒过来,发现在它的心灵的飞地之外还有一块人口稠密的、拥挤的土地,这块土地上情形很是危急,

它快要完全脱离它的统治范围了。这块土地不多不少,就是我们感官生活的全部汇集——它事关喜爱和厌恶,事关世界是如何通过感官的表层影响身体的,事关那些根源于声色犬马和吃喝玩乐的事物,以及所有那些来源于我们作为一个生物而附着于这个世界时我们身上最为琐屑的事物的东西。

(伊格尔顿 1990:13)

和对日常的关注的历史一样,在对这些经验进行关注的各种尝试的历史当中也充满了各种矛盾。伊格尔顿指出,理性主义哲学通达感官经验的方法以一种殖民化的方式发生作用:"理性的殖民化"(1990:15)。伊格尔顿想要指出的是这样一种倾向,即哲学使这些感官经验从属于理性和科学的过程,但从来没有质疑过它的关照形式的适宜性问题。事实上,某些哲学家以布道者般的热情来拥抱这种殖民化运作过程:"科学不能被拖曳到感受性的区域之中,但是感性的事物可以被提升到具有知识的尊严的地步"(鲍姆加登,转引自伊格尔顿 1990:17)。

鲍姆加登的例子证明了一个关键性问题:为了关注日常生活而借用"科学的"话语的诸程序和物质性,这可以看作是想把恰恰应该成为研究对象的东西削价处理。当它在描述和阐释过程中被改头换面时,日常的特殊性的丧失到底有多么频繁?就在理性主义的话语大肆扩张,已经覆盖了属于非理性而且不遵从逻辑推理的各种模式的生活领域的时候,丧失的东西(生活的这些方面已经转变成了关注的合适对象)就是使得它们变成迫在眉睫、刻不容缓的头号问题的那种"粗朴性"("材料性",'stuff-ness')。当然,鲍姆加登的目的正在于把那些材料从它的初始状态中"拯救出来",在它超越它自己的身分的那一刻把这些材料转变成"纯粹的"感性,这个纯粹的感性生活在低级的日常的王国中。重要的是,许多美学理论(作为关于艺术的话语)之与日常相关,仅仅是在那个超越发生的那一刻。甚至在与日常的世界经验关系最为密切的美学话语当中,转型和超越都是起着实际作用的程序。

在这种论证的水平上,日常代表了一种令人难以置信的不易探求的领域:对它进行关注就等于是丧失了它,或者正如布朗肖所写道的:"如果我们试图借助于知识来探求它,我们就不得不错失它,我们仍然对它所从属于的那个领域一无所知"(1987:15)。但是,我们不应该把这当作是向我们指出,面对各种形式的表象(描述或者理论)时,日常都坚定不移,毫不屈从;相反,它是要向我们指出,某些形式的话语(用布朗肖的话来说,就是"知识"的话语)不适用于它们的对象,它们常常压根儿就不能为它们的对象提供任何形式。这个结论的另一方面是说,对于日常的关注而言,可能还存在着某些表象形式,它们更能胜任,更加适宜。认为感官经验和日常身处表象之外,从根本上认为它们与表象的各种形式是不能通约的,这就是遗忘了以下这个事实,即感性和日常已然是表象世界的一部分。把日常生活当作表象或反思无法触及、不能为其所用的经验王国,这等于是把它打入冷宫,使其三缄其口。但是,如果感官经验和日常可以看作是已经被话语和表象完全殖民化了的,就好像没有任何东西有可能身处如今正大行其道,如日中天的各种表象形式之外,那么,日常生活就既不是一个重要问题,也没有能力产生与之相抗衡的话语。它就变成了一个只不过是用来指代那个已经完全被表象化的领域的术语。一种日常的美学不得不再三思量,以避免又陷入任何一种无从回避的结局当中。

传统可能会暗示我们说,某些表象形式在处理世界的某些特定方面时更为游刃有余。例如,我们可能认为,与一项社会学研究相比,一首诗是一种更合适的处理情感和情绪世界的方式;经济学论文可能比小说更能把握住资本主义。但是,在和日常发生关联时,所有的表象形式都因为相类似的一个问题而被束缚住了手脚。例如,如果我们把日常看作是一股"流",那么任何想要维系它,把握它,对它加以细细勘察的努力就都会是大成问题的。如果只是简单地从日常的连续性中抽绎出若干元素,那么,这种处理就会改变日常生活最有特性的地方:它的奔流不息的本性。依照这个思路一直往前走,一个良好的开端点将会向我们指出,对于日常生活来说,没有任何一种话语形式是永远"适宜的"(恰当的)。日常必然会超出任何想要把握它的努力。这只是说,我们别再痴心妄想,异想天开,在某种表象形式和它的对象(日常)之间寻找完美的一致性了。但是,如果注定了要成为处理日常的合适形式的东西(例如,主流社会学,或者说,小说家的描述)已经导致了对日常的某些方面的关注的缺乏,那么,日常就有可能从某些被蓄意弄成不合适的表象形式的关注方式中获益。或者毋宁说,如果我们拒绝话语的固有属性,日常的天机就有可能被生产性地窥测到。在席美尔或本雅明的工作中,或者在超现实主义的先锋派实践或者社会学学会,或者民意调查的"家庭中的人类学"那里,某种可以看作是"不合适"的表象形式形成了。使用超现实主义进行社会学研究,或者坚持用蒙太奇作为历史研究的技术,就是要抄近路,穿过了繁复的论证过程。它也是对于理解日常生活经验的不同形式的表象的潜能的检验。

本书的一个主要论点是,某种类似于先锋派社会学的东西正在被精心打造而成,只要日常被当作一个核心问题。对于把日常理论化来说,一个非常重要的关注点是生产出一种合适的揭示日常现代性的形式的问题。换句话说,这里所要探讨的所有规划都可以被认为对于创造一种关于日常现代性以及为了日常现代性的美学有所贡献。条理化地表述日常的那个形式可以看作是一个问题,或者描述日常需要以形式的实验化为前提,这都不仅暗示日常已经饱受了不被关注的痛苦,而且暗示了我们可以利用的关注类型和日常的现实性严重脱节。对此而言,有一个不可能加以忽略的历史维度。戏剧家贝托尔特·布莱希特曾经指出,"出现了新的问题,就需要新的方法,现实在改变,为了表现它,表现模式必须随之发生变化"(布莱希特 1980:82)。我将要讨论的这些规划统统可以看作是对上一章已经描述过的某种对于日常现代性的感觉的回应,正是这种对于日常现代性及其机制矛盾而又复杂的感觉(既是百无聊赖,又是神神秘秘)使得表象的传统形式看起来不适合用来处理现代的日常生活。也许在处理现代化的诸革命方面最为著名的文本是马克思和恩格斯的《共产党宣言》(1848 年)。在这篇文章中,他们把现代化看作是对所有形式的传统的攻击:

> 生产的不断革命化,一切社会关系不停的动荡,永远的不确定和骚动不安,这就是资产阶级时代区别于过去一切时代的特征。一切固定的、冻结实了的关联,以及与之相适应的古

老的令人尊崇的偏见和见解,都被扫除了,一切新形成的关系等不到固定下来就陈旧了。一切坚固的东西都烟消云散了,一切神圣的东西都被亵渎了。

(马克思和恩格斯 1968:38)

马克思和恩格斯坚持现代化的日常性。作为某种形式的意识("不确定和骚动不安"),现代化是漂浮不定的,作为对于传统信条的攻击("古老的令人尊崇的偏见和见解,都被扫除了"),它让人迷失方向,而作为对知觉的攻击("一切坚固的东西都烟消云散了"),它让人身心疲惫,丧失意志。通过把技术和社会的变迁与日常经验的变迁联系在一起,《共产党宣言》成为了最早把现代性当作处于日常生活的水平上的革命经验的文本之一。

那么,对于在它所有的新异性、不确定和传统的匮乏当中揭示日常生活而言,什么东西会构成一个合适的审美形式呢?这种漂浮无定的生活形式又是如何可能显示出来的呢?日常可能会向先锋社会学家提出诸如此类的问题。为理解各种新类型的经验(新的"实在性")而创造出来各种新形式(或者工具)的必然性可以看作是在对日常生活的理论化的一般的推动力和令人困惑的伴随物。被称为艺术先锋的那些人似乎提出了一整套形式工具,用以记录这个显得是浑沌一片、分崩离析而又完全新异的世界。本书所要讨论的研究项目可以看作是处于艺术与科学的边界之上,从艺术先锋派那里汲取了不少营养(或者在运作时与他们和谐一致),但是把他们的关注引导指向其他的目的。在这里,我只是对形式的"审美"工具中的某一些作一个简明扼要的概述,这些工具同时既存在于艺术先锋那里,又存在于更是社会学意义上的先锋那里。

如果说日常生活在很大程度上为人熟视无睹(即使它正在经受革命化),那么对它的关注的第一要务就是使它成为引人注目的东西。艺术先锋的"陌生化"的策略,即把那些我们熟悉异常的东西变成茫然不识的东西,可以为创造出一种社会学美学(借用席美尔的术语来说)提供一个本质性的成分。审美技术,例如超现实主义所提供的让人莫名惊诧的并置(juxtaposition),提供了一种生产性资源,它把日常从传统的思维习惯中拯救出来了。与此类似,如果依照惯例地把日常理解为同质的,各种形式的艺术蒙太奇就会竭力扰乱这种"表面上的平静"。但是这种社会学美学并不仅仅是用来令我们产生"震惊",从固定的关注形式中解脱出来;它还有一个野心,就是要千方百计地显示也处于它自己的"所有"的复杂性和矛盾之中的"日常"。因为这种蒙太奇可以被看作是尤其适合于[处理]复杂和矛盾的状况的审美形式。但是,如果"日常生活理论"想要提倡和实践蒙太奇,那么,除非它只是想简单地记录日常中的聒噪之音,否则,它就不得不去发现某种为日常安排秩序、对之进行整理的方式。在这里,理论的问题正是为日常中的无穷无尽的经验安排秩序,对其进行整理并使其有意义的问题。

本书所要考察的理论家和理论(格奥尔格·席美尔、瓦尔特·本雅明、超现实主义、民意调查、列斐伏尔和德塞尔托)可以看作是最早构建一种"替代性的"美学,用以关注现代日常生活的经验的人。它是一系列与日常有关的自由选择的替代物:它可以取代为日常进行编目的各种尝试的工具性;可以取代高等文化与日常生活发生关联时表现出的主体主义的倾向;可以取代科学的冥顽不化的实证主义。它们的替代物是这样一种美学,它在对日常的经验进行速写时从来不声称已经穷尽了它。它是一种实验的美学,它承认,现实性总是优于揭示它的各种程序。这些日常生活理论的工作的基本特征可以看作是一种兼收杂糅的表象模式。在这些表象性范畴之间的边缘和裂沟上存在的东西就不仅仅是"理论"或者"虚构",哲学或者经验观察,还有"日常生活研究"。这种美学质疑"体系"、"严格"和"逻辑"等是否合适于用来关注日常。因此,它的理论资源来源于各种不同的资源,既来源于像布莱希特和乔伊斯这样的作家,同时又来源于马克思,既来源于日常观察,又来源于知识分子的遭遇。这种美学苦心竭力要在一个经常为它自己的审美草案所遗忘的领域(社会和文化理论)之内发现一个处所。

档　　案

第二组问题关涉到与之相关的档案问题。在某一个层面,这也有可能被当作一个简单的实践问题:日常生活的档案会包括哪些东西?它有可能排除什么东西?例如,如果日常的档案(例如,民意调查产生的档案)就有可能包括潜在地是无穷无尽的条目(日记、照片、观察记录等等,任何一个愿意加入其中的人都可以编辑它们),那么它是如何可能被组织起来的?日常生活的档案包括什么的问题提出了有关整理核对"日常生活"材料的适宜形式的诸多问题。在民意调查的个案中,让日常生活"代自己立言"的欲望最终导致档案材料积累成山,汗牛充栋。立刻有两个问题变得明朗化了。首先，如果日常想要"从内部"——姑且这般说——被表现，那么，在对必然会是在对混乱无序的大量档案进行组织和限定时，相关的问题就出现了。是不是什么东西都应该被包括在其中，巨细无遗？我们将以何种方式来组织这些档案材料？第二个并且与此相关的问题是在使用档案的过程中逐渐明朗化的。如果档案是由复调式的日常组成的，那么它又如何可能被和谐一致地安排在一起，形成一个有意义的主题和值得一读的解说？即使档案没有淹没掌有大权的编辑的声音，我们又如何能够从这些档案中建构出一种条理清晰、让人能够理解的叙述？换言之，对于档案的可能使用似乎在两个极端之间游移不定，徘徊不已：一方面，大量的独一性堆积成山，难以管理；另一方面是一种收缩性的秩序，这种秩序把漫无边际、桀骜不驯的档案转变成服服帖帖的叙事。民意调查的历史就是处理这种问题的历史。

因此，即使是在搜集和组织资料的水平上，都有一些更为根本的问题侵入，即那种以不将日常局限于特殊事例，或不以演化为抽象的一般性来消除特殊事例的特殊性的方式而使日常有意义的问题。这个问题可以看作是在诸微观层面（频频被人们划归到日常的类别当中）和总体性的诸宏观层面（文化、社会等等）之间左支右绌的困境。这种困境所表述的问题关涉到与两种视野中之任意一种相一致的优先性问题。近年来，随着许多与后现代主义的解释相关的某些类型的论证的出现，优先权已经越来越倾向于落在微观层面一方。但是，如果"日常生活理论"是一种有意义的并且从历史的角度看来迫在眉睫的关注形式，那么，我想要证明的是，这是因为在某些层面上，它并不仅仅拒绝停留在微观的规模上。毕竟,这个日常的观念不是指出了对于某种不仅仅是单一的"诸日常"这样的无限系列的欲望吗？简而言之,在后现代时期,日常生活可能是那个对于总体性的欲望的名称。

但是,如果说有人论证关注"总体性"的欲望必定是"极权主义的"欲望,而这个论证有过分夸张之嫌(很明显,事实正是如此)的话,那么,"诸宏大叙事"抹煞或者忽略广阔无边的经验的领域的倾向也是不能轻易忽略的。事实上,迄今为止有一点已经昭然若揭,即大部分日常生活理论是有意识地致力于对传统的话语模式抹煞或者忽略日常的方式作出反应的。因此,如果关于"社会"或者"文化"的一般叙述可以看作是对于日常的遗忘,那么,在任何关于这些东西的一般叙述被提出来之前,绝对的优先性将会把日常从遗忘状态中拯救出来。如果情况就是这样,那么一种关于日常的文化理论的最初动作就是承认日常这个我们对之还一无所知的领域,让它在它的所有的具体性当中得以见天日。但是(而且这也可能是日常档案的一个核心困境)如果情况真是这样,那么,如果档案的文本指数与日俱增,在实质上淹没了这种可能性,生产出一种新的和更好的关于社会总体性的叙述不就变成不可能的吗,或者至少是其可能性大大降低了吗？当然,在这里并没有求助于某一种答案。对某些专心致志于马克思主义的人(譬如列斐伏尔)来说,如果没有一种哲学的(抽象的和批判性的)定向,对于经验的关注就没有任何意义。列斐伏尔提供了一条通达这个问题的有效途径,因为他把日常当作是社会生活的不同显示之间的各种关系。在他的《日常生活批判》中,他指出,日常事件的独一性(譬如,一位妇女买糖)既回荡着社会的和心理的欲望,又回荡着民族的和全球的交易的各种结构(列斐伏尔 1991a:57)这里所提出来的与档案相关的问题是一个重大的问题。它不仅指出了独一性事件的无穷无尽的繁殖增生，它还要求把这些事件与欲望和交易的经济结构联系在一起。在列斐伏尔看来，这里所提出来的方法论问题可以用不同的方式来解决，但是因为他的工作的焦点和重心从日常生活一般转移到了城市的日常，日常档案的不可管理性就由于把日常的相互关系空间化而越来越得到有效的管理了。

和档案的实践的历史相关，存在着一个更加具有认识论意味的问题。在德塞尔托看来，把在西方作为殖民扩张(无论是在"本国"还是在"异国")的必然结果而出现的各种档案的实践统一起来的东西是一种组合起来的操作，这种操作既压制被认定为是由档案而"保存下来的"文化，又在那种文化中刻印下它自己的欲望。在德塞尔托看来，正是这种把一个活生生的文化转移为书面文化的做法标志着对于日常的驯化以及把某种惩戒性书写登记在册。在德塞尔托的工作中有一点昭然若揭，即，那些话语(同时既是档案的话语又是书写的话语)初看起来可能会被当作对于日常的关注(人类学、对日常生活的"正式的"研究，等等)，但它却竭尽全力要抹煞日常。但是，也有一点变得明朗化了，即，它们永远也不会万事顺遂，马到成功。因此，对德塞尔托而言，对日常的关注还意味着想方设法拯救各种踪迹，日常那具有泛滥成灾的不可管理性的各种残余物，在表象内部喷发的各种残余物；并且还意味着对于压制工作的标明。

可以被涵括在日常生活的档案中的材料的异质性又一次提出了方法论的问题。尽管文化研究已经发展出各种复杂的关注视觉的和口头的符号学材料的方式,但是在与听觉、嗅觉和触觉相联系时,它还仍旧处于非常不发达的境地。例如,德塞尔托的以书写为基础的日常生活的档案可能包括:散步、谈天、烹饪、吃饭、萎靡不振等等。席美尔和本雅明认识到现代性的日常是对于有感觉的身体的总体性的攻击。尽管这里所考察的各种理论并没有导致一条畅通无阻的通达感官生活的总体性的道路,但是它们的的确确表明了对于非视觉的和非言词的感官的关注的缺失。日常感性的历史性也许是将来任何一种把日常生活理论化的做法的必要的伴生物。它还有可能意味着,日常生活的档案不仅包括日常的声音、日常事件、日常材料和日常感性的记录和搜集;它还包括把已经存在的档案日常化的过程。例如,这也可能意味着在视觉描述处理过的时刻中去解读触觉(通过姿态、步态、身体支撑自己的感觉),而那些时刻构成了照像的档案。他也有可能揭示出,档案材料的提供会从试图把日常当作一种感官的领域来表达的实验方法中受益。

实 践 与 批 判

第三组问题(这又和前面两组问题相关)围绕着作为批判性实践和作为实践性批判形式的日常的问题而展开。严格地说,这些问题强调了对于日常的关注中的描述和批判这两个问题。文化研究领域(如果它是一个"领域"的话)已经做了很多工作来推进批判日常生活的工程。但是,在许多方面,这种批判已经是即将结束的理论残局。在1990年发表的一篇文章中,米格汉·莫里斯指出了

文化研究中这种倾向的主要特征:

> 但是,有时候,在心不在焉地阅读两三年以前的旧刊如《新社会主义》或《今日马克思主义》,或者匆匆翻阅《文化研究》,或者浏览书店里堆积成山的波普理论时,我情不自禁地想,在某个英国出版社的地下室的某个地方,存放着一张万能磁盘(master disk),其中有同一篇关于快感、抵制和消费政治的论文的数以万计的版本,它们在更换了不同的外貌和做了稍许改动之后正待以五花八门的名称付梓。
>
> (莫里斯 1990:21)

莫里斯抱怨的是,在文化研究内部出现了某种形式的分析,它把日常文化的那种本质上是积极的、抵制的主题放置于优先地位。从这种观点来看,你所考察的是何种类型的文化材料并不重要,因为,从消费的观点来看,潜在地,它对于以相互类似的"创造性的"和"颠覆性的"方式而被使用总是敞开着的。尽管这种方法的历史原因可以在一定程度上通过把它看作是对于先前的系统阐述的过度补偿而得到解释,因为先前的阐释认为文化研究的主题是消极的,容易受到操纵,但是,其结果可能是对于主导者之中的积极推进者的无穷无尽的探寻,而这种探求似乎被锁定在一次又一次地反复讲述同一个故事中。无论是把日常看作一个听命于各种占主要地位的权力机构的王国,还是看作一个其基本特征是对这种权力的拒绝的王国,批判的工作似乎太容易了,对批判工作的意义的信任太过于轻浮了。或者毋宁说,批判的实践可能还没有成熟。

如果,对于本书所讨论的许多文化研究项目而言,日常(作为一个活生生的现实性)在能够提供批判性的努力(哲学、政治等等)的职业话语中缺席,那么,正如已经指出过的,第一种优先性将会把日常带入到光亮中(姑且这么说)。直到发生了这样一种状况,与日常相关的批判性实践依旧没有得到长足的发展。在动用某种可利用的政治的意义上,批判不得不被推后,因为这种政治已经在使日常趋于暗哑无声的状态过程中起了一定的作用。但是在它的位置上,需要完成的是另外一些操作。在民意调查和米歇尔·德塞尔托等人看来,必要的操作是把我们关于社会的图景颠倒过来。不是要把世界描画为由一些重要的(以及特殊的)事件和人构成的戏剧,相反,是要以日常生活为背景,前景和背景之间的关系必须被颠倒过来。在德塞尔托看来,这是日常理论的一个必要的前提条件,如果这种理论想要开始概述普通实践采取的各种形式的话。28 做到这一点就需要暂时放弃政治礼节的正常规则,这些规则通常使工作看起来像批判性的。

但是尽管这看来像是某种天真自由的幻想,我们还是应该记住批判的社会形式是如何形成的。第二波女性主义的例子(我们在第一章中已简要讨论过)仍旧是非常贴切的。女性主义在1970年代和1980年代变成那样一种驱动力不是通过启动"平等"和"自由"等某些抽象的政治观念。相反,是通过首次承担起把妇女的生活带入到话语当中(在这个过程中经常产生新的话语形式)而承担起经验的工作,如果经验是以先前形成的诸如"平等"之类的抽象话语的名义通达的,那么,形成这样一种对于女权制的心理深度的批判性解释就是不可能的。这样一个广阔的社会文化活动浸淫在日常中(家庭的固定程序、性的身分等等——这是被"个人的就是政治的"这个口号简明标定好了的),这个事实应该让我们注意到,日常有生产新的政治形式的潜能。换句话说,对于允许形成新的"政治"批判的形式而言,描述的工作可能是必要的前提条件。通过把性别的政治放置于日常当中,女性主义激发了政治自身的转型:谁能预告政治会逐渐包括性和家庭事务?如果本书所概述的那些研究项目永远不会融入像第二波女性主义那样的巨大的社会历史运动,那么它们的批判潜能必然是依旧未知的(或者说,未接受检验的)。以它们正试探着对之进行挑战的某些类型的世界图景为基础而逼迫它们进入政治的批判当中也会不得不被看作不成熟的。相反,批判性的估价可能会要求从理论上说更能引起同情的定向。

相反,列斐伏尔采用了一种更加盘算周到的批判,它允许日常进入我们关注的中心。但是应该引起注意的是,列斐伏尔所采用的批判程序(从总体上说,这是马克思主义的程序)并不是那种可以焊接到现存的政治上的程序。对于现时代最为一贯的一种政治哲学而言,这似乎是一个陌生的东西。尽管如此,我要证明的是,列斐伏尔的马克思主义的术语(它是建立在把资本主义社会当作芸芸众生的潜在人性完全异化的基础之上的)恰恰是马克思主义在转变成为一个实践的和职业的政治纲领时舍弃的那些术语。事实上,列斐伏尔在他的批判中将之置于优先地位之上的马克思主义与其说是以共产主义为定向,不如说是以无政府主义为定向。也许无政府主义的一个明确的原则是以试验性的定向的名义——

这种定向渴望把人类生活的未知的(以及在历史上不可知的)潜能释放出来——丧失政治纲领。

在列斐伏尔的工作中,分析乡村节日的残余物可以看作是为日常生活提供释放的潜能。这种把日常中仪式主义的材料置于优先地位的做法指出了对日常进行关注的可能性,这种关注提倡一种跨文化的视野(即使在正在接受审查的文化之中也可能会发现比较文化)。它的基础是一种必然是人类学的定向的定向:它比较并且对照两种或更多文化,不是通过把某一种文化置于比另一种文化优越的地位,而是通过某种类型的相互检验,这种相互检验的目的是要把这两种文化去自然化。在列斐伏尔(我认为,在某些方面,对于民意调查和德塞尔托也一样)看来,至关重要的是,这种跨文化的人类学坚持认为,日常生活的批判能够而且应该在日常中找到。因此,现代资本主义文化中的节日也许已经变成花里胡哨,俗不可耐,散发着铜臭味,但是,即使在这种异化状态中,它仍然能够指向被不同地体验着的生活的可能性(指向另一种节拍,另一种不同的逻辑)。

但是,在列斐伏尔的研究项目建立起来的时候,人们对于法西斯主义提倡把仪式主义的和非理性的材料渗透到日常当中的做法已经谙熟于心。1930年代法西斯主义的兴起可以看作是构成了一种批判的危机:它把批判的术语置于遭到怀疑的境地,与此同时,它又使批判的展开显得十万火急,刻不容缓。如果法西斯主义的确生产出某种与批判的权威性相关的危机,那么,它之所以能够做到这一点是因为它混淆了批判的诸术语。法西斯主义可能看起来似乎纯粹是非理性主义和神话的流泻,这种非理性主义和神话的流泻应该和无情的推理相遇,而这种无情的推理最终会导致法西斯主义神话的破除。但是,有一种真相越来越大白于天下,就是说,在这场斗争中更强大的政党并不总是(或者常常是)理性的"明亮之光"。如果说法西斯神话最终被击败了,如果不是由于理性又是如何能够达到这一点的呢?另一种回答开始在可能已经被动员起来反对法西斯的日常文化之中探求神话和仪式(宣传家们在提倡非理性主义当中最神秘的东西——国家主义时学会了这种机巧)。但是法西斯主义,同时作为一种非理性主义的形式,也可以被看作是一种超理性主义的形式。毋宁说,法西斯主义揭示了"理性"(或者以理性的名义所做的事情)可以被用来达到的目的。因此,在 19 世纪的种族理论和犹太人大屠杀之间的关联在理性的天真和释放潜能上面打了一个不可随意扫除的问号(例如,参见鲍曼 1989)。在民意调查的同类型学者看来(或者,以另外一种方式,在瓦尔特·本雅明看来),法西斯主义急切地要把注意力集中到日常的主题上来。

我认为,所有这一切最后导致的结果是一种怀疑(有时候,它被表述得非常混乱),对于把日常生活理论转译成"批判的"政治可以利用的语言的怀疑。像德塞尔托这样的作家并不信任我们可以在哲学的抽象物或者政治的实用主义那里找到解放的政治,相反,他们似乎准确无误地把他们的命运同日常紧紧拴在一起。正是在日常中,我们才有可能找到解放(如果它还有可能被找到的话);对于日常的各种批判是在日常生活的实践中形成的,而不是在政治党派的那些纯而又纯或者去除了任何杂质的"现实主义的"纲领中找到的。因此为了回到文化研究问题,"日常生活理论"就会坚决主张发出对"抵制"和"权力"的二元论重新进行思考的邀请。它通过重新估价描述的生产性(把日常置于突出地位并承认它)和通过重新想象批判的实践(潜在地生产各种新形式的批判实践)来做到这一点。因此，它是那种以政治(作为依照惯例被没完没了地演出的东西)与传统的社会和文化理论(被理解为对于日常的遗忘)这二者为旨归的挫折的征候式结果。

结　构

接下来的各章依次展开论证,把注意力集中在各种具体的理论作家或者文化研究项目上。以下三章(第三、四和五章)可以看作是对日常的"美学"的某些基本要素的概括(如果我们用这个概念意指的是与日常的经验和显示它的问题这二者的啮合)。这几章考察了席美尔和本雅明的工作和考察了不同形式的超现实主义。席美尔的方法论路径主张通过把注意力集中于偶然的和粗陋的事务上来揭示社会的一般性质。在席美尔看来,这种工作并不会把自身还原为各种精巧细致的理论图式;相反,它可以被看作是一种断片的社会学,在这种社会学中,部分可以看作是揭示了一般,但是它永远也不能彻底地还原为一般。它总是保持为特殊的、不可同化的断片。瓦尔特·本雅明可以看作是延续了席美尔的关于现代性的社会学的研究项目。本雅明的那个规模宏大、可惜未完成的《拱廊项目》(依照我的论证,它是不可能完成的)是要为现代性的前历史绘制一幅地图,在它逐渐硬化为不同的文化形式时在它的全部偶然性中把握现代性的形成。本雅明的兴趣还在于日常的支离破碎之中,但是它这样扩张席美尔的方法有一个理由。在本雅明看来,最近过时的东西可以引导我们走向一种革命的偶然性,这种偶然性可以证明"事情可能是不同的"。在席美尔和本雅明之间存在着超现实主义的研究项目,这个项目的重要性作为对日常的关注的资源无论多么高地估计都不过分。它应该被看作是本雅明的文化簇集(constellation)的某一最重要的方面。超现实主义和形形色色的对超现实主义持有异议者都允许日常在逼迫日常去自然化的那个"运动"中被"他者化"。而且,依旧是在超现实主义当中,我们发现了可以用来关注日常的两种方法论工具:一个是蒙太奇的过程,从这里的角度来看,它是日常的最重要的表象形式;第二个是对于社会人类学的重新编排,调用它用来关注家庭的日常。

在讨论民意调查的工作的第六章中继续的主题是作为现代经验的日常,以及寻找可以用来表述这种作为现代经验的日常的表象模式中的困难。民意调查是1930年代在英国产生的一项运动,尤其是作为对日常中的仪式和神话的浮出水面作出的反应。我反对那种把民意调查看作是与政府机构勾搭在一起的绝对实证主义的项目的观点,而强调它那些可以看作使这种解读成为问题的方面。民意调查的最具有生产性的方面是超现实主义和社会人类学之间的不可思议而又惹人心烦的联姻。把人种学的草案应用于家庭文化的潜能延续了使大家熟悉的东西变成陌生之物的先锋实践。从这当中产生了一种关于日常的诗学的开端,这种诗学可以,至少是潜在地,通过动员对于日常的社会和文化领域进行大量关注这个行为而改变日常的社会和文化领域。

在第七章中,我评论了列斐伏尔的横跨一生的日常生活批判的研究项目。这个项目扩展了马克思的某些早期著作,并且把它们应用于与列斐伏尔本人一生同时发生的数十年的彻底的社会变迁。列斐伏尔的《日常生活批判》来自于对西方马克思主义、超现实主义和对社会变迁的各种观察的调谐与杂糅。在其中,他强调了改变社会生活的政治命令,而这可以看作是对于苏维埃革命在改变苏联的日常生活的社会和文化条件(或者不如说是改造它们使之蒸蒸日上)方面的失败的一个回应。列斐伏尔延续了日常生活的批判,他的延续把注意力集中在城市环境上,城市环境既是日常生活的异化加剧的空间,又是它可能发生转变的场所。

第八章把注意力集中在德塞尔托的《日常生活的实践》一书上,把它看作是对于与列斐伏尔的研究项目截然不同的思想和社会气候的回应。在它对日常生活的富于想象性和创造性的实践的强调中,它对那种认为社会中充斥着强有力的利益的统治的理论立场进行了批判。在他关于日常生活和大众文化的著述中,德塞尔托设立了一种"殖民的邂逅",在这种邂逅中,日常生活的诸文化被关注它们的职业结构夷为平地。因此,日常生活的诸文化淹没在社会和文本的权威性的水平之下。尽管它们倾向于保持为不可见的和不可表象的,但是它们在与这些权威进行一场类似于游击战争的东西(尽管我希望,德塞尔托的"战争"隐喻的各种局限性将会昭然若揭)。这种立场"自下而上地提出了一种有价值的"观点,而且生产性地把日常生活中的一系列"抵制"的实践形式置于突出地位。但是,同时,它又重新改造抵制这个观念。我认为,德塞尔托的诗学使作为一种理论建筑的文化理论成了问题,这种文化理论建基于权力和抵制的区分之上。在这里,他的工作指出了与精神分析的研究项目之间的生产性的亲缘性。

在相对而言比较短的最后一章中,我深入思考了"日常生活理论"如何可能被用来重新设想和重新安置文化研究的问题。我还要谈论(但却过于简要了)某些更为急切的文化问题,这些问题可以看作是从这样一个理论体中缺失的部分,也就是说,这些说明的欧洲重点的某种替代物。从一个国际的框架的视野来看,"日常生活理论"会是什么样子?"日常生活理论"(从字面上来说)可能在什么地方继续巩固和扩张这里所概述的传统?第九章没有给出一个结论,相反,它只是力图鼓励和推广把日常生活理论化这个有着广泛经验的研究项目。

在这种解释中的"日常生活"就不是一个只有文化理论才研究的"给定的"东西。在某些方面,它可以看作是我正在一一考察的各种探究所生产出来的产品。直到我们到达列斐伏尔和德塞尔托的工作,类似于作为一个特殊问题的"日常"的东西才会出现。(例如)席美尔和本雅明的野心勃勃的研究项目与现代性这只怪兽作搏斗。在它们寻求能够提供对于现代性具有生产性的把握的某种关注形式的过程中,"日常"开始作为一个批判性概念和作为一个通达社会生活的想象性的虚构而形成。在这些研究项目生产出来的文化理论中,日常和那种把城市和无意识(或者非意识)置于优先地位的现代性经验联系在了一起。在这里以及在接下来的文化构造中,日常不是某种要加以斥责或者宽恕的东西,加以逃避或者包容的东西。"日常"的"想象性的虚构"指向某种不可避免和不可回避的东西,但是,它也指向某种在某些重要的方面还没有成形的东西。也许那时,作为本书主题的理论传统显示出了一条通往社会和文化生活的道路,而无论是在理论上还是实践上,这条道路都彻底地或者实质上是改良主义的。

第三章 席美尔:日常生活的断片

> 实不相瞒,我认为,把关于那些最为司空见惯的和最为日常的现象的某种思想观点以及这些现象对于这种思想的吸引提呈给尽可能广泛的公众,这是一个文化的任务,而且这个文化任务并非不值得哲学家去完成。
>
> (席美尔,转引自拉姆斯泰特 1991:126)

在写到 19 世纪末 20 世纪初这样一个转折点时,很难为格奥尔格·席美尔的著作在我们今天大家都已熟稔的思想著作的轮廓中找到一个位置。席美尔的著述因为对处在萌蘖状态中的社会学所作出的贡献而声名卓著,它跨越了一个非常宽泛的"文化主义的"视野,包括论述美学的以及论述"货币经济"的文化作用与影响的著作。在对于他的功绩的评价当中,最为鞭辟入理的评价,不是出自与他同生共处的同时代人,而是出自下一代理论家和批评家,其中有许多是席美尔的学生。有许多作家要么是通过对他的著作直接作出回应,要么是试图努力展示出他对于他所教导过的那些批判理论家所产生的影响,使他的著作当中许多浓缩了的和生动有力的论述显露了出来,而这些论述都指向日常生活问题之核心。

特奥多尔·阿多尔诺(在1965年)曾撰文论述席美尔对于理解恩斯特·布洛赫(他是席美尔的学生与朋友)的著作的重要性,在他看来,席美尔"因为他的全部心理学的唯心主义,而成为在哲学上完成转向具体的主体的第一人,每一个对于认识论或者思想史的四分五裂心存不满的人都奉这种转换为圭臬"(阿多尔诺1992:213)。又是在一篇论述布洛赫的文章中,杰克·齐普斯写道,"席美尔跻身于那些震古烁今的思想家之行列,他们认为,哲学必须关注日常发生的事情和琐屑不足道的事件"(齐普斯,载于布洛赫著作的导言1989:xiv)。以前有学者(譬如卡尔·曼海姆和格奥尔格·卢卡奇)认为,最好是把席美尔描述成为一个社会学的"印象主义者"——一个哲学社会学家,他孜孜不倦地关注的是关于残缺不全的日常世界的经验以及这样一个世界中包含的微不足道的对象,这种关注方式和印象派画家在他们的绘画作品中关注那些同样的方面的方式有相似之处。但是,尽管这些作家对于席美尔的功绩口径一致,毫不含糊,他们仍然怀疑它的价值。在曼海姆和卢卡奇看来——在西格弗里德·克拉考尔看来也一样——席美尔在要给出一种能够使社会经验的总体性有意义的"可实行的体系"的时候突然住手,停步不前。曼海姆写道,席美尔的能力"不是那种对整个社会作建构性的统观概括的能力"(曼海姆,转引自席美尔著作的导言,1992:30),而克拉考尔(在1920年)写道,"他从来就没有发现那个足以描述作为所有的生存形式的基础的客观世界的迷人字眼,在我们看来,关于这个世界,他始终缺少一个入木三分、无所不包的观念"(克拉考尔1995:225)。在卢卡奇(在1918年)看来,席美尔是"哲学上的莫奈,但是在他的追随者当中一直没有出现一个塞尚"(卢卡奇1991:47)。关于作为印象主义者的席美尔,下文我还有很多话要说;现在,只要指出以下一点就够了,也就是说,尽管人们认为席美尔通达日常以及通达现代性经验的途径新颖独特而又硕果累累,但是,它的价值从根本上受到严重的损害,因为它没有能够把他的研究与他的哲学世界观综合为一。我们在从学术上接触席美尔的著作时,已经受到了这些抱怨的约束,而这些抱怨的一以贯之的目标是,把他的著作评判为"支离破碎的"、"无章可循的"和"不科学的"(参见阿克塞尔罗德1994)。

席美尔自己对他的社会学理论的理解是在他的《货币哲学》(1900年,1907年出修订版)的序言中给出的。席美尔强调在他的著作中有两个至关重要而又交相重叠的方向。一方面,"这些研究的统一性并不存在于……关于特定的知识的断言以及之后日积月累搜集起来的证据当中,相反,它存在于这样的一种可能性之中——这种可能性一定能够得到证明——即在每一个生活的细节当中都有可能发现它的意义的总体性"(1990:55)。在另一方面,他的目的是"要在历史唯物主义的下面建构一个新的层级,这样的话,把经济生活和思想文化的各种推动力融合为一体所具有的解释价值就得到了保障,与此同时,这些经济形式自身又被当作心理学的或者甚至是形而上学的前提条件组成的某些更为深刻的价值观念和倾向性造成的结果"(1990:56)。这两个方向在理论领域构造而成了一种运动,这个运动大规模地拓宽了社会研究的视野。关注日常生活的细节(这是社会学的显微镜的一种形式)意味着,经验的方法——不适用于伟大的事件——已经推扩到了日常的"天下本无事"的状况中,同时,经济学的观念已经从马克思主义对经济学的理解(一种有限的经济学)扩展到了更为普遍的经济学当中,这种经济学包括感官的经济学、神经官能的经济学、效果经济学。

在研究席美尔的著作对于把现代性中的日常生活理论化所具有的生产性时,我想要论证的是,席美尔的价值正在于他使用了日常生活的断片来表达现代经验。席美尔拒绝一个秩序严整的统一体系,拒绝在哲学上的宏观观点,这并非他无能为力于把这些断片联结在一起而导致的结果;恰恰相反,它源自这样一种尝试,尝试发现某种形式的关注,这种关注能够胜任(或者更加胜任)对它的对象(现代世界的日常生活)的处理。把这种形式综合进入某种体系意味着,它要抹煞的不仅仅是细节的独特性,更重要的是细节之间的关联的勃勃生机。我们需要重新思考那被称作席美尔的社会学的形式主义的东西(对于社会关联的各种形式的安排的兴趣)。我们可以把席美尔的形式主义看作是特别重视风格(style)的一种方法:生活的风格,对象的风格,以及关于如何表现出现代的诗学。正如席美尔的另一个学生指出的那样,席美尔"把社会学设想为关于社会化的各种形式的研究。但是,无论哪个谈及形式的人都会延伸到美学的领域。归根结底,社会是一件艺术作品"(扎尔茨,转引自戴维斯 1994:46)。

印象主义,诸断片和诸总体性

在展开把席美尔的规划看作是关于断片的"日常"美学的论证的过程中,探讨一下卡尔·曼海姆认为席美尔是一个社会学的印象

主义者的相关描述还是值得的。曼海姆指出,席美尔使用了

> 同样的方法来描述日常生活,而这种方法以前是用来描述图画的,或者说是用来刻画文学作品的特征的。他有描述最为简单明了的各种日常经验的天赋,其精确性即使与作为当代印象派绘画的基本特征的精确性相比也不遑多让、毫无愧色,而印象派绘画已经知道反思以前一直被忽略了的空气的色度与价值。把他称作社会学中的"印象主义者"也许是恰如其分的,因为他的才能不是那种对于整个社会作统观概括的才能,而是对先前忽略了的各种微弱的社会力量的重要性作出分析的才能。
>
> (曼海姆,转引自席美尔1990:32)

在把席美尔的著作指认为印象主义的著作的过程中至关重要的是,把它理解为与这样一些表现形式有关,这些表现形式更多地与文学和艺术创作而不是与社会科学有关。最近许多年来,对于重新评价席美尔的思想的主流而言,赋予席美尔的社会学以印象主义的特征已是陈陈相因、了无新意了。戴维·弗里斯比曾经满怀激情地对待席美尔的著作,他第一本论述席美尔的著作的题目就是《社会学的印象主义:重新评价格奥尔格·席美尔的社会理论》(弗里斯比1992b;亦可参见弗里斯比1984,1985,1992a)。弗里斯比关于席美尔的研究在以下二者之间提出了许多富于暗示性的关联:一方面是席美尔的看法,另一方面是在第二帝国期间巴黎的文学和艺术先锋派那里发现的各种看法。弗里斯比使用波德莱尔的

闲逛者的意象——现代生活的充满激情而又漠不相干的观察者——来引出席美尔和"现代生活的画家"的各种至关重要的相似之处和不同之处(参见波德莱尔 1964;克拉克 1985)。但是,尽管与巴黎的先锋派的这种关联提供了许多有用的真知灼见,"印象主义"这个词必须被置入一个与席美尔更为亲近的语境中。为了精确地确定印象主义对席美尔而言究竟是什么意思,他的学生究竟是如何用它来描述他的,我们必须考察一下这个词在德国的特殊行情,尤其是在世纪之交的柏林。

洛塔尔·米勒有一篇论文叫"大都会的美:世纪之交论审美的城市化",在这篇论文中,"印象主义"一词是在柏林——席美尔的故乡——的特殊语境中得到考察的。米勒指出,在这个语境中至关重要的是对柏林的理解,不是把它当作一个艺术之都,而是把它当作技术之都:"19 世纪的巴黎是审美的现代性之都,与巴黎正好相反,这个时期的柏林被当作是技术的、文明化的现代性的中心"(米勒 1990:37—38)。与此相关的是,印象主义不仅仅被理解为艺术的表现,而更被理解为通达现代性状况的诊断性方法:"印象主义转变成了一个对这个时代整体进行反思的范畴,在这个范畴中,归根结底,艺术风格仅仅是附带现象,是奠基性的生活风格的一个征候而已"(米勒 1990:43)。米勒注意到了 1907年德国出版了一本叫作《生活和艺术中的印象主义》的书,作者是理查德·哈尔曼。在该书中,生活中的印象主义被看作是具有如下的根本特征:"加速度和昙花一现,行为狂热、激动和变动不居,以及所有既定规范和价值观都受到侵蚀。"在洛塔尔·米勒看来,这本书的重要性在于它看待印象主义的方式——不仅仅是把它看作是某种艺术技巧,而且把它看作是既存在于现代生活的活生生的经验之中又横贯在各种各样的不同文化表现形式之中的某种东西:

> 在这本书对于印象主义的诊断中,"印象主义的"生活风格显现在各种社会的和文化的现象中,它已经成了稍纵即逝、形式的消融、反体系等词的同义语。在哲学中,在思考的审美化过程中印象主义有明显的体现;在伦理学中,它体现在拒斥任何道德命令的倾向中;在戏剧中,它是某种非戏剧因素的发展;在音乐中,它是极端地追求养成声音洪亮和气氛热烈。
>
> (米勒 1990:44)

在这个柏林的语境中,现代活生生的经验与文化表现方式之间有一个不可或缺的关联,通过把现代的日常塑造成为一个刺激过度和神经过敏的场所,这个关联得到了最清楚明白、形象逼真的预示。在这一方面,在这样一个扩展的意义上,印象主义既是神经衰弱者的日常生活的经验的名称,又是最适宜于把它表现出来的文化形式。正如米勒指出的,"在印象主义和神经过敏之间画上一个不着边际的等号"(45页)出现在世纪之交。印象主义的适宜性作为一种形式,适合用来表达日常中的不连续性,而且也适合于关注某些现代特有的经验形式,正是这样一种适合性可以看作是可以使席美尔的"印象主义"方法有用武之地的相关处境。席美尔的规划的这种特征对于理解作为某种形式的社会学的微观视野的席美尔的规划是大有裨益的,这种微观视野在一个哲学的方法之中使用了关于日常生活的印象主义描述,在这种描述中,日常生活的特殊性被迫显示出更为一般的社会力量。

席美尔的社会学的微观视野应该被看作是一种回应,对于他所认为的社会学关注宏观视野中的事物的倾向的回应:"一般说来,社会学仍然处在这样一个阶段之中,在这个阶段中,它能够仅仅考察那些非常大的和赫然醒目的社会结构,并且尽力从这些结构中产生关于社会生活的总体性的真知灼见"(席美尔[1907]1997:19)。在把他的规划命名为"微观视野"时,他指出在社会科学中有一个视野,这个视野类似于由于微观研究的出现而在自然科学中生产出来的视野。这种类比产生出了下列二者之间的等值,一方面是作为自然科学中观察对象的身体,另一方面是作为社会学的观察对象的社会:

> 生命过程现在首次在它与它的最小的元素即它的细胞的关联中,在它和这些细胞之间的无以数计和永不停息的相互运动的同一性中揭示了它自身。它们如何相互黏附或者如何相互破坏,它们如何相互同化,或者如何相互化学地影响——只有这才逐渐允许我们看清楚身体是如何形成、维持或者改变它的形状的。
>
> (席美尔 1997:109)

非常明显,在席美尔看来,这些"细胞"就是日常。这样一种微观视野的方法把日常生活中的各种照面塑形为"真正的和根本性的生活基础"(109页)。但是,在席美尔对日常的关注中最重要的一点是,正是在日常中,他还发现了宏观视野中的东西。尽管关于日常生活的印象主义描述可以看作是席美尔社会学中的基本组成部分,但是它的规划的目标却不在这种描述本身之中。在席美尔看来,日常必须被看作是对于社会生活的各种互动、网络和力量所产生的回响。日常必须被看作是栩栩如生地从内部显示出来的社会总体性。与其把日常用作抽象的社会体系的例证与解说,不如说,日常必须被看作是放弃了它自己的各种秘密,社会性的各种秘密。正是通过这种方式,日常的具体性不能还原为关于社会的一般理论(一个体系,一种世界观);日常的具体规定在那样一个体系之中是无法被同化的。但是,日常的断片也并不是保持为与其他原子互相脱离的单一的原子:

> 事实上,人是互相观望,互相妒忌的;他们相互之间通信或共进午餐;他们在相互接触之际互相同情或互相反感,与任何实际利益完全无关;一个人向另外一个人征询意见;人们为他人而精心打扮——人与人之间存在着这样成千上万种关系,无论是瞬息即逝的,还是绵亘不绝的,有意的还是无意的,无论是轻若浮云的还是重如泰山的,上面所有那些例子就是从这种关系中漫不经心地拣选出来的——这些关系连续不断地把我们束缚在一起。在每一天,在每一个小时,这些线被交织在一起,弃置在一边,又被重新捡起,为其他线所代替,或者和它们交织在一起。在这里,存在着社会中的原子之间的相互运动,而只有通过心理学的微观视野才能通达这些互动,这种互动支持着整个社会的韧性和弹性,这种如此明显而又如

第三章 席美尔:日常生活的断片 67

此迷惑人心的社会生活的完全的丰富多彩和整齐划一。

(席美尔 1997:109)

在这里,日常是表现为各种环节的聚集。日常是不可还原的具体规定性的泛滥成灾,但是,贯穿在这种不可控制的现实性的是"把我们束缚在一起的"、"交织在一起"的"线"的语言,这些线指向为这个异质的、纷繁复杂而又杂乱无章的总体性绘制地图的可能性,把它的含糊不定设置在社会的中心的可能性。正如我们将会看到的,席美尔对现代性的诊断是这样一个诊断,在其中,日常显示出了各种歧见纷出而又相互对立的经验。

在席美尔的著作中充斥着日常的物质是如何被迫显示出各种更为一般的社会力量的例子。例如,"用餐的社会学"、"桥和门"、"时尚哲学"(收集在席美尔 1977 年的著作中)等论文不断地在以下二者之间摇摆不定,一面是关于日常事件的"印象主义描述",一面是思辨的解释,这些解释把日常的物质当作一种动态的而又强有力的文化的征候来处理。把印象主义的具体规定性与哲学的关注形式——哲学的关注形式从这种具体规定性中抽取出一个动态的总体性——合而为一的过程是从以他青年时代的许多论文为题目而收集在一起的论文集——《快照,从永恒的观点看》(*Momentbilder sub specie aeternitas*)——中总结出来的。席美尔认为他自己在拍日常生活的"快照",只不过是"从永恒的角度来观察的"(弗里斯比 1985:71)。因此,这种"思绪最不集中"的印象主义的关注形式(快照)和另外一种关注形式结合在一起了,这另外一种关注形式对待起物质来,似乎物质是和"它们此时此地所具有的偶然性相分离的"(席美尔,转引自拉姆斯泰特1991:139)。以这种方式来处理日常可以看作是一种审美的形式。我将指出,这样一种审美学应该被看作是某种审美先锋主义的一部分,而在这种审美先锋主义中,日常被呈报为栩栩如生的,在这个过程中,它的日常性并没有被削价处理。

席美尔在他1896年的论文"社会学美学"中宣告了他的社会学"先锋主义"的规划。这篇论文提出了一门关于断片的社会学美学,在这门美学中,日常生活的具体规定性提示了各种根本性的力量。因此,"独一无二的东西就强调了典型的东西,偶然存在的东西显现为正常的东西,表面上的和飘逝着的东西代表了本质的和根本的东西"(席美尔1968:69)。在"社会学美学"一文中,美变成了与辩证法相关联的一种分析形式,在这种分析中,通过使它自己和社会总体性相关联,日常对审美关注保持敞开状态。在一个辞藻华丽的段落中,席美尔使他的先锋社会学呈现于人们的眼前:

> 即使是最低等的、内在地丑陋的现象也可以消融于色彩和形式、情感与经验的语境中,这些语境为它提供意义。让我们自己情有独钟般地深入到最为司空见惯的产品当中去,即使这种产品在它的孤立无倚的外观中看起来多么平淡乏味而又令人憎恶,这种深入会使我们把这种产品设想为所有事物的最终统一性的光亮与意象,美和意义就是从这种统一性中汩汩流出的。每一个哲学体系,每一种宗教,我们的被突出出来的情感经验中的每一个要素,都在寻求适合于它们的表述的符号。如果我们追求彻头彻尾的审美理解的可能性,那么,

我们就会发现,在事物之间根本不存在本质上的区别。我们的世界观转变成了审美的泛神论,每一点都在它自身之中包含着注定具有绝对审美重要性的潜能。对于受过完整的训练的眼睛而言,美的总体性,世界整体的完全意义,从每一个独一的点中发散出来。

(席美尔 1968:69)

席美尔的日常的美学提供了一个激进的纲领,这个纲领把社会的相互作用当作它的缪斯。通过这种方式,它并不涉及受到仔细审查的物质是什么;所有的道路都通向同一个地方——显而易见,是文化。在 1896 年,那样一个要显示出社会的各种最边缘的、为人弃置而不顾的、平庸的方面的召唤听起来更像一个波希米亚诗人的修辞,而不像是某个人在着手制定他的社会学的轮廓。在这里,鉴赏家被社会分析家("受过完整的训练的眼睛")取而代之,社会分析家沉浸在日常生活的无意义当中,他在其中发现了社会总体性的基础性力量。这样一种美学没有消除日常的日常性,相反,它蓄意要在它的核心之中揭示日常性。在席美尔看来,这样一种社会审美纲要之被调动起来,不是为了社会分析,而是为了社会变迁:"我们越是学会理解各种混合形式,我们就会越是彻底地把审美范畴推扩到作为整体的各种社会形式当中去"(席美尔 1968:74)。作为一个例子,他提供了一种对社会主义的审美基础所作的解读:"作为一个整体的社会应该变成一件艺术作品,这个艺术作品当中的每个单一的元素都因为对于整体有所贡献而获得它的意义"(74)。

席美尔对日常的关注最明确地证明他的分析的生产性的地方是,在它关注日常的经验的历史性的时候,正是在那个地方,他把现代的日常诊断为一个神经衰弱者的经验。

为现代日常把脉

在他的论文"社会学的美学"一文结尾处,席美尔写道:"已经精疲力竭的神经在过度敏感和缺乏敏感之间徘徊不定,只有最为模糊不清和粗率大略的细节才能使它兴奋,或者只有最为温柔和最为强烈的刺激才能使它兴奋。"(席美尔 1968:80)在席美尔看来,现代的日常显示了对于神经系统的持续不断的攻击,但是这种攻击的效果却模糊莫辨,歧义纷生:"在高度敏感和缺乏敏感之间徘徊不定"。就在他写作"社会学美学"的同一年,他出席了"柏林贸易展览会",并且为维也纳的报纸《时代》(*Die Zeit*)写了一篇相关的分析。他对这次展览会的描述读起来有点像关于城市的日常的商品化的寓言:"形形色色极不相同的工业产品被聚集在一起,产品像栅栏般紧挨在一起的方式让人的感官瘫痪了",同时,"没隔上几步就有一个小小的入口,每个特殊的展示都要交入场费"(席美尔[1896]1991:119)。和他就要写到的国际大都会一样,展览既是对神经的持续不断的攻击,又是最适合于那些神经已经被粉碎了的人的形式。城市的日常就是某种形式的去感官化,它提供的感官材料的声音过于"响亮",使人的神经趋于疲惫,甚至使它遭受重创。在"柏林贸易展览会"上,

第三章 席美尔:日常生活的断片

> 每一种精致而敏锐的感情都会由于展出的商品的洪水般的冲击而遭到侵犯,并且发生紊乱,而另一方面,不可否认的是,纵眼望去所得的印象又是那么丰富多彩、美不胜收,对于遭受过度刺激,已趋疲倦而又需要刺激的神经系统来说,这真是再合适不过了。
>
> （席美尔 1991:119）

席美尔关于这个事件的评论勾画出了几乎是患上疲劳症的参观者与展览会和展出的大量不同的商品之间的模糊不清的关系。但是更为震慑人心的是,他使商品自身之间的关系显示出了现代个体的模糊不定的处境:

> 事实上,参展的物体相互分离,显示出了社会内部的个体所造成的同一种关系及其变形,这一点才让人若有所思,惊异不已。一方面,从另一个角度来看合格的邻居遭到了贬值,另一方面,以同一个邻居为代价而使之更加突出;一方面,由于环境相同,所有人均可一视同仁,整齐划一,另一方面,通过把各种印象总和在一起个体被更加置于突出地位;一方面,个体只是总体的一个元素,只是一个更高级的统一性的一个成员,另一方面,大家主张,同一个个体是一个整体和统一体。
>
> （席美尔 1991:122）

这样看来,似乎席美尔是一个现代性的幻影汇集的分析家,这些幻影作为日常生活中的个体性的矛盾的经验而被身体力行。在席美尔看来,在货币经济中,个体性是一种主导性的经验模式,而且,它本质上是含糊不定的。它被经验为原子式的、异化的和独具特色的东西,同时,它又被经验为整齐划一和毫无变化。在这里,个体和商品共享同一种命运,为了分析起见,它们可以用来突出对方的状况。在他最为著名的论文"大都会与心灵生活"中,席美尔对现代日常对于意识的影响和震动作了最为简明扼要的说明。

值得注意的是,在1871年(是年,柏林变成了统一后的德国的首都城市)至1919年间,"伟大的柏林人口剧增了四倍,从915 000人增加到370万"(哈克斯特豪森和祖尔 1990:XV)。在最近的一卷关于那些年的柏林文化的论文集中,编者陈述说,柏林正在经验"一个高度发展、剧烈的社会流动和工业膨胀的时期"(哈克斯特豪森和祖尔 1990:XV),他们显然并没有夸大他们所说的情况。柏林作为一个城市"由于那种闻名世界的公寓楼房而被弄成蜂巢的形状,绝大部分人口——主要是政府职员和工厂职工,迄今为止(大约1900年前后),他们约占这个城市居民总数一半以上的人口——都被禁锢在这些公寓之中"(布罗德森 1996:2—3)。洛塔尔·米勒指出,那时,柏林是一个充满了各种强烈对比的城市,在富裕与贫穷、衰颓与现代化之间的强烈对比,这个城市中也充满了"在传统的和现代的生活节奏之间的各种紧张"。柏林"有各种工厂、车水马龙般的交通、先进的技术、扩张的机制"(米勒,1990:38),是一个现代性正处于日益发展中的边缘城市(图3)。对席美尔的论文"大都会与心灵生活"来说,它是产生这篇论文的最佳地方。

席美尔的论文把大都会描述为产生某种心理状况的感觉的情境:"大都会的个体性所赖以建立的心理基础是,由于外在的和内

第三章 席美尔:日常生活的断片 73

图3 世纪之交的柏林,弗里德里希大街

在的刺激的迅速而又持续的转换,情感生活得到了强化"(席美尔

1971:325)。

42
> 大都会创造这些心理状况——随着每一次穿越街道,随着经济的、职业的和社会的生活的节律和多样性——已经到达了这样的地步,在心灵生活的感觉基础中,它创造了……与小城市和乡村生活的感觉-心灵阶段中那种慢腾腾的、已习以为常的、更为平缓地流驶的节奏之间的对立。
>
> (325页)

43 乡村的日常作为一种可共享的文化记忆而存在,与这种乡村日常的经验上的残余相对立的是,大都会的日常生活被经验为方向紊乱的、攻击性的——由一系列的震惊所组成的障碍。和韦伯诊断的那种企业家的禁欲主义不同,席美尔发现的是感官的轰炸:是一种匆忙杂乱,而不是什么"铁笼子"。在席美尔看来,城市是由过度刺激组成的空间,在其中,各种刺激"强迫神经作出各种暴力反应,非常野蛮地把它们撕扯个粉碎,让它们耗尽它们保存着的最后一丝力量"(1971:329)。一方面,这种情况产生出精神分裂和恐慌症(席美尔1991:474—476;维德勒1991),另一方面,它又产生出一种新型的漠不关心:

> 也许并不存在某种心理现象,这种心理现象这样毫无节制地保留在作为让人厌倦与无动于衷的景致的城市中。道德就是那些走马灯般变幻莫测的神经刺激的结果,这些刺激尽管截然不同,但被抛聚在一起,在我们看来,大都会的智力的

高度发达即来自这种刺激。

(席美尔 1971:329)

大都会的感觉的条件(感觉的轰炸)会使主体应付日常生活的能力产生分裂。但是,尽管如此,这还会为大都会的功能类型提供各种条件。席美尔非常敏锐地揭示出来的是,与适应(或者不适应)这种感官的环境相关的代价,在一个极端,是"对于事物之间的区别"总体性的漠不关心(席美尔 1971:329)。如果大都会是货币经济的表述环境,那么在社会互动和经验方面的代价就是情感性反应的逐渐减弱,普遍地从质转变为量:"因此,充斥在如此多的人的日常生活中的东西正是这种货币经济,他们权衡得失,计较成败,列举优劣,把质性的价值还原为量的术语"(327—328页)。

席美尔研究日常生活的方法不断地从印象主义的细节偏移到抽象,然后又往回移。在尝试着捕捉日常生活的日常性时,席美尔尽其所能继续保持日常生活的经验而又不在抽象的哲学体系的支持下将它抹煞。但是,尽管印象主义的细节打破了任何同质性的要求,它们所提出来的审美领域是一种一般化的现代性经验。这在一定程度上是由于"哲学"印象主义的实践,这种实践以它自身特有的方式倾向于一般。在席美尔看来,这就是社会学工作的价值,但是这不是从上面这种一般化观点的角度来看的;毋宁说,它工作的目的是要"在历史唯物主义的底下建构一个新的楼层"。席美尔的社会学是某种形式的基础唯物主义,它力图通过把日常当作最为重要的分析材料而为各种基础性的力量把脉。作为一种关注日常的形式,这种印象主义既可以因为"蒙太奇"的实践而得到补充,又会因为这种实践而发生断裂,这种实践是作为 20 世纪的最为盛行的先锋分析技术而产生的。在对现代性的城市日常的关注中,瓦尔特·本雅明追随席美尔铺设好的道路,但是他又坚持把蒙太奇的实践当作他的基本方法论,这一点具有重大意义。在本雅明看来,在从席美尔游历到蒙太奇时,他必须穿过超现实主义。

第四章　超现实主义：
日常中的奇迹

对任何玄妙的、超现实主义的和幻影汇集的礼物和现象的严肃探索都预设了一种辩证的缠结，心灵的浪漫转向经受得住这种辩证的缠结，不受它的影响。因为对神秘的神秘的一面作具有历史意义的或者狂热的强调并没有把我们带到更远的地方；我们只有在以下这个程度上才能穿透神秘，即，我们在日常的世界中通过一种辩证的眼睛认识到它，这种眼睛把神妙莫测的东西看作平淡无奇的，把平淡无奇的东西看作神妙莫测的。

（本雅明[1929]1985:237）

我将会把这种对于充满于日常生存中的奇迹的感觉保存多久？

（阿拉贡[1926]1987:24）

超现实主义与日常

超现实主义千方百计地把大家熟悉的事物(日常)变成漠不相识的东西,这种努力大家都已经非常熟悉了,但是在其中存在着一种危险。"超现实"这个词已经变成了普通的社会通用语的一部分,人们在提到所有事物——从做广告到谈论个人经验——时都使用它,它已经变成日常的了。艺术史家托马斯·克罗提到艺术先锋派的命运时写道,它是"文化工业的某种研究和发展的得力助手"(克罗 1985:257)。在克罗看来,

> 超现实主义的情形是这个过程中最为著名的例子。布雷东和他的同道在巴黎的早期资本主义生活形式的沉积层中发现了某种类似于城市的物质无意识的东西——早期压制的残余。但是,在使各种边缘性的消费方式重新恢复生机之时,在使潜在的文本显山露水之时,他们为现代的广告提供了一种最强有力的视觉工具——在现在大家都熟悉的环境中,商品自主地行动,创造了属于它们自己的一种充满诱惑力的梦幻般的景色。
>
> (克罗 1985:237)

超现实主义由于过度使用和被含糊不清地与商品化过程联系在一起而筋疲力尽,它被还原为一套形式化的技术,其范例就是"缝纫机和一把伞在一张解剖桌上的邂逅"(洛特雷阿蒙,转引自埃

兹 1986:115)。为了恢复超现实主义关注日常的潜能,我们必须回到那些时刻,那时,超现实主义的规划要么拒绝驻扎在"艺术和设计"这个独立的王国中,要么拒绝被还原为为这个王国提供各种创新技术的东西。

彼得·比格尔的《先锋派理论》也把超现实主义置于首要地位,他的叙述把超现实主义当作一种反复尝试的"在生活实践中对于艺术的扬弃"(比格尔 1984:51)。特里·伊格尔顿把这解释成为一种驱动力,驱动"揭去艺术的体制性的自主性,消除文化和政治社会之间的边界,并且使审美生产恢复到它那在社会实践整体中的谦逊的、毫无特权的地位"(伊格尔顿 1986:131)。从本质上说,超现实主义不得不变成日常的;它不得不属于日常。尽管超现实主义的历史(参见格肖姆 1974;路易斯 1988;纳多 1987)已经显示出维持那样一种驱动力的困难,但是,这里的任务是恢复某种具有可能性的东西。这样做需要我们采取某种策略,拒绝把超现实主义当作一种"艺术形式"。相反,我想要把它当作先锋主义一般的延续,这种先锋主义属于社会学,正如它属于艺术,无论在多大程度上都是如此。

我想要把超现实主义解读为某种形式的对于日常生活的社会研究(超现实主义作为人种学,作为社会学的超现实主义,作为超现实主义的文化研究等等),把它的产品看作不是艺术作品,而是看作这种社会研究的文件档案。通过这种方式,艺术家的技术,譬如拼贴艺术,就变成了关注社会的方法论。拼贴艺术(或者蒙太奇)为超现实主义关注日常生活提供了一以贯之的方法论。它在把各自毫不相干的元素(伞、缝纫机等等)并置在一起时,就产生了把日常去熟悉化的行为。如果日常生活就是连续不断地有跌落到可见度水平以下的危险的东西，那么，拼贴艺术实践就允许日常重新变得虎虎有生气了，因为这种实践通过把日常转移到一个令人莫名惊诧的语境中，把它放在异乎寻常的组合中，而使司空见惯的东西变得让人耳目一新了。但是，超现实主义并不仅仅是一门使司空见惯的东西变得异乎寻常的技术；超现实主义中的日常本身就已经是奇异非凡的了（它和拼贴艺术有些相像）。在超现实主义中，日常不是一个它看起来那样的熟悉而平庸的王国；只有在日常中才存在着奇迹。因此，拼贴艺术既是打破各种思维习惯的方式，这些思维习惯会使日常置身于标准化的动力的隶属之下；它又是表现日常的一种合适的方式。正是在日常的这种现实性当中，例如，在经过一个二手货商店的时候，我们发现伞和缝纫机被拼贴在一起，放在一张解剖桌上。超现实主义其实是在日常之中发现奇迹的一种努力，一种能量，它认识到日常是由各种元素组成的动态蒙太奇，它使日常变成奇异非凡之物的目的是，它的奇异性能够被认识。经典的超现实主义者可以看作是歇洛克·福尔摩斯的同侪：面临日常的死气沉沉的百无聊赖之时，超现实主义者开始沉湎于街头巷尾，努力发现和创造日常中的奇迹。

如果超现实主义的推动力是克服各个单独的认知领域，以便能够在日常生活中获得实践的操作，那么，我们的第一要务就是看看，它如何从"艺术"这块飞地中找到一条突围之路。滑稽的是，正是作为"科学"的修辞学提供了这种可能性。通过为这种运动穿上科学的装束，超现实主义造成了对艺术和科学这二者都加以拒绝的后果；或者，毋宁说，它使这两个词在传统的用法之中不再起作

第四章 超现实主义：日常中的奇迹

用了。超现实主义提出来的这种类型的先锋审美科学使得它和下列二者都无法并立了，无论是关于自主性的审美活动的学说，还是实证主义的经验科学的信条。这是一门把"科学性"抛入危机之中的"科学"，正如我们在其他语境（民意调查，米歇尔·德塞尔托）当中即将看到的那样。对"科学"的这样一种策略性使用为研究"日常"的先锋理论家提供了一个强有力的资源，这种资源用关于日常生活的科学的可能性反对科学的"理性主义"，而日常生活是在神话和仪式的浑水中运作的。

在这里，只需提供几个例子就足够了。超现实主义的第一份杂志，《超现实主义革命》（*La Révolution Surréaliste*）（1924—1929年），最初是由皮埃尔·纳维尔和本雅明·佩雷编辑的，最初的意图是想模仿广受欢迎的科学杂志《自然》（*La Nature*）。正如唐·埃兹（Dawn Ades）所指出的：

> 纳维尔选择《自然》作他的榜样，在一定程度上是蓄意想要让这份新评论杂志与其他艺术和文学杂志保持距离，除此之外，他还想要提出一种"研究"的承诺，把证据收集在一起的承诺——尽管它是某种意在颠覆或者质疑"逻辑统治"的"科学"确定性的证据。
>
> （埃兹 1986a：159）

同时，超现实主义规划的主要参与者在巴黎 Grenelle 区的第15街创办了一个超现实主义研究所（*Bureau de Recherches Surréalistes*），并且刊登广告招收革命的研究参与者（路易斯 1988：

20;纳多1987:91—93)。似乎是由于对艺术性的拒绝还不是十分明显,超现实主义研究所在1925年1月发表了一个宣言,在宣言中,他们说:"我们和文学毫无瓜葛,尽管在必要的时候,我们都有足够的能力使用文学,就像使用其他任何一种方式一样。超现实主义不是一种新的表达手段,或者说不是一种更容易的表达手段,也不是诗的形而上学"(转引自纳多1987:240—241)。超现实主义持续不断地使用科学的语言,在"研究"、"探索性的考察"以及"实验室的工作"之基础上著书立说。对于这其中许多东西的真实的感觉是由以下这个事实提供的,即在第一次浪潮中的超现实主义者当中有一大批人——包括安德烈·布雷东——都有医学背景(参见传记,载克劳斯和列文斯顿1986:193—237)。

除了包括某种科学的话语,超现实主义还想方设法拒绝"艺术与设计"的物质装饰,正如我们即将看到的那样,布雷东和阿拉贡的"文学"实践致力于反对文学叙事的各种条件。但是,对于"艺术与设计"的装饰的最具生产性的拒绝来自皮埃尔·纳维尔在《超现实主义革命》第三期中的文章:

> 我除了厌恶之外没有一丁点儿口味。大师,大师的曲柄杖,弄脏了你的帆布画布。所有人都知道并不存在审美超现实主义的绘画。无论是被弃置给偶然的姿势的一枝铅笔的印迹,还是追溯梦的各种形式的意象,还是想象中的幻影,所有这些当然都是不能描绘出来的。

> 但是存在着许多景象……电影,并不是因为它是生活,而是因为它是奇迹,是各种偶然的元素的中介。街道、报亭、汽

车、发出尖叫的门、在空中爆炸的灯。照片:《优西比乌斯》、《勒马丁》、《细刨花》、《自然》——世界上最小的安瓿,后面跟着一个谋杀者。在厚厚的皮肤下的血液循环。

(纳维尔,转引自埃兹 1986a:160)

事实上,皮埃尔·纳维尔很快就被布雷东从杂志的编辑岗位上赶走并被他取而代之,当时,布雷东写了一系列关于绘画的论文(这些论文组成了《超现实主义和绘画》一书[布雷东 1972b]),这一点显示出提供任何一种关于超现实主义的确定性论述之难(克劳斯 1987:98—99;克劳斯和列文斯顿 1986:19—20)。但是,我们的任务不是要解释这种自相残杀的斗争,而是要设法恢复超现实主义为通往日常生活的方法所提供的各种可能性;因此,上面引用的纳维尔的那段话就格外有用。在这场论战中,纳维尔谴责绘画与素描对于超现实主义没有任何助益,但是同时,他又指出了许多地方,我们可以在这些地方发现超现实主义的日常。在纳维尔的文本中,超现实主义无须任何发明;超现实已经存在于日常之中:在"街道、报亭、汽车、发出尖叫的门、在空中爆炸的灯"之中。由此可见,超现实的日常存在于流行的杂志中:在科学新闻中,在那里,微观视野的照片使得身体"奇异非常了";或者在"感伤主义的"报纸中,在那里,犯罪场景的图像与各种名流肩并肩地共存。日常的超现实主义社会学家没有诉诸演播室;各种材料是在大街上和报亭里发现的。日常(各种邂逅、偶发事件、暗示性的并置),以及驻扎于日常之中的表象王国,它们不仅为超现实主义的研究提供了素材,而且它还为它提供了形式:蒙太奇。

稍后,我将考察关于日常生活的超现实主义的两份文件:路易·阿拉贡的《巴黎农民》和安德烈·布雷东的《娜佳》。但首先要简短地就超现实主义的方法论赘言几句。

奇迹般的蒙太奇

> 菲利普·苏波看起来有些形容憔悴,他按响门铃,询问看门人"过去这儿是否住着一位叫菲利普·苏波的人"。本雅明·佩雷在大街上戏弄牧师……罗贝尔·德斯诺斯在布雷东的屋子里逐渐陷入昏迷状态。乔治·兰堡忍饥挨饿模仿着昏睡中的德斯诺斯,他四肢着地爬到地上,狂吠,吃着狗的食物。路易·阿拉贡温柔地唱道:"不,我不想回家。"雅克·普雷韦,在三更半夜打扮得像一个流氓,在资产阶级社区把一个无辜的路人领到歧路上去。唐吉捕捉了许多蜘蛛,把它们活吃下去,以此来恐吓邻居。达利……在索邦大学作讲演时,右足赤裸着,浸泡在一盆牛奶中。
>
> (瓦尔伯格1997:34—35)

在大约35年以后,居伊·德博尔把这些类型的活动称为"日常生活中的各种蓄意为之的变动"(德博尔[1961]1981b:68—75)。超现实主义对日常生活的关注颠倒了日常。如果日常要被看作是奇迹,与通行的把日常理解为普普通通的、单调乏味的做法大唱反调,那么变动就是必需的。超现实主义的日常的政治总是包括一种双重的视野:"'改变世界,'马克思说;'改变生活,'兰波说。这两句口号在我们看来是一个东西"(布雷东[1935]1972a:241)。资本主义的日常已经日益贫困化和异化,需要一场社会革命来改变它。但是,理性主义的意识也贫困化了,于是就需要兰波所说的"把所有感官都长久地、无限地通过理性来扰乱"(罗斯1988:102)。超现实主义之支持共产党非但只是口头上喊喊而已,而且也是非正统的,兰波被认为应该在超现实主义英雄的万神庙里坐头把交椅,排在马克思之前,要想不感觉到这一点都难。在超现实主义看来,当代社会的组织机构(资本主义)没有消除日常中的奇迹,即使它已经把它打入冷宫,放在边缘的口袋中。更为重要的是,日常中奇迹的存在是由于心灵的组织的形式而从意识中异化出来的。现在所需要的是对这种心灵的官僚统治进行系统的攻击。

布雷东为超现实主义所下的定义为这种系统的无组织状态提供了各种术语:

> **超现实主义**,名词,心灵在它的纯粹状态中的自动作用,我们打算通过这种自动作用表达——通过词语,借助书面用语,或者用其他手段——思想的实际功能。超现实主义听从思想的命令,不受任何理性施加的控制的影响,免除了任何审美的或者道德的操心。
>
> (布雷东1924:26)

心灵的自动作用是赋予超现实主义的生产过程的名称,这个生产过程有意识地想方设法以求否定理性的控制。如果我们能够发现使主体对偶然的遭遇——例如,因催眠而处于昏睡状态——反应更为激烈的心灵状态,那么,在能够对机遇加以利用的表象之内部就也存在着各种运作。

> 在对话——关于那一天的事件或者建议的谈话,这些事件或者建议是关于对那些时刻的生活有趣的或者令人反感的干涉的——开始变得了无趣味之时,我们就会转向游戏;首先是书面的游戏,这些游戏之被设计出来是为了让语言的元素以最悖谬的方式尽可能地相互攻击,以及让从一开始就被引入歧途的人类交往被抛入一种最经得起冒险的考验的情态之中。从那时起,人们对儿童的游戏就不再抱有令人不快的偏见了(事实上,正好相反)。我们重新发现了对于这些儿童游戏的古老的热情,尽管这种热情急遽地增大了。
>
> (布雷东,转引自瓦尔伯格 1997:93)

这样的游戏之一种就是精美的尸体(*Exquisite Corpse*),它被描述为这样一种"游戏,好几个人玩折叠起来的纸,他们造一个句子或者画一幅画而任何人都不看前面那个人的协作"(瓦尔伯格 1997:93—94)。这个名称自身来自第一代超现实主义者玩它而得到的结果:"精美的尸体将喝下新葡萄酒"(94 页)。其他的实践包括降神会,这种自动写作的形式是特地为把自动生产的各种无意识关联和可见形式置于优先地位而设计的,这些关联和形式将会在绘画的表面最抽象的风景中"发现"各种意象(刘易斯 1988:18—20)。

就这种研究而言,有讨论余地的一点是,这种生产过程是否会变成目的自身,或者它是否可以用作改变日常生活当中的意识的

第四章 超现实主义：日常中的奇迹

"培训基地"。毫无疑问，它是二者兼得，两全其美的。更为重要的东西是这些运作自身以及这些运作取决于它们的那些价值。对超现实主义的所有实践而言，至关重要的是并置的生产（production of juxtaposition）。因此，所有形式的实践都可以看作是拼贴的实践，即使它们并没有遵从这个词所蕴含的"剪剪贴贴"的意思。在布雷东看来，有一种评价这些并置的方式：

> 正是从把两个词偶然地并置在一起中，产生了一种特殊的光亮。我们所有人都对这种意象的光亮无比敏感。意象的价值依赖于闪现出来的火花的美；因此，它是两个避雷针之间的潜能的差异的功能。
>
> （布雷东 1924:37）

在这里处于危险之中的是"火花"的产生，通过把不同的素材并置在一起而产生这种"火花"，在一系列范围内都尽可能地把不同素材并置在一起：在诗歌和绘画中，在大街上的日常遭遇中或者在梦中的"夜常"（everynight）遭遇中。在这两个（或者更多的）成分之间存在的差异越大，那么火花就越炫人眼目。精微、细小的差别依旧停留在一个大家熟悉的世界之内；只有大规模的差异才产生把我们从熟悉的境况中拉拽出去的震惊与火花。因此，对于那些已经被思维定势蒙蔽和淤塞的习惯思维而言，它就变成了最完美的胜利。把意识置于社会关系之上导致了超现实主义被指认为某种形式的唯心主义。这也并非全无道理，尽管这样一种"侮辱"的分量在最近一些年中已经有所减弱。另一方面，"理性主义"与超现实主义风马牛不相及,无论是在书本上,还是在日常生活的现实性当中。如果超现实主义对于日常的研究真的存在着物质性的处所,那么,它必定是巴黎的街道(巴黎这座城市最典范地体现了城市现代性的诞生)。这种风格单调的生产的典范是《娜佳》和《巴黎农民》。

《娜佳》和《巴黎农民》

布雷东的《娜佳》(*Nadja*,[1928]1960)是由许多不同的元素组成的,这些元素使它从主流的小说叙事中脱颖而出,别具一格。它由以下几部分组成:一个沉思性的"序言",在序言中,他讲述许多非常巧合的趣闻轶事并且对之作了反思;布雷东和一个名叫娜佳的女子多次邂逅的故事;与这些故事以及文本其他部分相关的照片;与文本相关的绘画以及其他"证据";最后是一个尾声——《娜佳》算不上是一篇小说。莫里斯·布朗肖指出,《娜佳》的主要文本应该被看作是一个故事(tale, *récit*),这个故事讲述的是一个绝无仅有、独一无二的事件。通过把这个故事与其他故事,例如《奥德赛》联系在一起,布朗肖认为:

> 某种事情已经发生,某个人经历了这件事情,之后又把它讲述出来了,这和尤利西斯必须经历那个事件并且侥幸存活下来,目的是为了变成荷马有异曲同工之妙。当然,故事(*récit*)通常是关于某个绝无仅有的事件的,这个事件避开了日常时间的形式和常见的那些真理的类型——或许是所有的

第四章 超现实主义:日常中的奇迹

真理的类型——的世界。这就是为什么它如此始终如一地拒绝所有能够把它和轻佻的虚构(另一方面,小说只包含可相信的东西和大家熟悉的东西,所以它非常担心自己会被看作是虚构)联系在一起的东西的理由。

(布朗肖 1981:109)

他补充说:"故事不是一个事件的叙述,而是那个事件本身,通达那个事件的道路,事件在不知不觉之间发生的那个地点"(109页)。在布朗肖看来,如果小说讲述的是日常,那么它就会以一种巧妙地躲开日常的方式这样做。另一方面,故事就是日常,因为日常是异乎寻常的、奇迹般的。《娜佳》拒绝小说的修辞性的华丽辞藻,试图劝说我们走进一个"世界",它提供给我们的是被褫夺了任何描述的奇迹般的日常。在这里,各个地点都是实实在在的。作为一个故事,《娜佳》是布雷东同他偶然遭遇的一个女子之间的关系(性的、经济的、诗的关系等)的编年史。这个故事逐一列举了他和她之间的各次晤面的情境以及他们绕着巴黎城市和郊区散步的情形。娜佳她自己既是一个有着无法抵御的诱惑力的女子(*femme fatale*),又是一个需要布雷东的细心呵护的"无望的"女子。娜佳与日常的关系的这种歧义性的表象是超现实主义关于日常生活的思想的典范:一方面,她被看作是已经逃避了日常的日常状态,而另一方面,她又处于重新陷入它的固定程式的危险之中。日常的性别化是含糊其辞的,但却又是孔武有力的——奇迹般的日常由于那些失去控制的女性气质而变得生动、活泼起来;同时,另一种女性化的日常又有把娜佳吞没在家庭琐事中的危险。稍后,我们会回到这一点上来。

标明《娜佳》的超现实主义日常的现实性的一个元素是,雅克-安德烈·布瓦法尔拍摄的照片。布瓦法尔的照片打断的是作为某个事件的地点的证据形式,而不是作为某个事件的证据形式的《娜佳》的故事。这些照片之中没有任何插曲。这里是米歇尔·博茹尔关于《娜佳》中布瓦法尔的照片的描述:

> 我们正在显示的东西是虚无:不仅那些地方反抗摄影师、保护自己,而且,那些允许它们自己可以被捕捉的地方……也沉默不语:在这些平庸的照片中什么提示也没有。这些照片中几乎就空无一人,出自一个表象的零度基础:它们从来没有偏离过一个业余爱好者的快照或者过时的风景明信片[的水平]。
>
> (博茹尔,转引自埃兹 1986a:163)

在这种对布瓦法尔的照片的明显的责备当中,博茹尔发现有两个词非常适合用来讨论它们:"业余爱好者的快照"和"过时的风景明信片"(图4)。《娜佳》的场景是关于那些地方的无艺术的和过时的表象的。这些地方自身指向的是另一个时间,而不是故事的现实性。尽管娜佳和布雷东穿越了巴黎及其四周,这些日常的空间与过去的幽灵产生共鸣,但是这些幽灵只能显示为不在场。这就是从来不能在官方历史的纪念碑中找到一个位置的那个大众斗争的英雄般的日常。

在最近对《娜佳》的重新解读中,玛格丽特·科昂认真考察了本

第四章 超现实主义:日常中的奇迹 91

图4 "死寂,死寂"——雅克-安德烈·布瓦法尔摄(1928年),为《娜佳》拍摄的多芬广场

雅明的主张:《娜佳》造成的结果是"用一种关于过去的政治观点代替了关于过去的历史观点"(本雅明,转引自科昂 1993:80)。晤面和游荡的不同地点变成了被压制的历次斗争、革命和背叛的历史的索引。因此,旺多姆广场之所以被人记起就不是因为它的柱子和雕塑,而是因为 1871 年巴黎公社期间这根柱子的倒塌(这是库尔贝组织策划的行动)。《娜佳》是关于这些被压制的大众斗争的非纪念碑式的历史游逛和兜圈子,这些被压制的大众斗争可以看作是日常中的日常性的爆发。正如布朗肖所指出的,日常生活在"欢腾的时刻中"变得虎虎有生气了,"这些欢腾的时刻我们称为革命——这时生存彻头彻尾是公共的"(布朗肖 1987:12)。在布雷东和娜佳到达多芬广场的时候(图 4),布雷东写道:"此时此刻,在只有两到三对情侣隐入黑暗中的地方,似乎看到黑鸦鸦一片人群。'死寂啊,死寂!'"(布雷东 1960:83)正如科昂所指出的,这样的一个空间揭示了"在神秘的现在中的那个反抗的过去的踪迹":"许多革命的暴力的幽灵从四面八方突然降临到多芬广场,从'革命曾在那里推倒了国王亨利四世的铜像'的新桥(Pont-Neuf)到被公社烧毁的正义宫"(科昂 1993:100—101)。因此,在巴黎的街道的日常的环境中隐藏着起义和斗争的历史。布雷东把这些起义和斗争用作幽灵般的在场和提醒者。这些努力试图改变的不是"生产方式",而是日常生活的结构。

布雷东的著述含糊其辞地表述的正是这种结构,因为布雷东认识到,正是娜佳自己改变了她自己的日常生活(而布雷东本人经常对这种改变有着深深的抵触情绪),但是,也正是日常生活构成了一种危险,这种危险有可能把她正常化、一般化。在这里,布雷

东扮演了一个家长制的艺术家的角色,只有他才能把他的缪斯从她还没有认识到的命运中拯救出来:

> 我不断地被她的行为举止弄得莫名惊诧,因为她的行动只以最纯粹的直觉为基础,无休无止地越来越依赖奇迹,因此我日益在惊奇中感觉到,一旦我离她而去,她会被重新卷入并且湮没在流俗的生活的漩涡中,这个漩涡无时不刻在她周围盘旋,渴望着逼迫她——同时作出许多其他的让步——吃、喝。
>
> (布雷东 1960:114—115)

娜佳的行为举止具有非常迷人的女性气质,超越了日常的单调乏味,同时,作为一个家庭主妇(受到管制的女性气质),她的行为又不断地有使她重新回到尘世,只是能够活着(吃、喝)的威胁。在所有这些东西中间,布雷东的位置在哪儿?他的日常在哪里?他吃喝拉撒吗?这种力量是否会把他强行逼迫回到日常之中?《娜佳》以许多方式证明了超现实主义的一种倾向,即描绘出一个非常含糊不定的日常(日常既是奇迹般的,又显得愚蠢可笑),并且通过女性气质来为之塑形。布雷东从外部来为日常塑形:如果他在家庭的日常中缺席,那么他也就从作为奇迹的日常中被排除出去了(或者把他自己排除出去了)。奇迹总是和女性气质一道存在于别处:布雷东依旧是日常的一个旅游观光者,无论是作为奇迹的日常,还是作为世俗的日常。

在路易·阿拉贡的《巴黎农民》(阿拉贡[1926]1987)的运作中,

我们也可以看到存在着类似的日常生活的歧义性。这本书的前一半提供的是穿过歌剧院的走廊的一次观光。在这个走廊中他讲述了对于过去在许多酒吧和商店中的遭遇的回忆,因此,这似乎可为阿拉贡提供了一种有助记忆的工具。《巴黎农民》由许多不同类型的表象(包括一个微型戏剧)以及一个排印方式有所变动的文本组成,在后面这个故事中,文本的星星点点的现实性可以从瓶子、报刊文章和商店标记等等的标志的形状中发现它们通达书页的道路。但是赋予这个走廊以它这种含糊不定的日常性的,是它的历史性。《巴黎农民》使人想起作为现实中的奇迹的日常,这种现实性把奇迹放在毁灭的边缘。

阿拉贡的文本署上的日期是1924年,发表于1926年;在这两个日期之间,这个走廊"因为奥斯曼大街的扩张而牺牲了自己"(盖斯特1983:476),自从1860年以来,这个走廊就已经遭受过毁灭的威胁;1873年,拱廊的存在理由,即歌剧院,被付之一炬,毁于一旦:"拱廊还残留着,作为一个再也不存在的建筑整体的残垣断壁而存在"(476页)。如果拱廊失去了它对于有钱有势者的"吸引力",那么,它反过来就会变成形形色色的各社会阶层的主人,包括在塞尔塔酒吧(Bar Certa)会面的不同的达达主义和超现实主义团体。当然,吸引他们的是那已经是明日黄花的富丽堂皇,以及穷奢极欲和纸醉金迷的可能性。这个走廊提呈了日常快感的"地理学",作为世俗的日常的最好的解毒剂。在美发师的感性王国中,阿拉贡沉思了身体地理学的学说:

就我所知,快感的地理学从来都是不可教的,尽管精通这个主题并不能构成反对生活的单调乏味的锐利武器。没有人承担过以下这些责任:指明它局限于颤栗,绘画出抚摸的界限,规定狂喜的领地。

(阿拉贡 1987:57—58)

其他商店提供了许多回忆的机会:例如,邮品店就让阿拉贡回忆起了童年。但是,如果这就是作为奇迹的日常,那么这种日常提供的舒适的乡愁就会被计划好了的毁灭这种社会现实性拦腰砍断。

通过剪报和拱廊中的商店展示的海报,阿拉贡的文本详述拱廊的斗争。店主已经形成为一个集体,他们试图同 BD Haussmann 建筑协会作斗争。同时,报纸又揭露出了一个阴谋,这个阴谋显示出建筑协会(一个所谓的市民机构)在财务上和大型的百货商场 Galeries Lafayette 有关联。这场既掩人耳目,同时又一览无余的战争已经迷失了方向。如果它是作为奇迹的日常的位置,那么,它的毁灭已经得到了保证。为了反对大商业的力量,奇迹能够激起什么样的政治意志? 一小撮店主和为数不多的波西米亚类型的人。无论是在政治上还是在超现实主义方面,《巴黎农民》都是悲观主义的;它对日常就几乎不抱任何希望,无论是在日常的现实性方面,还是在为了发现日常中的奇迹而必需的意志努力方面。

在解读《巴黎农民》的序言的过程中,你可以听到某个已经认识到了超现实主义规划的不可能性的人的声音:

> 每一天,现代的生存感都已经隐隐约约在改变。神话在搅乱又在澄清。它是知识,是生产它自身又杀死它自身的科

学。我已经26岁了,难道我还在因为我参与到这个奇迹中而自鸣得意?我还会保持这种充满日常存在的神奇感多长时间?我在每个人那里看到它在逐渐消失,每个人进入他自己的生活当中,似乎在沿着一条总是平坦笔直的康庄大道,他越来越容易地进入世界的习惯当中,他逐渐摆脱他还不习惯和他还从未思考过的情趣与结构。让我极度失望的是,这就是我将永远不知道的东西。

(阿拉贡 1987:24)

日常和奇迹的历史性得到了强调,但这是一场心败的争论。日常中的奇迹这个问题只能招来焦虑。

日常中的神圣

如果在以下二者——在日常生活中发现超现实和在艺术产品之中生产这种超现实——之间的辩证法中,"主流"超现实主义的历史把后者置于前者之上,那么,持不同意见的那些超现实主义派别就要纠偏,要拨乱反正。作为研究日常生活的社会学的超现实主义的潜能也许在那些聚集在《文献》(*Documents*)杂志(1929—1930)(参见巴塔伊等 1995)和社会学学会(1937—1939)(参见奥利耶 1988)周围的诗人-人种学者当中得到了最充分的实现。在《文献》的许多篇章中,编者乔治·巴塔伊和米歇尔·莱里斯把范围广阔、各不相干的材料收集在一起(身体组成部分、古钱币、新电影、节日仪式等),对审美价值的传统的归属作了猛烈的抨击。通过把西方的美术与人种学的、考古学的研究组合在一起,《文献》破坏了审美价值的领域;正如德尼·奥利耶指出的,"人种学在地理学上超越了美术的保护,正如考古学在历史学上超越了它"(奥利耶1992:5)。在把覆盖了社会的方方面面的文化材料(社会从意识形态上被表现为一个排他性的结构——西方反对所有其他文明)并置在一起时,就产生了一种彻底的文化相对主义,这种文化相对主义把"对于一种现在被鉴定为地方的和人为的现实的刻薄讽刺的分析"和"外来的替代品的补充"混合在一起(克利福德1988:130)。通过抽绎出不同文化之间的联系,以及抬高"其他"文化的身价,《文献》使用人种学来完成"对于各种规范的彻底追问"以及"把熟悉的范畴都等量齐观并重新归类"(129页)。这种做法暗示出,通过把西方的日常的现代性和"其他"文化——借助于一个全球性的跨文化视野——并置在一起而重新思考和重新想象它的可能性。

在社会学学会中,这样一个视野在那些献身于"当代世界的神圣的社会学"的研究群体看来是基础(奥利耶 1988:157—158)。"神圣的"这个词是指迪尔凯姆的社会学,尤其是指《宗教生活的基本形式》,在该书中,本土的澳大利亚社会被作为横跨两个世界——神圣的世界和渎神的世界——的结构而受到考察(迪尔凯姆,[1915]1995:216—225)。这样一种划分很容易被转译为非日常的和日常的,迪尔凯姆的工作揭示了在这两个世界之间存在的结构上的相互依赖。当然,迪尔凯姆眼睛盯着的是他认为的"基本的"文化,而不是可以看作是"后神圣的"的现代西方文化。社会学学会的根本性质可以通过下面这个例子凸显出来,它拒绝刻意经营进入理性主义的后神圣的现代性这种神话之中,相反,他们追求人种学提供的一种可能性,即在现代西方日常的中央地带寻找神圣。在米歇尔·莱里斯看来,这样一个规划最后会导致一种自我人种学,把自我及其栖息于其中的那个世界他者化,它所关注的"神圣"不是一个与世隔绝的独立王国,而是处于日常的中心地带的一个王国。

在《文献》消亡和社会学学会出现之间,莱里斯参加了马塞尔·格里奥尔的达喀尔-吉布提考察团(1931—1933年),这个人种学"考察团""沿着撒哈拉沙漠的底边跨越了非洲,从大西洋一直走到红海"(克利福德 1988:55)。从这次出行中,诞生了他的《非洲幽灵》(1934年)——这个文本由梦境、观察的断片和一系列前后一致的对于他自己的恐惧和欲望的自我分析组成(参见克利福德 1988:165—167;托尔戈夫尼克 1990:105—118)。如果这就是人种学的"田野工作",那么就永远不清楚,除了莱里斯他自己之外,研究对象还可能是谁或什么。这样一部著作可以看作是持续了莱里斯整整一生的从不间断的自传规划的导论。始于《大丈夫气概》(*Manhood*),而在他的四卷本的《游戏规则》(迄今为止,已有两卷被译成英文:莱里斯[1948]1991,[1955]1997)中达到最高峰,这个主体——米歇尔·莱里斯——受制于与斗牛相类似的煎熬:莱里斯为他的《大丈夫气概》的"后记"安上的标题是"作为斗牛士的自传的传主"(莱里斯[1939]1992)。

在1938年1月,莱里斯给社会学学会作了一次题为"日常生活中的神圣"的讲演(该讲演在7月份发表于《法国新评论》,同时发表的还有巴塔伊和罗歇·凯卢瓦的文本,它们一起组成"社会学学会"专栏(奥利耶 1988:7,24—31,98—102)。这个详细安排了他

的自传的规划的文本始于一个提问,而这个问题的答案就是日常:

> 那么,在我看来,什么是神圣的事物呢?更确切地说:我的神圣是由什么组成的呢?是什么对象、什么地点或者场合在我心中唤醒了那个恐惧与归属的混合物——这种模棱两可的态度是由通达某种同时既充满魅惑力又让人不寒而栗的既有赫赫威信又让人弃之如敝屣的事物的方法导致的——那种东西混合着尊敬、欲望以及我们当作神圣事物的心理表征的恐惧?……这事关通过某种最卑贱的事物而进行的探求,这些事物取自日常生活,但又处在今天构成了官方所谓的神圣的东西(宗教、祖国、道德)之外。
>
> (奥利耶 1988:24)

作为莱里斯的神圣的位置的日常就是他家屋子里的火炉、他父母亲的卧室、洗澡间的厕所、赛马场、他父亲的枪、各种不同的词语和名称。至于细节,跟我们无关。在这里存在的是弗洛伊德的《日常生活的心理学》中的素材地理学,以及和弗洛伊德的书一样,在这里,现代的日常被从理性这个"铁笼子"中移离出去了,并为认为是神话、迷信和神圣的世界。在评估莱里斯对于社会学学会的贡献时,德尼·奥利耶写道:

> 社会学学会竭力反对只是每天发生的那种生活。必须要逃避这种生活。那个避开了日常性的例外被认为是神圣的。莱里斯的论文表明了他不得不提供多少东西,它的力量可以

通过他的标题字面上的意义来一言以蔽之:"日常生活中的神圣"用论战性的涵括代替了纯粹的反对。

(奥利耶 1997:122)

很难说,是否有必要远行到非洲才认识到超现实主义者为关于西方的现代性中的日常生活的人种学而提出的那些可能性。尽管如此,有一点似乎是很清楚的,即,文化差异不得不以某种方式相互冲突,而为了使日常生活变得虎虎有生气和成为"他者",这种冲突方式不能由占主导地位的"文明"的解释来控制。在莱里斯发表"日常生活中的神圣"的同时,它已经为英国的"家庭人类学"播下了种子。那样一个规划(论述民意调查的第六章的主题)包含着同样的各种成分的簇集(一种超现实主义诗学配上把人种学的视野运用到西方文化当中),同时又使它们指向(正如我们即将看到的)截然不同的目的。在考察民意调查之前,我们必须像瓦尔特·本雅明批判地处理它们一样,遵从他对超现实主义诗学的展开。本雅明通达超现实主义的方法使得以日常生活为核心的主题生气勃勃,我们必须一次又一次地坚持这些主题:赋予带有具体规定的城市日常以优先地位并把日常作为一个非意识的王国来考察。

第五章 本雅明的垃圾美学

　　这个规划的方法：文学蒙太奇。我什么都没有必要说了。只有显示(zeigen)。我不想窃取任何有价值的东西，或者挪用任何词组的精细入微的特征。只有琐屑不足道之事，垃圾——我不想标新立异，而只是以唯一可能的方式让它成为它自己：把它投入到使用当中。

（本雅明 1989[Nla,8]）[①]

　　把本雅明的著作放置到把日常理论化这个传统之中，这种做法并非没有它的问题。正如一位编辑——他曾经编辑过一大批论述本雅明的著作——指出的，"如果我们想要探求瓦尔特·本雅明的现实性，也许我们可以在他那天生注定要失败的归属——归属于某个专业，归属于某种制度，归属于某个可以轻而易举地得到具体说明的思想传统——中找到这一点"（马库斯和尼德 1993：V）。这样一种"失败"明显是生产性的，它已经产生了浩如烟海、堆积如山的二手文献。这种局面既是对它的著作的广度及其生产性的一种暗示，也是他的著作的含糊性的一种表征。关于本雅明的著作的评论总是难辞此咎：它鱼和熊掌不可兼得，收之桑榆却失之东隅；马克思主义的本雅明忽视了犹太教神秘主义渗透于其中的那个本雅明;对于新的技术的可能性青眼有加的本雅明忽略了对历史的废墟情有独钟的本雅明。事实上,本雅明不太容易被划归到某些具有明确定义的范畴之内,这一点显示出在关注他的工作时,日常作为一个有用的"非范畴"的潜能。彼得·奥斯本曾经评论说,"日常贯穿在本雅明的全部后期著述之中",但他又警告说,"经过反省之后,我们发现,它被当作一个明确的理论化的对象之处即使不是绝无仅有,也是寥寥无几"(奥斯本 1995:180)。要把本雅明打扮成一个研究日常的理论家,前提是把他全部工作中的某些因素置于优先地位,并且锻造出它们之间的联系。一方面,这种做法有可能会遮盖在任何一个文本当中运作的某些紧张关系,另一方面,它又有把这工作的方方面面聚拢在一起的优势,而在其他方式看来,这些方面似乎是不可能和谐相处的。从日常的观点来看,本雅明对布莱希特的史诗戏剧之感兴趣,并不等于要拒绝他那投身于救赎的弥赛亚主义的信念的行动。相反,这二者都是他那个把现代性的日常生活从沉默中拯救出来的异质的规划中的一部分。

作为一个关键性问题,日常生活的主题在本雅明的工作当中处于核心地位。他的方法与席美尔对于微观视野和物质世界中的不可同化的具体规定性的兴趣遥相呼应。本雅明把他的规划描述为"在对细小的、个体的因素进行的分析中侦查总体事物的结晶体"[N2,6],这时,他完全可以援引席美尔的话。但是,在和席美尔作比较时,本雅明似乎对于揭示一个可以使现代日常真相大白的"基础"不是很有把握。用一种并置的方式把日常的素材堆积在一起,这看起来似乎更像是一个偶然的机缘,而不是方法论的程序,更像赌博时孤注一掷,而不是"胸有成竹"。这些差异在这两位作家之间产生了鲜明的对照,尽管同时也指出了在日常生活的感知和条件之中存在着的各种历史的变迁。

本雅明通达历史的方法是通过"垃圾"——通过在日常中堆积如山的那些失去效能的、被弃之不顾的物质素材。在这种日常的物质世界中,不同的时间性肩并肩地存在着:最近的版本紧挨着去年的典范。日常生活把现代化的过程显示为各种残骸瓦砾的不断聚集:现代性生产的废弃物是它对新异的永不停息的要求中的一部分(最近的版本以与日俱增的频率变成了去年的典范)。但是,在本雅明看来,现代的日常不是仅仅在物质对象中才能发现的;由各种后效、各种感性组成的世界具有同等重要的地位。本雅明的规划为日益增长的聚集和不断被强化的感性这两者绘制了一张时间表。在本雅明的未竟工作《拱廊项目》(本雅明 1999)中,19世纪的巴黎是追踪现代日常的舞台。在这里,城市是通过商品的流通及其显形(广告、电影院等等)而被协调一致地结合起来的。《拱廊项目》中的巴黎充斥着各种身体、意象、表征、刺激物、运动,它被经验为对于传统和人的感官等等的连续不断的攻击。但是,如果现代性显示出了物质商品的财富和感性的强化,那么,在本雅明看来,它就悖论式地显示出了可传播的经验之贫乏。

作为一个研究日常的理论家,本雅明的重要性最明显地体现在他对现代性的日常经验的关注上。很明显,在本雅明的整个后期工作中,贯穿着相互交叉缠结的主题,一方面是可传播的经验的减少,一方面是发现一种能够表达现代生活的现实性的诗学时的困难。如果传统的叙事形式不再能够胜任表现现代日常的任务,那么,这并不是因为它们是一些陈词滥调,而是因为日常生活自身的转型已经意味着日常经验不再为这种表现形式所利用。正如他的朋友布莱希特指出的，也正如我们上面援引过的，"现实已经改变了，为了表现它，表现模式必须也随之发生变化"（布莱希特1980:82）。在本雅明看来，经验的历史性必须得到承认，得到理解和用于批评。在某种程度上，本雅明在超现实主义中发现了一种理解日常的诗学，但是本雅明对超现实主义的采用并非全盘接受，而是另辟蹊径。如果超现实主义发现了关注现代（日常生活）的正确地方，完成了对于理解它（蒙太奇）而言必要的诗学运作，那么，它就不能以一种绝对的批判性方式来调动它的各种工具。尽管超现实主义发现了日常中的神秘，但是它还是处于它的符咒的魔力之下。超现实主义拥有戳穿现代性的迷梦的工具，但是它却不能兑现。因此，本雅明联系超现实主义的失败来描述他的《拱廊项目》：

> 用这件工作的斜面来抵消阿拉贡：阿拉贡持之以恒地停留在梦境的王国，但是在这里，问题是发现簇集在一起的醒着的人。在印象主义的元素还在阿拉贡那里（"神话学"）左右逡巡，盘桓不定之时——这种印象主义应该被认为对他的书中的许多疑雾重重的哲学问题负责——那么，在这里要紧的是把"神话学"融入到历史的空间中去。
>
> （N1,9）

如果超现实主义失败了（在本雅明看来，它在实践中的确失败了），那么，这是因为它对于现代经验的历史性缺乏关注。本雅明对日

第五章 本雅明的垃圾美学 105

常的历史性的理论关注被刻印在他的著述中的"辩证的意象"这个观念之中:它们不是那些把思想和历史从它在"梦幻"的神秘王国的昏睡中惊醒的具体的簇集。在本雅明看来,这些辩证的意象像"在一个固定点上的辩证法[历史]"那样运作(N2a:3)。这一点所需要的东西是把历史的洪流(尤其是它作为不断前进的征途的表象)拘押住,以便它能够被当作一种具体的某一时刻的经验而被认识。本雅明的思想是历史的,但是它并不着手编织一种可信的关于过去的叙事:"因为现在不承认过去的每一个意象是它自己的一项关注内容,过去的每一个意象都有消失殆尽,一去不返的危险"(本雅明 1982:257)。超现实主义必须被用来做鞍前马后的工作,以便使得现代的历史性可以被认识,因为就这一点而言,它不可能被看作是打开的故事的一部分,或者依旧存留在梦境的魔力之中:"以下这一点是否可能,即唤醒是一种综合,这种综合的论题是梦境意识,而它的主题是意识? 那么,醒来的时刻将会等同于'可认识性的此刻'? 在这个时刻,事物显示出了它的真实的——超现实主义的——面容"(N3a,3)。

尽管这些观念非常具有暗示性,但是它们很难证实某种实践。本雅明的《拱廊项目》对阿拉贡的那本书部分是尊敬,部分是矫正,而且它逐渐长成一个庞然大物。迄至本雅明去世时为止(他自己的重要时刻的历史真实性突然降临了[②]),这个规划是许多引文、观念和历史断片的集合体。为了看清本雅明的思想以及他的"辩证的意象"的概念是如何对日常生活的理论产生影响的,我们有必要看看它是如何操作的,看看它是如何投入使用的。除了这些理论的断片,本雅明还在 1935 年的拱廊报告"巴黎——19 世纪的首都"(本雅明 1983a:155—176)中为我们留下了他关于《拱廊项目》的"快照"。这些快照为论述本雅明的最后一个阶段提供了素材。

捡破烂

在对本雅明的著作——尤其是他那里程碑式的《拱廊项目》——进行关注的众多评论中,我们可以在欧文·沃尔法特的论文的题目——"作为捡破烂者(*chiffonnier*)的历史学家"(沃尔法特 1986)——中发现他通往日常的方法的最为生动的特征。对于这种通往文化的方法论路径——类似于捡破烂——的描述最早是本雅明自己提出来的,他借之以描述他的朋友西格弗雷德·克拉考尔的工作:"如果我们只是在他的手工艺和努力的寂寞之中为了他自己来设想他,那么,我们就会看见:一个在天刚破晓时捡破烂的人,在用他的棍子弄出语言的刮嚓声和言语的碎片,以便把它们扔进他的手推车,以便倔强地抱怨更坏的喝的东西"(本雅明 1998:114)。法文词 *chiffonnier*,英文词 ragpicker,或者德文词 *Lumpenhändler*,都是指一种实践和某种与现代性的日常生活格格不入、互生龃龉的人。捡破烂就是那些被资本主义现代化弄得削价处理的人的"职业"(图5);例如,由于工业化,以前的手工艺工人变得多余了,或者变成了一贫如洗的贵族,或者变成现在无家可归的人。在《路易·波拿巴的雾月十八日》中,马克思提到这些流氓无产阶级的成员时说他们是"完全不确定的,一盘散沙似的一团,一直被扔来扔去"(马克思[1852]1968:137)。捡破烂的人由于现代化而变得过时了,他们为了勉强活下去而斗争,在那些已经被贬

第五章 本雅明的垃圾美学 107

图5 捡破烂者(1899—1900)——欧仁·阿特热摄 蛋白银相纸,9 3/8 × 7″(24×18cm)。纽约现代艺术博物馆。阿沃特-莱维收藏品。部分为雪莉·C.伯登的赠品。版权所有,纽约现代艺术博物馆,2001年

值、已经被时代废黜了的东西中间寻找价值。现代性的瓦砾因为它的使用价值而被洗刷一净。对于把日常生活理论化来说,正是在这里,在捡破烂的人和文化历史学家之间进行的类比具有重要性。和席美尔一样,本雅明在他试图理解现实性时看到了日常生活中的贫乏的素材。正如理查德·沃林指出的,本雅明的规划是从现象的领域内部抽绎出本体的领域:"通过把形而上学的研究领域的骄傲的地位转让给先前只是遭到冷嘲热讽的东西——现象世界的瞬息即逝和暂时的方面——来颠倒西方形而上学的术语"(沃林 1989:210)。这样一种描述和夏尔·波德莱尔——引导本雅明通往现代性的日常生活的文学导游——的话产生强有力的共鸣:"'现代性'(*modernité*)这个词的意思是瞬息即逝的东西,难以捉摸的东西,偶然的东西"(波德莱尔)。但是本雅明的规划不仅仅是关于对于这种"微不足道的、熟视无睹的"东西的关注的(席柏斯 1989:14);它的物质对象必须也表明了不同的时间性,另一种时间(或者毋宁说,它们必须生活在两种时间中)。至关重要的是,它们必须是不再趋时之物。具有赋予本雅明的后期著作以生命力的那种魅力的"东西"就是巴黎的拱廊,但是不是在它的黄金时期,而是在它已经被取而代之,已经落伍的那个时刻,在作为"废墟"而存在之时。捡破烂的人得到的是二手货,是就永远不会变成现实的将来而言的过去的梦境。现代时刻的捡破烂的人在朝向过去的感伤主义态度和朝向未来的革命的乡愁之间踩踏而成了一条精致的路线。在后者比前者具有优先权时,捡破烂的人的任务就变成了一项为破碎的希望编目分类的任务,在历史的日常垃圾中,这些希望已经被抛弃了。

第五章 本雅明的垃圾美学 109

聚焦于"垃圾",聚焦于在日常生活的现实性中存在的瓦砾与碎屑,这允许本雅明完成一种双重的运作。一方面,它允许他关于现代性的说明拒绝庆祝新异、为进步歌功颂德的诱惑。另一方面,它也阻止对于过去的感伤化。在本雅明看来,这两种运作都只是走上了承认日常生活的新异性的道路:"克服'进步'这个概念和'衰败时期'这个概念是同一件事情的两面"(N2,5)。残骸允许彻底地拒斥进步;它允许一种如果不关注它的非理性那么历史就等同于虚无的观点。在他的一个最具有诗意的表述中,本雅明把历史塑形为纯粹的残骸:

> 他瞠目结舌,目瞪口呆,双翼舒展。这就是大家伙所描绘的历史的天使的图像。他的脸朝向过去。在我们看到一个由诸事件组成的链条的地方,他只看到一场唯一的灾难,这场灾难不断地把残骸堆积到残骸之上,并且把它压翻在自己的双脚前。天使想要停下来,唤醒死者,使所有撞得粉身碎骨的东西结成一个整体。但是一场风暴从天堂吹来了;风暴用它的暴力猛烈地撞击他的翅膀,天使再也不能合上翅膀了。这场风暴以排山倒海之势推动他走向未来,这时,他面前的残骸堆正朝着天空增长。这场风暴就是我们所说的进步。
>
> (本雅明 1982:259—260)

但是,本雅明并没有停留在常常在他身上打下深刻烙印的忧郁的王国。他的规划是一种尝试,尝试着把现代性的日常经验从沉默中救赎出来。在面对垃圾无休无止地繁衍增长时,本雅明潜在地暗示了一种"垃圾美学","垃圾美学"可以用来彻底地、批判性地关注日常。这种方法可以依据"再循环"——一种日常经验的生态学来思考。

对日常的经验进行表述

本雅明在他1939年的论文"论波德莱尔的几个主题"中,对现代的日常的经验作了最能经受得住历史考验的反思。但是,为了谈及这篇论文,我们必须转向他早期的一篇论文,"讲故事的人:关于尼古拉·列斯科夫的几个反思"(1936年)。在这篇早期论文中,本雅明栩栩如生地设想了一幅被贬值的现代经验的图景:

> 对我们而言不可剥夺的某种东西,我们的财产中最保险的东西——交换经验的能力——似乎被从我们身上夺走了。
> 这种现象的一种理由是显而易见的,经验在价值中失势了。看起来似乎它正要继续跌进无底的深渊当中。……随着[第一次]世界大战的到来,一个自那时以来就从来没有停止过的过程开始变得明显了。在战争结束以后,从战场回来的人变得沉默寡言了——在交往经验中他们不是更富裕,而是更贫乏,难道这不是值得注意的事情吗?……因为经验变成自相矛盾的了,它和那种有策略的武装斗争中的战略经验,通货膨胀带来的经济经验,机械战争中的身体经验,那些掌权者的道德经验等等统统没有什么不同。坐在用马拉的有轨电车上学的那一代人现在站在边疆的长空之下,在那里,除了白云

之外没有东西还维持着原样,在这些云块下面,在毁灭性的湍流和爆炸的军事区中,是微不足道、不堪一击的人的身体。

(本雅明 1982:83—84)

把"脆弱的人的身体"和被现代工业战争破坏了的风景并置在一起,生动地勾画出一个已被现代化彻底地改变了的世界(一切坚固的东西都烟消云散了——姑且这么说)。一切东西都已经面目全非了:日常生活的速度和身体在其中存在的风景。上引片断表述的那种经验的丧失是不会满足于日常的"事件性"或者"插曲"的减少的,但是会满足于它的现代形式所具有的意义和可交往性。我们可以以量的方式经验更多东西,但是,我们不能从中得到更多。它不可能被融合到生活的意义当中。日常的现代经验让我们保持沉默。正是这种沉默需要接受挑战,其目的不是为了提供一贯性或者改善状况,而是为了它能够被认识到,被批判和被改变。对本雅明而言,发现各种表述日常的形式就是日常生活的政治。

日常现代性对本雅明提出来的问题(在某种程度上,波德莱尔的著作已经就此作了回答)关系到日常生活的经验如何可能找到一种可交往的形式的方式。正如对许多德国作家而言的那样,对本雅明而言,经验的考察对于下列两种之间精微的区别产生了影响,一种经验纯粹是身临其境地经历过的经验(*Erlebnis*),另一种经验是某种可以被收集、反思和交往的经验(*Erfahrung*)。如果 *Erlebnis* 是直截了当的,它也就倾向于仅仅初具规模、尚待成熟的(它是前语言的、前反思的)。相反,*Erfahrung* 是使 *Erlebnis* 在社会上有意义的东西;它就是审查和评估经验的那个视点。在英语中,这种区分是通过语境而非通过使用不同的词语来作出的。例如，谈论一个"有经验的"工匠或者厨师就指示出了一个经验世界，这个经验世界聚集起来变成某种形式的知识和知道怎么做的技能，这些技能和知识可以被传授给一个学徒。这就是 Erfahrung 的世界。相反，Erlebnis 虽然在英语中用同一个词表示，但是现在它的意思只是世界的感性显示：Erlebnis 就是我们一刻接着一刻在做的事情。在本雅明看来，日常的现代性显示出了一种巨大的心灵创伤：现代的 Erlebnis 不再显示为 Erfahrung。"不堪一击的人的身体"已经在战场上被轰炸得头晕目眩，他的五官在现代城市中日夜遭受袭击，这使他的 Erlebnis 过于餍足。已经受到阻碍的是在一个集体文化内部为这一切作出解释之能够言之成理。这是因为交往、意识和表象的这些形式还没有被日常经验所具有的那种方式革命化。被强行抛弃给我们的东西是那种还没有走进意义的"经验"，它不可能被反思，因此也就不能为批评所利用。

在本雅明的论文"论波德莱尔的几个主题"当中，现代日常生活的典型特征是"震惊"，而任何一种现代经验的理论都必须直面经验的这种具有历史特征的特定的质。需要对之加以探讨的正是这种作为"震惊"经验的现代日常，而只在真实的 Erlebnis 的时刻的范围之内来关注它也就是迫使它归于沉默，并且为了关于日常的政治斗争而失去它。在论述作为现代日常的"震惊"经验的诗人的波德莱尔时，本雅明写道："在所以使生活成其为生活的经验中，波德莱尔独独挑中了他之被众人推推搡搡当作决定性的、独一无二的经验"（本雅明 1982：154）。在本雅明看来，震惊的经验可以在大都会的人群中，在工业的生产方式中，在车水马龙和广告宣传中发现。在本雅明看来,"在车水马龙中来回穿梭,涉及处于一系列震惊与碰撞中的个体。在险象环生的十字路口,焦虑的驱动力就像蓄电池中的能量从他身上穿过,并迅速地继续传递下去"(本雅明 1982:132)。"震惊经验"(Erlebnis)中的这些因素不能进入到可共享的经验话语(Erfahrung)当中,这种经验话语能够给予现代的日常一种声音,这种声音既允许批判的关注,又允许批判的实践。在举例证明 Erlebnis 和 Erfahrung 之间的区别之时,本雅明援引了不熟练的工厂工人的例子:"不熟练的工人是被机器的刺耳的声音贬黜最厉害的人。他的工作已经被封锁而与经验(Erfahrung)绝缘;实践在那里什么也说明不了"(本雅明 1982:133)。工厂工作的经验(本雅明认为,它相应于人群中一个过路人的经验)保持在 Erlebnis 的水平上,正是因为"实践什么也说明不了"。在这种意义上,经验不能聚集在一起,因为这种经验的本性就是不能为关注所利用。把经验(Erlebnis)的时刻置于 Erfahrung(经验作为可积累的和可交往的知识)的可能性之上,就是依旧被锁闭在相同者的永恒轮回之中。

但是,经验(Erfahrung)如何能够被重新塑形,以便它能够和现代日常经验交流呢?它又如何能够救赎现代性的沉默呢?难道使得它不能为可传播的经验所利用的,不也正是这种现代震惊经验的本性吗?这就是本雅明的经验与表述的辩证法就关注现代的日常生活而言最有价值和最乐观的地方。一方面,已经很清楚了,他那么倚重波德莱尔的理由,正是因为本雅明把波德莱尔看作一个赋予现代震惊经验(Erlebnis)以 Erfahrung 的诗人。正如安德鲁·本雅明所写的:

> 波德莱尔的诗歌的重要性在于,它允许 Erfahrung 给 Erlebnis 一个框架。在本雅明看来,波德莱尔的互相争斗的大众"是经历过的某种东西(Erlebnis)的本性,波德莱尔赋予它以经验(Erfahrung)的重量"。波德莱尔把 Erlebnis 转变成了 Erfahrung。也许这是本雅明的最后定论。
>
> (本雅明 1989:133)

在另一方面,本雅明在现代震惊经验自身的现实性中发现了 Erfahrung 的可能性:想象中的这种关于心烦意乱的诗学是从日常的"震惊"生活中形成的。如果波德莱尔为表达现代的日常经验而提供的形式并不会使它缄口不言,那么许多种其他的表象形式也是同样的。事实上,本雅明的著作的核心内容可以看作是提出能够(潜在地)提供现代经验的政治表述的各种表象形式。本雅明对电影中的蒙太奇情有独钟,他提倡超现实主义,他和贝托尔特·布莱希特的工作进行的持续不断的对话,所有这些都可以被看作是一种尝试,尝试着发现能够表达日常生活的经验的文化形式。

本雅明是一位辩证的思想家,而现代文化形式和现代经验都不是独立自主的(和互不相干的)王国。玛格丽特·科昂指出,"在《单向道》的结尾部分,本雅明消融了在震惊原型(proto-Chock)和 Erfahrung 之间的文本的对立,追问当代与外部现实的暴力的接触是否事实上是其本身还没有被认识到的 Erfahrung 的先驱"(科昂 1993:185)。本雅明的任务不仅仅是发现已经合适地现代化了的 Erfahrung 的各种形式,而且是要指出,Erfahrung 自身已经改变了。

因此，对本雅明而言，心烦意乱的主题就变成了某种东西，它的基本特征既是日常现代性的活生生的经验（给关注带来了多方面的影响），又是最能够生产性地表达它的各种形式（因此，本雅明对大众的文化形式持乐观主义的观点）。

如果现代生活的经验的基本特征可以被认为是各种技术与工业的形式渗透进了日常生活，那么，它的作用就"既是毒药又是解药"——例如，它是把经验放置到遗忘状态的东西，同时它又为"新的"*Erfahrung*（"其本身至今还没有被认识到"）提供资源，这种"新的"*Erfahrung* 能够拯救经验并且使它敞开，接受批判性的关注。在技术经验（譬如说，工厂）和表象的技术各种形式之间的关系被认识到了。这二者都可以看作是异化的原因，而又潜在地是处理这种异化的分析工具（我们又一次与席美尔只有一箭之遥）：

> 爱伦·坡的过路人在所有方向上都扫了一眼，这些眼光似乎仍然是无的放矢，但是今天的步行者是被迫这样做的，为的是保持与交通信号的一致。因此，技术已经使人的感官系统从属于一个复杂的训练类型。新的一天来了。我们迫切需要一种新的刺激，而电影满足了这种刺激。在电影中，以震惊的形式出现的感知被建立为一种形式的原则。
>
> （本雅明 1982:132）

现代日常的震惊经验是为了能够表述它而设立的培训基地。因此，现代性的最著名的表象器具也就是电影了。在他最著名的一篇论文"机械复制时代的艺术作品"（1936年）中，本雅明提出了一种关于电影的技术手段的观点,把它看作是在可传播的形式的 *Erfahrung* 中认识到日常生活的 *Erlebnis* 的最有力的工具:

> 我们的小酒馆和我们大都会的街道,我们的办公室和装潢得富丽堂皇的房间,我们的火车站和我们的工厂都似乎把我们锁在里面了,使我们处于绝望的境地。但是紧接着电影出现了,它通过十分之一秒的爆炸把这个牢狱般的世界炸得四分五裂,结果,现在,在它飞得老远的废墟与残骸中间,我们能够镇定自若而又险象环生地继续旅行了。由于有了特写镜头,空间拓展了;由于有了慢动作,运动被延伸了。
>
> (本雅明 1982:238)

本雅明所设想的电影是关于日常的电影,它建立在蒙太奇的原则之上。它提出自身不是以传统的叙事的方式,而是把它自身当作日常经验的分析。从某些方面看,它是经验的电影,而从来都不局限于纯粹的视觉:

> 即使一个人有关于人们走路的方式的一般知识,他对于阔步行走的那几分之一秒时的人的姿势依然是一无所知。用手去够一个打火机或者汤匙的动作总是固定不变的姿态,但是对于手和金属制品之间真正发生了什么,我们几乎什么都不知道,更不必说这一切如何随着我们的情绪而上下波动了。这里,照相机开始干涉了,用它的各种策略:"高者抑之,下者举之",它的打断和孤立化,它的延展和加速,它的放大和减

小。

(本雅明 1982:239)

这里所设想出来的电影通过把能触知的东西当作一个视觉印象而回避了现代性的幻影汇集,在电影中,正乘风破浪航行的现代性所体现出来的经验对于表象是敞开的。它还是这样一部电影,它把日常生活的心烦意乱还给它自身。一门关于心烦意乱的诗学可以看作是电影(作为蒙太奇实践)承诺的潜能。本雅明的规划集中精力,寻找可能允许把心烦意乱的经验变成可以有意义地表述出来的东西。在这里,他的朋友西格弗里德·克拉考尔的影响是非常重要的。在1920年代中期的许多论文中,克拉考尔把电影经验中的"心烦意乱"诊断为既是一种病征又是一种(可能的)治疗(克拉考尔 1995)。它是一种异化了的现代的生活形式的病征,在这种生活中,传统持续不断地被现代性席卷而去。电影通过幻影汇集的景象重新生产了这一点。但是,电影还允许一种新的看的形式,这种新的看的形式的基本特征就是心烦意乱;这种形式的关注(或者说非关注)不仅适合于现代的日常,而且也提供对它的潜在的批判性的表述。

在本雅明那里,电影的心烦意乱的诗学知识被暗示为:

在心烦意乱的状态中的接受,这种接受在所有的艺术领域日益变得清晰可见,而且是在统觉中发生的深刻变化的表征,它在电影中发现了它的演习的真正手段。具有震惊效果的电影在中途满足这种接受模式。电影使膜拜价值退缩成为背景,这不仅是通过把公众置于批评家的位置上,而且通过以下这个事实,即,在看电影时,这种立场不需要任何关注。公众是审查者,但是是一个心不在焉的审查者。

(本雅明 1982:242—243)

现在还没有弄清楚的是,根据观众的观看实践或者根据电影的种类——这些电影为了某些本雅明心里所想的政治目的而使大家处于心烦意乱状态——这一点到底意味着什么。在提出"心不在焉的"批判性审查——这种审查可能有能力表述出现代日常生活的某些方面——时,本雅明是把日常当作它不可能作为完全有意识的经验而被通达的某种东西。这就是那种在一定程度上开始形成的经验,它需要产生允许这种经验得到表述的诗学形式。只有通过这种方式,现代的 *Erlebnis* 的形式才会变成新的 *Erfahrung*。其中的关键点就是蒙太奇(这似乎就是被弄得心烦意乱的诗学或者关于心烦意乱的诗学所暗示出来的东西)。尽管本雅明敏感地提倡了把现代的 *Erlebnis* 转变成 *Erfahrung* 的一系列场所,但是,我们最有希望在其中发现一种日常生活的新表述的地方,正是在本雅明自己的实践中。

日常生活的辩证意象

把各种意象同现象学的"本质"区分开来的东西是它们的历史索引。……这些意象必须被彻头彻尾地从"人文主义的"范畴,诸如所谓的习性、风格等等中隔离开来。因为这些意象的历史索引不只是说明，它们属于某个特定的历史时期，它首先要说明的是，它们只是进入某个特定时代的可辨认性当中。事实上，这种"进入到可辨认性当中"在它们内部组成了关于这个运动的具体的批判点。每一个此刻(Now)都是由那些与这个此刻同时存在的意象决定的：每一个此刻都是一个具体的可认识性的此刻。……这不是说，是过去使得在场的东西显得非常清楚，或者说是在场的东西使得过去的东西显得非常清楚；毋宁说，一个意象就是这样一个东西，在这个东西中，当时和此刻聚集在一起，形成了像闪电那样的簇集。换句话来说，一个意象就是处在静止状态的辩证法。[N3,1]

在他关于辩证意象的观念中，本雅明的思考对于日常生活的理论最具有暗示性。在这里，日常的历史性进入了可辨认性。辩证的意象是许多元素的簇集(蒙太奇)，这些元素在组合为一时产生了允许认识、允许可辨认性、允许交流和批判的"火花"。本雅明的主旨所在是一种拼贴艺术的实践，这种实践能够把现代性的物质素材安排、组织成为一种把它从梦境中唤醒并且使它向历史敞开的设计(总而言之，这种唤醒是他在超现实主义之中发现缺失了的东西)。就此而言，本雅明非常明确：他会尽可能少地干预，而只是精心编排："我什么都没有必要说了。唯有显示。"在他的朋友阿多尔诺看来，这种实践对那种缺乏中介的理论的批判保持敞开状态："对于各种文化特征的唯物主义的决定之所以可能，只有在它是通过'总体的社会过程'的中介作用而被促成的条件下"(阿多尔诺1980:129，着重号为原文所有)。他接下去说："通过它们的名字称呼它们往往会变成某些纯粹事实的惊奇的表象。如果一个人希望使它具有戏剧性,那么它可以说,你的研究处于魔术与实证主义的十字路口。那个地方能够蛊惑人心。只有理论能够破除这种魔法"(129页)。

在阿多尔诺看来,在回荡着本雅明自己对于超现实主义的批判的余音的批判中,本雅明被看作是依旧处在"超现实主义"的"蛊惑人心的地方"(魔术和实证主义),仍然绝望地需要理论的严格。但是,在本雅明看来,日常生活的这种明确的历史性就是能够打破梦幻的魔法的纯粹"理论"。但是,如果"魔术"和"实证主义"的混合物能够起到作用,调制出能够把日常生活的经验抛进可认识性之中的各种簇集,那么,在实践中它又如何起作用呢?本雅明的辩证意象能够打断现代性的迷梦,并且使它的内容溢出,流进可辨认性的王国,但是,这种辩证意象的条件是什么?"拱廊报告"(1935年)中有一部分("路易·菲利普或内部世界")将会充当一个例证。

这个报告是由一些非常小的章节组成的,这些章节提供了《拱廊项目》的一个删节的版本(或者说,《拱廊项目》的大致样子)。所有章节的标题都遵从同样一个格式:一个专名,后面跟着一个社会现象;或此,或彼——两部分变成了等值物。"报告"由六个这样的章节组成,除了一个论述内部世界的外,还包括"傅立叶或拱廊"、"达盖尔或西洋景"、"格朗维尔或世界博览会"、"波德莱尔或巴黎街道"以及"奥斯曼或街垒"。在"路易·菲利普或内部世界"一开始,本雅明就唤起了一个有着活生生的和私人的"内部世界"的经验时刻:"在路易·菲利普统治时期,普通市民以个人身分登上了历史舞台"(本雅明 1983a:167)。这个历史时刻是作为"私人"与"公

第五章 本雅明的垃圾美学

众"之间的分离这种日常生活的结构划分而出现的,"对公民个人而言,生活空间第一次有别于工作场所。前者构成内部世界。办公地点是它的补充"(167页)。因此,私人领域变成了被置于优先地位的奇思妙想的地方:"他的客厅是世界剧院中的一个包厢。"这个包厢是通过形形色色的幻影汇集的实践尤其是新艺术而起作用的。但是它也是作为收藏家的居住者的变换实践的一个场所:

> 收藏家是这个内部世界真正的居住着。他以美化事务为己任。落在他身上的是西西弗斯的任务,这就是通过占有它们以剥夺物品的商品性质。然而他赋予它们的只是痴迷者眼中的价值,而非其使用价值。收藏家梦想到,他所处的世界,不仅在时空上非常遥远,而且是个更好的世界。当然,在这个世界中,人们的需求仍如日常世界一样无法满足。但在这个世界中,物品摆脱了实用的枷锁。
>
> (本雅明 1983a:168—169)

如果内部世界提供机会,让活生生的商品关系被(变戏法般地)改变了,那么,它也就让它自身朝向某种形式的研究而敞开,这种研究形式用侦探的用于法庭的凝视来看待物质商品:

> 生活意味着留下痕迹。在内部世界中,这些痕迹被强调。床罩和椅罩、盒子和箱子被大量设计出来,日常用品的痕迹被模仿出来。居住者自己的痕迹也在内部世界中被模仿。考察这类痕迹的侦探小说应运而生。

(本雅明 1983a:169)

内部世界的物质性和那些利用它的人的经验在时刻的历史性中聚集在一起。在非常简明扼要的细节中,簇集(constellation)产生了,它把读者从一个具体的私人王国的形成中,经过这个时代的内部世界的设计实践,带到了收藏活动以及反对它自身的商品的使用的心理学,带到了作为把经验的痕迹和犯罪观念的联结形式的侦探小说的形成。如果本雅明是在魔术与实证主义的十字路口活动的,那么,这样一个蛊惑人心的地方可能就是日常生活的场所。但是在通读本雅明关于《拱廊项目》以及他赋予作为组织原则的蒙太奇的独一无二的重要性的笔记之后,"陈述"就会让人大失所望。你会情不自禁地想象,本雅明在设想一种关于这些"事实"的更加彻底的形式表象。他发表的那本小书《单向街》,封面是蒙太奇式的照片,把不同的元素并置在一起,也许它更接近于他想要提呈《拱廊》中的材料的方式。尽管对此我们永远也不能知道底细。本雅明留下来的是一种关注现代日常的"建筑学"理论。

从第三到第五章提出来的关于日常的理论既是刚刚崭露头角,又变化多端。在我已经考察过的不同的实践中,"日常"不是那种已经变成了令人振奋的考察"对象"的东西。但是正在产生的东西是一系列方法,对于把日常理论化而言,这些方法非常重要。在席美尔、超现实主义和本雅明的工作中,一种方法正逐渐被锻造而成,这种方法尝试着关注社会中不能被意识所绝对包容的方面(或者说意识所不可包容的一面)。因为没有使用完全是心理分析的

第五章 本雅明的垃圾美学 123

框架,席美尔和本雅明两个人都可以看作是把日常这种转瞬即逝的现象当作了某些更为强大的力量的表征。它们如何围绕这一点而展开又非常不同:席美尔的印象主义是以哲学的洞见为定向的,而本雅明的"蒙太奇"实践则专门致力于关于现在的批判性历史。当然,超现实主义更加强调精神分析的框架,而在本雅明看来,精神分析的框架不可能与幻影汇集的表象保持一种批判的距离。作为无意识的经验的日常是一根线,在以后的章节中我们会捡起这个线头;但是现在只消说明以下这点就够了,即一个正在诞生之中的关于日常的理论提出了一种通达经验的方法,这种方法把日常当作一种对于关注它的创造性形式的要求。这种方法对于蒙太奇和心烦意乱情有独钟,这种方法不是通过抽象的思想,而是通过把现代的、城市的、日常的经验突出出来而达到的。

在席美尔超现实主义和本雅明的工作中,日常生活的领域被看作主要是城市的生活。现代大都会被看作在其中日常问题是不可避免的那样一个王国。在一定程度上,这是因为现代性所带来的蔚为大观的技术变化;在一定程度上,这也是因为城市的浪漫主义。在这一点上,我们应该要看清楚,被从这种通达日常生活的方法中排除出去的东西是什么。在这项规划中,妇女的日常生活的特征又如何描画出来?在很大程度上,妇女是缺席的。发展"关于日常的理论"这项规划的一个部分是要把前女性主义的理论从它的性别化定向中拯救出来。在这里,有很多东西都是有所助益的:席美尔对于社会领域(例如,用餐)的强调可能会通过表述日常的性别化的方式而被重新加工利用;本雅明关于内部世界的工作可能会得到类似的考察。

在通达日常的过程中,席美尔、超现实主义和本雅明的工作已经开始考察了从实在论和自然主义当中偏离出来的各种表象形式的可能性。最为重要的是它们已经参与到先锋派的形式当中。蒙太奇的彻底实践为使大家熟悉的东西变成奇异非凡的东西提供了生动的方式,在这一点上,它和为"日常生活研究"这个传统提供了诸如方法论的基础之类的东西有异曲同工之妙。这些蒙太奇实践是用来完成什么目的的,这一点并不能预先被决定,我们对于本雅明如何把他那规模庞大的《拱廊项目》聚拢在一起也没有什么概念,本雅明关于一种以心烦意乱和唤醒为基础的诗学的建设性的暗示依然非常抽象。

在第六章中,我们将要看一看一个把超现实主义的遗产和通达日常生活的人种学方法合并在一起的规划。正如我们即将看到的,蒙太奇的彻底的形式的潜能的某些方面伴随着一种要把意识从它的梦幻世界唤醒的模糊愿望。在民意调查中,本雅明或者席美尔的理论的密度消失了,相反,存在着一种指向"迄今为止其本身仍未被认识的"理论的实践的密度。

注 释

① 瓦尔特·本雅明的"一束手稿 N:关于知识理论,进步理论"是现在已经全部翻译完毕的本雅明的《拱廊项目》的一部分。"一束手稿 N"是《拱廊项目》的元批判的(metacritical)的核心,在我对它的解读中,"一束手稿 N"也处于核心地位。后面再次提到这个"一束手稿"时我就在方括号中只用本雅明的数字体系来表明。

② 1940 年本雅明在从纳粹集中营逃跑的路上自杀身亡。

第六章 民意调查:关于日常生活的科学

> 我们将要通力协作,建造起许多由声音、味道、食物、衣服、家用物品、广告、报纸等等组成的博物馆。
>
> (民意调查 1937a:35)

> 用超现实主义来剪裁的人种学是作为关于并置的理论和实践而产生的。
>
> (克利福德 1988:47)

在一千多份的文件报告中以及装满未经处理的原材料的数量相当的盒子中,我们可以发现关于日常生活的平凡得让人奇怪的文件。关于恶梦的各种解释;对于波尔顿酒吧里的各种饮酒习惯的非常细致、毫厘不爽的记录(用秒表把时间精确到秒);一页又一页的逐日记录;关于人造黄油的思考——这样的条目只是构成了民意调查产生出来的关于日常生活的文件档案中的一部分。民意调查同时既世俗不堪,又充满诗意,它提供了对于日常的无穷无尽的关注。在逐渐通往二战的岁月中以及在二战期间,民意调查搜寻出了那个异乎寻常的时代中的流俗性。但是,如果异乎寻常的东西也可以展示出普通的面孔(这张面孔以另一种不同的方式是异乎寻常的),那么,日常的平庸就可以揭示出神话中饱含的诗意。日常生活的神话学的身分就是民意调查所面对的问题。

在1936年的冬天,就在爱德华八世发生退位危机的时刻,一大群生活在伦敦布莱克希思的人"在讨论招募一批志愿者的可能性,这些志愿者观察诸如退位这样的社会事件以及'日常生活',无论是他们自己亲身经历过的,还是在他们周围发生的"(马奇1976:1395)。这个团体由查尔斯·马奇(一位诗人,也是《明镜日报》的记者)、凯瑟琳·雷恩(一位诗人兼批评家)、汉弗莱·詹宁斯(一个画家、作家和记录片制作者)、戴维·盖斯科因(一位诗人、画家)、斯图尔特·莱格(他和詹宁斯一道在布莱克希思的GPO电影公司工作),还有许多朋友一道组成。在1937年1月,在代表这个团体给《新政治家和国家》的一封书信中,查尔斯·马奇邀请那些志愿观察者写信给布莱克希思的格罗托斯大厦(马奇和雷恩的家庭地址),以便他们在收集"各种民意调查报告"的规划上合作。在信中,马奇建议,必须把精神分析和人类学合而为一,"以处理那些被压制的因素,由于被压制得非常厉害,只有那些被承认是第一流的推动力才能使得这些因素露出水面,真相大白"(马奇1937a:12)。同时,汤姆·哈里森,一个自学成才的人类学家,在把参与性的观察的方法论应用于"兰开夏的荒野",试图把人类学带回"家",理解他的祖国的文化中的日常生活(汤姆·哈里森,转引自杰弗里1978:22)。在从当时被称作新赫布里底(现在叫作瓦努阿图)马勒库拉回来的时候,他尝试了许多种类的手工工作(磨坊工人、卡车司机、冰淇淋小贩),"以准备让他自己变成波尔顿的人种学家"(马奇

1976:1395)。哈里森写过一首关于他在马勒库拉的经历的诗歌(《椰子树上的月亮：同类相食的哲学，在新赫布里底》)，由于机缘巧合，这首诗发表在《新政治家和国家》杂志上，而且就刊载在马奇的那封信的正下方。在认识到他的波尔顿规划与布莱克希团体的兴趣的相似性之后，哈里森建议他们通力协作，他与马奇和詹宁斯之间又通了一封信，这封信有一份宣言所具有的所有标志(哈里森等 1937)。

兼职的观察者提供他们的关于日常生活的叙述，在为这些观察者建立一个全国性的专门小组而作的尝试中，他们又通过《每日快讯》(*Daily Express*)、《信使日报》(*Daily Herald*)、《新闻纪事》(*News Chronicle*)和《左派评论》等杂志的相关版面发出进一步的邀请，在数月之内，又有上千份参加申请被接受(并不是所有的申请都被接受了)。这次活动的一个非常重要的特征是有大量的妇女应征报名。这在一定程度上是因为在某些广告中包含着一个"家庭妇女"对于她的日常生活的细节的叙述。在波尔顿，汤姆·哈里森试图劝说一大批人(其中包括那些没有找到工作的工人、一个名叫"兄弟乔"威尔科克的"流浪的布道者"，还有一大群学生、艺术家和作家)变成这个"工作城"(Worktown)项目的全职观察员。到1937年底为止，民意调查出版了一个简要概述这个项目的小册子(民意调查 1937a)，和全国的专门小组为响应"每日观察"的指导方针而收集到的调查(民意调查 1937b)，此外，它还在准备它第一年的工作年鉴(民意调查 1938)。在出版了"每日观察"之后，汉弗莱·詹宁斯主动地与这个项目保持距离，疏远开了("他从他在汤姆的印象主义的准人类学中感觉到的那种平庸的气味中撤离了"[马奇 1976:1395])。民意调查的运作包括两个方面,一方面是兼职的全国性的专门小组(他们提供日常生活的叙述的横截面以及对其他指导作出回应),另一方面是全职的观察员的工作(他们把精力投入到对某个特定的地理区域——诸如波尔顿、布莱克浦和伦敦——中的其他人的观察之中),这两个方面是由马奇和哈里森组织和协调的。1940年,马奇(他在1938年与哈里森交换了角色,正在指导一项在波尔顿进行的对各种经济观点的调查)离开了民意调查,因为哈里森决定让这个隶属于信息部的国内情报局。在这一章中,我将把主要精力放在它的初创时期,民意调查的开始几年——在它和政府实体建立联系之前,马奇还是这个保持平衡状态的等式中的一部分的时候。[1]正在这一段时间里,日常生活中的各种问题(作为现代世界中的日常生活的基本特征的那些特殊经验和活动是什么?这些经验和活动如何能够得到关注与表现的?)是他们的最有生产性的问题。在把日常生活理论化时,我认为最有意思的东西正是民意调查中没有得到解决的和试验性的一面。

民意调查中的紧张关系

从一开始,民意调查的基本特征就可以被看作是充满了各种紧张和冲突,这种紧张与冲突横贯在它的不同的实践当中,存在于与这个项目有关的各色人等的不同视野之间。大多数紧张关系不仅对于这个项目是生产性的,而且是对它最开始的设想的一种不可回避的并且是必然的反应。事实上,由于它是在科学与艺术、客观性与主观性、理性主义和非理性主义这条错误的分界线上形成

第六章 民意调查：关于日常生活的科学

的,于是在这个项目中存在着某种必然不稳定的东西。尽管对民意调查的各种解释都经常以牺牲这个划分中的某一方为代价而置另一方于优势地位而告终,但是,在那些参与过其事的人的著作中非常明显的是,在维持它的各种相互冲突的目标之间的危险的平衡时常常存在着许多困难。其中的两个主要的领导者,马奇和哈里森,各自站在这个分界点的一方,都竭尽全力想要把民意调查中明显可见的分歧发展成为两个完全不同的领域。即使在民意调查自己的著作中,马奇和哈里森都反复不断地凸显出他们的区别:"查尔斯·马奇是一个诗人……他对各种感情情有独钟,而我的兴趣却在尽可能如其本身那般描述人们的言行举止"(民意调查1983:A26,2)。这样的区别似乎非常吻合于"喜欢做白日梦的诗人"和"古板的经院主义者"之间的对立的原型,但是它们在民意调查的文献中从来不是静止不变的,而且不能经受住长时间的审查。我们可以以早期的一次区分的努力作为例证:

> 汤姆·哈里森相信,通过使现存的所有的生命哲学遭受怀疑,怀疑它们有可能是不完全的,并且通过拒绝忽视它们当中任何一个的意义,民意调查可以作出一个新的综合。……但是,在其他作者(马奇)的观点中,民意调查就是收集事实的工具,而不是生产一种具有综合性质的哲学,一门超科学或者超政治学的手段。事实的可利用性把科学、艺术和政治中的某些倾向释放出来了,因为它将附著在社会的时间意识之上。
>
> (民意调查 1937a:47)

在这里,并不存在什么任意一方对于实证主义的经验主义的单纯诉求。"事实"这个词的使用也并不意味着对于科学客观性的信仰,这种信仰把表象性世界看成是透明的;相反,一个观察者的叙述的事实性在于,它有能力"告诉我们的不是社会像什么,而是对他们而言,社会看起来像什么"(民意调查 1938:66)。

近年来,民意调查受到了批判性的关注,这种关注倾向于加强这个规划本身一度试图妥善处理的那个机制中的一个方面,并且使之固定下来。人们频频断言的是这样一种观念,即,民意调查延续了 19 世纪实行的某种类型的社会考察,在这种社会考察中,依照其初衷,"科学的"客观化的凝视是针对那些被殖民化的文化的,后来它被用来对准那些生活在西方大都市社会的物质中心中的那些穷人和边缘化人群的身体和日常生活。这种论证把民意调查看作是白人资产阶级男性占主导地位的一种表征,它旁征博引,通过与作为规范的它自身相关联,把另一个群体(另一个阶层、另一个"种族")描绘成光怪陆离的、未开化的和野蛮的,并且以此来塑造和固定这个群体的身分。在著文论述汉弗莱·斯彭德的民意调查的照片②时(而依照其蕴含,它也适用于他们的其他的调查活动),杰西卡·埃万斯这样评论作为这个规划的基本特征的主流倾向:

> 关于[他们]是如何再生产出一个殖民的资产阶级对于人类学的他者的凝视的结构的,……已经有人写过很多东西来论述了。关于这些照片的实在论的预设彻底抹除了认知者的立场,并且因此使"他者"成为既是野蛮的,但是又悖谬地一贫

如洗的威胁。

(埃万斯 1997:145)

在我看来,这样一种解读,不仅无视民意调查中各种分歧的见解的存在,而且由于使用了一种从历史的角度看很迟钝的方法论工具,而不能区分1930年代的文化实践和1830年代的文化实践。它通过把各种几乎支配一切的意义强加给诸如摄影术和新闻报道等等技术的社会功能之上,而使区分化为乌有。对于民意调查持有这样一种立场的人经常挑选波尔顿项目(工作城)作为民意调查的体现,而认为汤姆·哈里森是它的主要的,有时是它唯一的喉舌。这样一种方法一方面必然导致把民意调查的实践当中的不同成分淘汰出局,另一方面,它又提供了许多谴责性的证据来支撑它的解释。在把民意调查设立为对于工人阶级的光怪陆离化了的身体进行殖民性的凝视时,汤姆·哈里森的话似乎提供了历史学家所需要的全部攻击性材料。但哈里森从新赫布里底迁移到兰开夏时,他的意图是要对波尔顿的居民采用同样的人种学方法,而以前这种方法是用在马勒库拉的"土著"身上的。史蒂夫·爱德华兹通过引用汤姆·哈里森自己的话来表明这样一种看法:

"兰开夏的荒郊野外或者伦敦东区的各种神秘事物像新赫布里底的同类相食者的室内或者婆罗洲的猎人首领的后院一样几乎完全没有得到考察。……尤其是,我在新赫布里底的食人部落中的生活经验……使我认识到许多存在于这些看起来面相凶蛮、头发卷曲、又黑又臭的人和我们自己之间共同的地方,因此当我从那次考察返回家时,我决定把同样的方法应用于英国这个地方。"由于考察的地点从新赫布里底转移到了波尔顿,那么,审查把就从头发卷曲、"又黑又臭"的野人直接切换到那些戴着低顶圆帽或卷发夹的脏兮兮的工人阶级。

(爱德华兹 1984:18)

汤姆·哈里森的言辞乞灵于一个由各种殖民关系形成的世界。他的言谈重复了那些社会考察者——例如威廉·布思——的话语。在布思那本致力于改革的小册子《身处最黑暗的英国以及出路》中,布思质问道:"难道我们在自己的家门口就找不到相类似的事物?难道在有人向我们的教堂和宫殿扔石头的事件中就发现不了与斯坦利发现的存在于赤道大森林中的恐怖相类似的恐怖吗?"(转引自杰克逊 1992:90)。这个小册子发表于 1890 年,它的标题的意思是暗示在殖民的非洲("最黑暗的非洲")和伦敦的东区之间存在着直接的关联。但是,尽管哈里森在"头发卷曲、又黑又臭的人"与伦敦东区和兰开夏的居民之间的所作的类比似乎与对于工人阶级的生活的殖民性的态度之间意见一致,但是这种类比是哈里森用来指涉英国的范围更为广阔的阶层的。尽管爱德华兹使用的引文是 1947 年生产的著作中的一个片段,③但是 8 年多前,哈里森是在一种截然不同的方向上强调这种类比的:

就在 22 岁那年,我去了太平洋中一个叫马勒库拉的岛屿,在那里和食人族共同生活了 3 年,我发现,与过去哈罗公学的学生[哈罗公学是哈里森上学的地方]相比,他们说不上

第六章 民意调查:关于日常生活的科学　133

更好,也说不上更坏。我想方设法深入到他们的习俗和他们的思考方式的隐秘深处。而就此而言,我发现最根本的是入乡随俗,随遇而安。后来,我又回到了英国,去往一个工业城市生活,尽力把同样的观察原理应用到我们自己的文明身上。80

(民意调查 1983:A26,2)

在这里任何关于"食人族"的阶级规定性的暗示的目的都是把一所公立学校以前的学生置于优势地位(重要的是,这些学生当中包括哈里森本人),而把这种人种学的方法应用于波尔顿则提出了一种要比纯粹的工人阶级文化更为广阔的眼界。在哈里森的著作中使用了"食人族"这个词,很明显,这是出于论战的意图:它被用在一种阶级先锋主义的尝试中,尝试把那些被认为是自明的、"规范的"文化去自然化。当然,在用作与工人阶级文化相关时,哈里森"忘记了"一点,即:这样一个"原始社会的"术语是如何被单纯地看作是能够延续工人阶级"种族化"这样的既定实践的。

把民意调查看作是采取了一种"殖民性的－资产阶级的凝视",这种解读被约翰·泰勒推广得更远,他通过比较全国性的专门小组的工作来解读波尔顿项目(泰勒 1994:152—181)。在波尔顿的调查活动和全国性的专门小组的调查活动之间存在的分裂,可以被解读为反映了并且强化了阶级划分的脑力劳动的划分。因此,对波尔顿的工人阶级的调查就被看作是主要是视觉的审查性凝视:"工作的理想工具是耳塞。看人们正在做什么。然后,如果你愿意,问他们认为他们自己在干什么"(哈里森,转引自皮克顿 1978:2)。这样一种关注形式就是导演一幕作为研究"对象"的工人阶级的"哑剧",盲目崇拜他们和把他们"他者化"。但是,全国性的专门小组的工作方式正好相反,因为它使"志愿记日记者……(主要来自中产阶级和中下层阶级)……那些由非职业的作家和演讲者组成的新近形成的娴于辞令的阶级能够被阅读到和听到,在书籍的出版中显示更高的'全国性的'水平"(泰勒 1994:158)。

民意调查试图通过让中产阶级发出声音而同时又让工人阶级"暗哑无声"而强化这种阶级区别,乍一眼看去,这个论点令人心悦诚服。但是,这个论点并不是出自对于这个运动所作的详尽的历史调查,实际上,这个运动要远为复杂得多,而且充满了各种矛盾。可以以许多方式把民意调查看作是努力横贯在这种划分之间的:例如,在专门小组的考察中,得到强调的是人们的叙述,这正是因为调查专门小组总体上人员不足而造成的。在《5月12日民意调查的每日考察》一书中就有一个与此相关的例子,在该书中,失业的手工工人的叙述被给予了更多的篇幅,因为他们属于相对说来稀有的类别(民意调查 1937b)。这里遵循的是"截面"的科学原理,正如民意调查阐明的那样,"重要的是,民意调查应该从各个阶层、各个地方以及持有各种观点的人当中招募人员"(民意调查 1937a:32)。与此类似的是,在一次民意调查的无线电广播中,人们听到的声音不是来自南部中产阶级的声音,而是北部的工人阶级男男女女的口音。似乎还存在这种情况,在我上面概述过的一些批评中,波尔顿自身不被允许有任何阶级的复杂性,它被看作是完全由戴着"低顶圆帽或卷发夹"的工人组成的。在我考察波尔顿项目的具体性时我还会重提其中的某些批评,我还要更详尽地考察那里所使用的人种学方法。在反驳民意调查的这些叙述时,我并不反对它们当中包含着部分的真理,而只是呼唤一种对这项研究的复杂性有更多关注的解释。

在这个解释中,我想要维持民意调查内部的种种活生生的紧张关系,并且试图维持它们在关注日常生活时的不稳定的平衡。在评述汉弗莱·詹宁斯的《地狱之都》(*Pandaemonium*)时,E.P.汤普森曾经论述过这段时期的文化政治,他建议,作家要"抓住时代自身的脉搏"(汤普森 1985:165)。这样一种观点可能会揭示出政治和思想的折衷主义中的某个环节,在这个环节中,学术机构和学术的职业化并不能完全固定知识和方法论的各种界限,现在被称为"左派自由主义的人道主义"的东西既能够容纳领导群众的马克思-列宁主义的先锋观念,又能够容纳激进的民主观念;对于通俗文化和日常生活的思想兴趣能够包括"关于那样一个破破烂烂的、过时的、受到怀疑的、默默无闻的、想象出来的东西"的谈论(汤普森,1985:65)。这就是在业余爱好者和专门家都能参与到像民意调查这样一个社会实践当中时的那个环节。也许,描述民意调查关注日常的那个环节的最好方式是指出,它的基本特征是凯瑟琳·雷恩描述为"同时既是非理性的又是客观的"态度(雷恩 1967:47)。为了理解民意调查对这个环节的表述,我们有必要来看看允许它形成的社会和文化素材。

超现实主义的人种学

在一篇探讨两次大战之间法国的人种学和超现实主义之间的关系的文章中,詹姆斯·克利福德曾提出,人种学的超现实主义传统是那些诸如乔治·巴塔伊等持不同政见的超现实主义者的工作的基本特征。尽管他的主要兴趣在于人种学对于超现实主义活动的影响,但是,他评论说,一个相反的传统也可以被清晰地描画出来,而在这个传统中,超现实主义一直是人种学的源泉。在一个脚注中,他指出民意调查的工作正是这种超现实主义人种学的例证(克利福德 1988:142—143)。如果超现实主义既包括对于和以蒙太奇原理为基础的审美实践掺杂在一起的精神分析的工作的暧昧的追随,又包括其主要兴趣集中于对于文化的意义和经验作宏观分析的人类学方法(人种学),那么,它们二者组合在一起时的基本特征就是把社会理解为断片的总体性的实践:由偶然事件组成的蒙太奇被看作是各种受到压制的力量的表征。在民意调查的这种特征中,超现实主义和人种学的这种掺合形成了最重要的内核。通过把超现实主义用于人种学的规划,人类学的"求秩序的意志"受到了严重削弱,而与此同时,超现实主义醉心于神话个体主义的倾向也遭到了强有力的反对。

关于民意调查的可能性的最初对话发生的那一年,1936 年,也就是首届国际超现实主义展在伦敦举行的那一年。这场在新伯灵顿美术馆举办的规模庞大而又处于草创时期的展览是由一个包括汉弗莱·詹宁斯和戴维·盖斯科因在内的一个委员会协办的,它包含"所有巴黎著名的超现实主义者"的作品,以及最引人注目的詹宁斯和盖斯科因的绘画(雷伊 1971:16)。查尔斯·马奇在伦敦提出超现实主义方面出力不小,他于 1933 年写了"[英国]最早的一篇致力于文学超现实主义的论文"(马奇 1933)。让马奇和詹宁斯与超现实主义的关系显得如此格外耀眼夺目的是,他们对于他们认为的超现实主义内部的审美主义倾向所持的批判性态度。在马奇看来(写于1934年)，这是由于作为一个规划的超现实主义的激进的交叉学科性质不能被人认识到而促成的。他引述乔治·于涅的话坚持认为"超现实主义不是一个文学流派"，而是"一个拒绝任何个人主义偏好的从事研究或者实验的实验室"，之后，他继续写道，"对于那些习惯于……把超现实主义诗歌与超现实主义实验室中的其他活动分隔开来、区别对待的读者来说，这应当承担一种警告作用"(马奇1934:13)。在英国，这种遏制的倾向可以看作在赫伯特·里德那里得到了典范的体现，他把超现实主义当作一种新形式的浪漫主义来提倡，而不是把它当作对于艺术与日常生活之间的分离状态的克服这样一种革命性的尝试。正是在对于里德的作品集《超现实主义》一书的评论("价值不菲，制作得也美轮美奂")当中，汉弗莱·詹宁斯在作为一种风格、作为浪漫主义的超现实主义与就资本主义而言的超现实主义的功能性使用之间建立了种种关联。里德批判古典主义是"古典的–军事的–资本主义的–教会的欢宴的工具"，在对此批判作出回应之时，詹宁斯写道：

> 是否存在着这样一种可能，在取代古典的–军事的–资本主义的–教会的欢宴时逐渐形成了一种浪漫主义的–文化的–自称合作性的–新出现的欢宴，它心甘情愿而且兴高采烈地使用"浪漫主义的普遍真理"——这种真理和作为它自己的目的的象征与手段的"演化着的人类意识是同时代的"？我们的"先进的"海报设计者和"已经得到解放的"商人——对他

们而言,当超现实主义在"必然性"、"文化"和"真理"的氛围中——里德和塞克斯·戴维斯使这种氛围中充满了超现实主义——被提呈出来的时候,超现实主义是一件多么非凡的礼物!

(詹宁斯,载杰克逊 1993:220)

作为一种审美风格的超现实主义——它被狭隘地定义为职业的文化生产者的一个区域("已经成为一个'画家',一个'作家',一个'艺术家',一个'超现实主义者',这是一个多么不利的条件啊"[詹宁斯 1993:221])——的各种限制因素正好是用来反对日常生活中的超现实主义的"各种巧合"的:

"巧合"具有无论在哪里,在什么时候,对哪个人显现的无限自由:在光天化日之下,在我们最为痛恨的地方,对那些我们最为鄙视的人显现:甚至根本不是对我们显现:也许至多是对那些在荒无人烟的海滨以及在光线暗淡的旧物店里寻求神秘与诗歌的人显现。

(詹宁斯 1993:220)

关于日常生活的超现实的诗歌可以被那些与特定的审美活动毫无关联的人在日常生活中发现。民意调查打算成为"每个人对每个人,包括对他们自己的调查"(民意调查 1937a:10),它在日常世界之内发现了超现实主义的素材。这些批判和瓦尔特·本雅明的批判有异曲同工之妙:受到批判的不是那个作为一种革命性规划的超现实主义,而是它无法和现代性的幻影汇集(广告、审美主义以及诸如此类的东西)保持距离。正如我们即将看到的,民意调查所设想的那个规划更为符合作为一个异质的研究活动的超现实主义的早期潜能。它也(在汉弗莱·詹宁斯的工作中)显示出了对于"辩证意象"的兴趣。民意调查似乎独具特色的地方在于,它的参与者坚持不懈地把日常当作收集"事实"这样一个大规模规划来关注。民意调查的彻底的实证主义(潜在地)揭示出这个规划是如此浩大,以至于它变成了同日常一样范围广阔的东西,而不再是对日常的评论。

正如在早期超现实主义那里一样,在为了把它自身同超现实主义中的审美化倾向保持距离的斗争中,民意调查采用了一系列与科学相关的比喻的语汇(诸如"研究数据"和"实验室"这样的术语,以及连续不断地使用"科学"和"科学的")。在民意调查当中,对于"科学"这个词语的使用是持之以恒的,但是这也是很危险的,它向一个非常宽泛的意义范围敞开了自身。但是,这也不意味着它不知不觉地输入了那个时代占主流地位的科学范型。"民意调查"所提到的"科学"是那样一些科学,它们作为科学的身分是有问题的:心理学、人类学和社会学。在作为客观性的科学之被断定的同时,它的可能性被推入到一种危机之中。在民意调查的最初的"宣言"中,给出了一个长长的、它将要集中研究的各种主题的名单。在这个名单中,"科学"和日常生活是以超现实主义的蒙太奇的方式来处理的:

在战争纪念碑前的行为举止。
开汽车的人的各种大声叫嚷声和姿势。

蜘蛛崇拜。

足球队员的人类学。

洗澡间的行为举止。

各种胡子、腋窝、眉毛。

反犹主义。

黄色笑话的传播、扩散和意义。

葬礼和承办者。

女性吃方面的禁忌。

接生员的私生活。

(哈里森等 1937:155)

这个名单上的大部分条目都可以被想象为"符合"社会科学的研究（尽管有一些放在一起似乎难以捉摸——例如,"各种胡子、腋窝、眉毛","接生员的私生活"等等）。但是总而言之,这是从社会生活的边缘随意选取的一些题目产生的后果,是对于日常生活中各种偶然性的迷恋。尽管这个名单的使用可能会揭示对于彻底的和严格的研究的"科学的"欲望,但是这个特殊的名单的现实性似乎是一种被研究的尝试,尝试着系统地成为非系统的。

在另外一些地方,民意调查之使用"科学"的这种含义是出于政治上的目的;在使用社会人类学和精神分析时利用科学的方法是一件反对当代各种倾向——例如德国"爆发"的"返祖现象"和"种族迷信"——的武器（民意调查 1937a:11）。民意调查的"科学"旨在形成一种情感的表象经济学,一种由可以被当作社会无意识的梦境因素和愿望实现来处理的大量意象组成的社会现象,并使之循环、流通。通过把各种现代意识形态的形式处理为意气相投的魔术、仪式和迷信的延续，一种科学的人种学能够揭示日常生活中的政治的情感深度(民意调查1937a:4)。这样一种科学可以被看作对于这些感情经济学——尤其是纳粹文化的种族主义经济学——的诱惑产生了抵抗力。民意调查提出了但是没有解决的问题是，与神话相关联的批判的距离的问题：科学能够提供某种分析形式吗，这种分析形式能够简单明了地指出神话的错误，并且把它解读为意识形态？或者，如果这种立场是不可利用的，它是否应该为它自身设置一个赋予那提供有更多解放潜能的反神话以优先地位的任务？如果这个时代的政治处境——经济大萧条，纳粹主义和其他法西斯主义的组织的兴起(民意调查最早的一份文件报道就是对于莫斯利穿越伯蒙德西的游行的详尽无遗的观察[民意调查1983：A3])以及反对法西斯主义的人民阵线的形成——已经给定了，那么，日常生活中的政治象征意义的功能迫在眉睫、蓄势待发了。在对这种象征主义的流通与消费的关注中，也许有一点是不可避免的，即民意调查会显示出对于大众传媒的强有力的参与。

尽管詹宁斯和马奇在1930年代都还继续创作超现实主义诗歌(一种以拼贴日常生活中的"现实性"为标志的诗歌(钱尼和皮克林1986：39；雷恩1967：50—51)，这两个人都在朝着一个方向运动，这个方向把他们带入到与大众传媒的社会实践之间的一种生产性接触当中：马奇变成了《明镜日报》的一个新闻记者，而詹宁斯于1934年与约翰·格里尔森结成一伙，加入GPO电影公司。这种介入大众传媒的行为为民意调查的形成以及为理解民意调查关注日常生活的方法表明了许多非常重要的因素。一方面,报纸、杂志、广播和电影院表达了由日益渗透到日常生活当中的迷信与仪式(例如,广告和星象)所组成的幻象世界。另一方面,媒体对于当代的事件及其对日常生活的影响的表象是由那些连续不断地生产"民族"观念以使他们自己的利益合法化的精英创制的。付诸阙如的东西是使非精英的声音为大家所听见的机制,这种机制会对日常生活以及对于社会和政治事件的日常反应作出解释。民意调查不是要提供大众传媒的表象(虚假的东西)和日常生活经验(真实的东西)之间的纯粹分裂,相反,它可以被看作是带着一种对于日常生活的理解而开展工作的,这种理解一方面是与大众传媒不可分离的,另一方面又显然不能还原为大众传媒提供的意象。民意调查既把注意力集中于"瞬息即逝"的日常生活,又力求关注政治上的重大事件,在政治事件中,大众传媒的穿透力是无法逃避的,而一个"民族"的表象与民族的异质的现实性之间的"不符合"得到了最为生动有力的表述。正如大家已经注意到的,引发民意调查形成的事件是1936年的退位危机。

必须对具有国家和国际重要性的事件与日常生活的世界之间的关系作一些解释。首先,诸如退位危机之类的事件可以看作是一种文化中某些"神秘的"或者"仪式主义的"因素浮出水面的契机。因此,国王和他想要与之成婚的女子的婚姻的法律地位可以看作是为关于性的禁忌、加冕以及废黜等神秘仪式、迷信等等的人类学提供了素材。这也就是指出,日常(它的社会"规则")是在危机发生的时刻,在日常生活变成了公共生活的那些时刻才被最为生动地看见。其次,对于发生政治危机的那一刻的日常生活的研

第六章 民意调查:关于日常生活的科学 143

究能够揭示(在传媒中的)"大众"表象和在那些时刻中大众的活生生的经验之间的裂沟。民意调查可以看作是在对大众传媒的机制、它的利益以及它的(错误)表象的各种形式作出反应以及与之分庭抗礼的过程中而建立起来的。民意调查的出版物通常以由报纸标题和编者按组成的蒙太奇开始,它们和接下来的日常叙述之间产生了强烈的对照。第三,并且与第二点相关的是,在媒体的表象和日常世界之间存在的区别,媒体表象倡导对于同一事件要有一种具有普遍同意的意义的观念,而日常世界被证明为是完全异质的,在日常世界中,这些事件遇到的是出乎意料之外的各种反应和冷漠。这可以以某些方式被看作是传媒技术和人们的积极的、活生生的经验之间的联系:一方面,传媒技术逐渐对日常生活进行狂轰乱炸,结果到了几乎每一个人都生活在与同一个表象世界(作为同质性的日常生活)的关联中的地步;而另一方面,民众的积极而生动的经验不仅不能被还原为这种表象,而且以许多方式被从这种表象中彻底地移离出去了(日常生活作为异质性)。通过参与到不同于国家和商业传媒的各种形式的交往中,民意调查可以被看作是把一种替代性的大众传媒置于优先地位,这种替代性的大众传媒由以酒吧和俱乐部以及地方社区的"流言碎语"的网络为基础的各种交往网络组成。则此之故,民意调查的生产,它生产集体性的报纸的多次尝试,可以看作是使这些网络中的一部分变成一个潜在的反"大众传媒"(在这里,传媒指向生产的一方,而非消费的一方)。

尽管退位危机(因为它被看作是使被社会地压制了的素材浮出表面的事件)是最早让民意调查感兴趣的事件,但是其他许多类似的事件也被用作研究的题目。就一个全国性的专业小组收集日常观察并将其付梓出版而言,乔治六世的加冕变成了一个被公认的事件(民意调查 1937b),而"慕尼黑危机"则是使 1939 年的那本书《英国》得以启动的事件。这最后一个例子提供了一个关于民意调查的视野的典型例证。一开始就是一段引自报纸的话——"尽管欧洲密切关注捷克斯洛伐克发生的危机……"——接下来是追问到底是谁在"密切关注"?"有多少人越来越密切地关注赛马消息和每日的星象?"(民意调查 1939:7)。正是通过这种方式,大众传媒的表象受到日常表象的反抗,在日常表象中,组成了民意调查的观察者"是气象站,是大众情感的天气情势图能够从它的报道中被编辑而成的气象站"(民意调查 1937a:30)。

正是观察者(无论是专门小组还是"调查员")组成的群体的集合,组成了民意调查的确定的人种学的方面,并且把它建立为某种形式的社会运动。正如已经提到的那样,民意调查中观察者分裂成由无偿的兼职观察者组成的全国性的专门小组(他们要么是读了有关民意调查的东西之后志愿加入的,要么是听说了有关它的消息,通常是亲耳从其他观察者那里听到口头传话才知道它的真相的)和全职的付酬的观察者。这种分裂不仅仅是时间和金钱的问题。一方面,全职的"训练有素"的观察者(他们所得的报酬只是小额的施舍,而且只有在资金允许的前提下)是"非常理想的不带任何歪曲的照相机",他们把他们的绝大部分时间都花费在观察他人和倾听他人上面;另一方面,那些兼职的未受过培训的观察者提交关于他们自己以及他们的最邻近的群体的叙述(每日观察记录),他们"是主观的照相机,每一个照相机都带有他或她自己个人的歪曲"(民意调查 1938:66)。尽管这似乎把知识划分成科学培训的客观性(它本身就是如此)和活生生的经验的主观性,但是在这二者之间的界限似乎要比这里指出的模糊得多。例如在《民意调查》的前言中,朱利安·赫胥黎可以写道:"事实上,我所看到的某些'每日观察记录'尽管是由没有受过科学训练的观察者作的,也会因为它们的简洁明了、公正客观而使许多正统的科学家汗颜"(民意调查 1937a:6)。此外,如果这些叙述是"主观的"叙述,那么,它们似乎就必需从人种学家那里得到某种形式的"客观的"阐释,以使它们能够为科学分析所利用。但是,在实践中,这些观察记录是以允许它们"为它们自己代言"的方式而得到使用的(在尽其可能的范围内)。与此相似的是,全职的观察者(他们当然没有接受足够的可以称得上"科学"的培训)在酒吧或者沙滩把观察到的活动记录在案,而不求助于一套规范,这些记录经常有许多栩栩如生的叙述,其中包括他们自己的反应(参见考尔德和谢里登给出的许多例证,1985)。

在那个时代,一个人类学家所说的"土著信息提供者"和"参与型观察者"之间的界限不清常常被当作是民意调查的不科学的混淆的证据,④这种模糊必需被理解为对于把人类学运用于"我们自己"而拒绝专业化的人种学家的阐释权威这样一项规划作出的实践的和伦理的反应。我将要证明,作为一种通达日常生活的方法,民意调查是最具生产性的,因为它把"土生土长的人"当作人种学家。在这样做时(尤其是通过全国性的专门小组的结构),我们可以认为民意调查生产了一个极端民主的规划。正是在这里,民意调查可以被看作是履行了超现实主义人种学的承诺:让每一个人

(学院里的人种学家、资本主义的工业巨子,从事劳动的芸芸众生等等)都有变成"土生土长的人"的潜能。

像马奇和詹宁斯这样的"超现实主义者"所推动的朝向人种学的运动,可以通过诉诸他们对于超现实主义内部的审美化倾向的批判以及他们把超现实主义理解为日常生活中的社会参与而得到解释。还需要理解的是,作为对于"本土"中的日常生活的关注,这种实践的人类学的"超现实的"潜能是什么。在这里,人种学和超现实主义分享了一系列共同的特征:二者都放弃了"在高等文化和低等文化之间的区别"(克利福德 1988:130);二者都可以看作是把日常中的日常性去熟悉化的方式;还有,二者都质疑日常活动的"理所当然性"。正是在人种学被"在本土"实践的时候,它那最具有超现实意味的和最具有批判性的可能性得到了揭示。在这里,最为重要的是这样一种方式,通过这种方式,日常生活的那些理所当然的方面受到质疑,对待日常生活的这些方面的方式就如同它们似乎是一个完全陌生的文化的一个部分。在这种独一无二的运动中,诸如哪些活动包含着意义,哪些实践是最重要的等问题一直是悬而未决的,而对于一个文化的重要方面的研究也不应该诉诸已经前定的由品味和重要性组成的等级森严的秩序。⑤在形成"本土人类学"的过程中,日常生活变成了人种学研究一枝独秀的舞台。由于熟视而终于无睹的东西于是就被重新灌注了惊奇和意义的潜能。在这里,组成日常的仪式元素就被认为是在文化上非常重要的东西,但是这种重要性既不能被看作是自明的,也不能被看作是轻而易举地就能为阐释所利用的。

在本土运用人种学意味着,日常活动中最"庸常"的东西可能具有揭示文化意义的潜能；与此同时，最为反常的事件不是依照它们"被宣告出来的"重要性，而是依据它们产生出来的各种活动与实践而得到研究的。通过这种方式，对于一个像"阶级"这样的模糊不清的概念在一个文化中运作的方式的理解，一定可以在人们的日常实践和偏好中，在他们对人造黄油的反应中看得清清楚楚（民意调查 1983:19）。与此相类似，像吸烟（民意调查 1938:8—24）和喝酒（民意调查 1938:24—31;1943）这样的日常活动可以看作是理解日常生活之内的日常生活的文化意义的潜在素材。用秒表和记事本记录吸烟和喝酒习惯的观察者的活动被许多历史学家和批评家看作是以下"事实"的证明，即，"民意调查想要将之聚集在一起的那种类型的知识是实证主义的"（埃万斯 1977:146）。通过这种方式，民意调查被看作是"那些严肃的维多利亚时代的人的幽灵，他们搜集蝴蝶，为化石分类，把各种不同的植物压制成标本，分门别类地放进他们的记事本，而不需要任何理论把所有信息紧密联系在一起"（皮克顿 1978:2）。汤姆·皮克顿（Tom Picton）用一个非常有说服力的词组指出，在民意调查中，"时间和运动的研究与文献记录混淆在了一起"（皮克顿 1978:2）。从超现实主义的人种学的观点来看，这些实践和科学管理的工具理性大异其趣，适得其反。研究"时间和运动"的功利主义的实证主义作为一个世界，它和把各种活动当作魔术般的仪式的做法简直是风马牛不相及。对于某些参与民意调查的人来说，导致各种问题产生的不是科学理性的外在特征，而是在日常的任何地方都可以观看仪式这种可以观察到的倾向：

我认为,尽管汤姆[哈里森]在世界的某些偏僻角落里曾经做过许多工作,但是也许他太急于在这个国度的生活中发现它们的相似之处。因为曾经观察过仪式主义的舞蹈以及与之相关联的面具、服装和其他艺术,所以他连续不断而且一丝不苟地在波尔顿寻求同样类型的事物。例如,在每一个可能的机会中,孩子们常常戴上纸糊的帽子,围成一圈跳舞(参见图6):这些只是天真无邪的孩子气的事情,但是汤姆总是喜欢把某些神秘的阐释加诸其上。

(斯彭德 1982:16)

图6 "戴纸帽子的小孩,波尔顿"——汉弗莱·斯彭德摄(1937年)。波尔顿博物馆和美术馆提供

在关注日常的超现实主义人种学家看来,每一件事都潜在地是神秘的,没有一件事会没有意义。

日常生活的诗篇

尽管民意调查"正式"成立之前,已经组织起了一个小小的专门小组,但是,作为对于由于民意调查的成立而产生的公众性的反应,它的扩张是大规模的,有几次还势不可挡,如日中天。这个逐渐成长起来的全国性专门小组写了各种报道,对许多与特定的调查区域相关的指导方针作出反应:阅读选择、对于广告的反应、吸烟的习惯、对于人造黄油的社会态度、报纸阅读、恶梦和梦魇、个人的外表和衣着(民意调查1983)。这些指导方针要求专门小组的成员搜集他们的亲朋故旧的各种观念,并且表达他们自己的观点和经验。此外,民意调查还要求专门小组以一种有松散指导的日记的形式记录他们的日常生活。这些每日观察记录(它们以此而闻名于世)发生在每个月的12号,专门小组成员被要求报道他们与别人的谈话、他们做的梦、当地发生的事件、感情、天气等等。第四个每日观察记录发生在乔治六世加冕的那一天(1937年5月12日),其总量达到了民意调查最早一本书那么长的出版物的篇幅(民意调查1937b)。到第一年的年底结束之前,民意调查已经收集了来自全国性的专门小组的总共1 730个报道,由2 300 000个词组成(民意调查1938:47)。由于材料的规模以及处理这些指数急剧扩张的档案时遇到的困难,他们决定暂时停止每日观察记录(它们组成了这些材料中的绝大部分),而把主要精力集中在特殊的日子的观察记录(节日等等)以及以主题为本位的研究上(通过全国性的专门小组的"指导方针"而进行)。

与知道如何处理收集在一起的那些材料时碰上的困难相比,成立一个全国性的专门小组,以及收集观察材料相对而言似乎容易些。如果说,民意调查"并没有为了他们自己的利益或者为了少数知识分子的利益而着手追求真相或事实,相反,它旨在以简单的词语把它们暴露在观察者的面前,目的是为了使他们身处其中的环境能够得到理解,并且因此而不断地得到改变"(哈里森等1937:155),那么,至关重要的就是让这些材料得以发表。收集和组织这些材料以供发表,在这个过程中的方法论的和理论的途径对于理解民意调查对日常生活的关注而言都具有至关重要的意义。

只要看一眼第一个指导性意见,精神分析的重要性就昭然若揭、一览无余了。这个最初的指导性意见写于1936年11月(也许经与詹宁斯、雷恩和其他人商议,而出自马奇的手笔),然后被发送给大约20人左右,他们被要求力所能及地向更多的人提出一系列问题。这个指导性意见写道:"答案必须是从那些被提问的人那里获得的,以便迅速地防止他[原文如此]退回到那种纯粹常规的和社会上认为正确的反应中去"(民意调查1983:A4)。这种提问形式是专门设计用来鼓励"自由的联想"而阻拦各种规范性的自我调节的形式的,这种自我调节既与社会上的约定俗成有关,又与超我的"警戒"活动有关。这个指导性意见中有一点非常引人注目,就是它的惊奇的策略,在这种策略中,一个表面上看来直截了当的问题紧跟着一个更加奇怪的问题,例如,在被问及宗教的重要性之后,被采访者又被问道,"对于接触到你的同胞的身体和气味,你是热情欢迎还是退缩回避?"问题的编排顺序也表明了一种特殊的蒙

第六章 民意调查:关于日常生活的科学

太奇实践:

姓名
地址
1. 年龄
2. 已婚或未婚
3. 依照其重要性的顺序,说出你的迷信想法?
4. 你在意(意见、爱好、利益等的)一致吗?
5. 你的阶级成分是什么?
6. 你父亲的职业是什么,你自己的职业呢?
7. 你现在或过去恨你父亲吗? 如果恨,为什么?
8. 你现在或过去恨你母亲吗? 如果恨,为什么?
9. 你现在或过去想离家出走吗? 如果想,为什么?
10. 你想要有一个女儿还是儿子,还是都想要?
11. 你恨过你的老板吗? 你讨厌你的工作吗?
12. 你最大的志向是什么?
13. 你想让国王娶辛普森夫人吗? 如果你是这样想的,为什么?
14. 如果白金汉宫被焚于一炬,你是欢欣雀跃,还是黯然神伤,为什么你会那样?
15. 你赞成现在这个国度中的婚姻制度吗? 如果不赞成,你想要它如何改变?
16. 你希望废除英国的国教制度吗?
17. 你是宗教徒吗? 如果是,是哪一种形式上的?

18. 对于接触到你的同胞的身体或者气味,你是热情欢迎还是退缩回避?

19. 你会相信你终有一死吗?

20. 你打算如何死去?

21. 你最害怕的是什么?

22. 你说的自由是什么意思?

(民意调查 1983:A4)

在这里成问题的是使用了精神分析,它的目的不仅仅是要揭示个体的受压抑的背景。从与主体和他的父母亲之间的情感关系相关的问题转移到对于他们的老板的感情问题,这种转移表明,在社会结构和与潜意识的活动有关的个人生活之间正在形成有目的的联系。与此相类似的是,对于与毁坏白金汉宫相关的问题的反应紧接着对于主体自己的道德性的考察,再一次在个人与社会之间建立起关联,这种做法指出了日常的公共世界中的素材可以被输入潜意识的意义。没有必要认定,马奇和其他人希望发现集体潜意识这种容格式的象征原型,或者就此而言,发现民族心理的共同倾泻或者对这种发现感兴趣(这种方法可能会简单明了地勾勒出被紧密一体化的社会潜意识)。他们在使用这种实验的方法时感兴趣的是使用精神分析的方法观察日常生活的可能性。这种对于精神分析的不系统地使用应该在他们参与到超现实主义之中时发生,不会产生任何惊奇,但是,它的确指出了对于精神分析的完全不同的使用。精神分析作为一种工具(或者一套工具)不是要提供一个阐释框架,也不是要提供艺术作品的生产机制(自动写作,以

第六章 民意调查:关于日常生活的科学　153

及诸如此类的东西),它是被用来激励日常世界中的潜意识材料的产生。日常生活(以及夜常生活)中的潜意识的重要性是被持续不断地断定的,因为专门小组的成员被要求记录下他们的梦境以权当日常观察记录,他们还被要求报道他们的"恶梦和梦魇",以供专门考察之用:对于战争前夕的焦虑之梦以及它们与社会焦虑之间的关系的考察(民意调查 1983:A20)。

如果这些"特殊的指示"允许一些特定的问题得到调查,那么,它们就不会提出每日日常观察记录生产出来的素材的范围。通过选取某一个特殊的日子,看看在全国范围内那些互不相识的人到底是怎样度过和梦想这一天的,日常的完全的"断片的整体性"就可以被设想出来。这些每日观察记录以共同性(每一个人都经历这同一天,同一个加冕日)为基础来强调被经历过的生活的多元性。我认为,对于民意调查而言,正是这种多元性和共同性的混合(作为共同性的多元性)才是最重要的,对于它对日常生活的理解而言是至关重要的。需要被不断地断定的是这些实验的历史语境——最为根本的,是他们对在其中多元性被野蛮而系统地根除的那样一个社会(纳粹德国)的意象所作的一个批判性的诊断性反应,与此适成对照的是,他们在政治上支持人民阵线以及政治立场完全不同的人普遍同意反对一个共同的敌人的可能性。民意调查是如何把这些转译过来的,这个方式存在于提倡"断片的总体性"、由异质的日常"统一"而成的社会、一个多元性的共同性的实践之中。剩下的事情就是发现一种产生社会的意象的方式。

对于汉弗莱·詹宁斯而言,这样一个"意象"的观念具有至关重要的意义。凯瑟琳·雷恩还记得,"他总是谈论'意象'而从不谈论

'象征'"(雷恩 1967:49)。查尔斯·马奇使用了一个取自詹宁斯的意象集《地狱：当代观察者看到的机器之来临》(詹宁斯 1995)之中的例子，用来解释对詹宁斯而言的意象的特殊性。他提到迈克尔·法拉第的日记中的一段摘录，在这个片段中，在一个阳光灿烂的日子里，法拉第观察一个气球在沃克斯霍尔的上空稳稳降落并对金色的微粒组成的静止的云产生影响的过程，他写道：

> 在这里，"意象"不仅是由气球、肮脏的颗粒组成的金色的云、沃克斯霍尔、日期、正在观看的法拉第以及法拉第的物理发现组成的，还由这些元素同其他元素之间的关系组成，所有的元素都被排列、组合进一个更大的想象的宇宙。个体的意象，以及捕捉它的充满想象力的眼睛，是在那样一个宇宙中的布局的一个点。它不仅是可以说出来的，或者可以看见的，或者激动人心的，它是所有这一切。魔幻的潜力不是存在于这些元素中，而是在这些元素在某个特定时刻的聚集中。
>
> (马奇 1982:47)

这样一种关于"意象"的理解强有力地与本雅明的"辩证意象"的观念联系在了一起，本雅明的这个观念是一个能够打断各类关于进步的历史叙事的动态因素。每日观察记录的素材聚集在一起，组合成了这样一个意象，在这个意象中，每日的生活中的诸断片逐渐形成了有意义的关联。

查尔斯·马奇和汉弗莱·詹宁斯决定，皇帝加冕那一日的观察记录可以被编辑在一起，以形成一个关于"一幅英国的异乎寻常的图景"的意象——"它是异乎寻常的,尽管他们所报道的素材完全是平淡无奇的"(民意调查1937a:31)。在把手稿编辑成《5月12日:民意调查的日常观察记录》一书的实践中涉及一个复杂的蒙太奇,在这个蒙太奇中,大约有两百多个观察记录被分解成"不同的时刻"或者主题,以便它们能够以一种允许读者穿过这一天的方式被重新组合在一起,因为这一天被持续地浸没在杂乱无章的不同经验之中,而不是被和关于那一天的连续叙述一道提出来的。这就需要以这种方式提供素材,以避免把太多的阐释类型强加于它("我们的第一要务是收集数据,而不是阐释它们"[民意调查1937a:34])。蒙太奇的实践显示出来的不仅是超现实主义的重要性("把伞和缝纫机放在一起,放在一张解剖桌上"),而且更是苏联先锋的电影蒙太奇实践(爱森斯坦和韦尔托夫将之加以理论化并成为其典范),这种实践在詹宁斯和斯图尔特·莱格以及那些在实践中参与布莱克希思的GPO电影公司的人看来当然不会陌生。拼贴和蒙太奇是民意调查的实践的素材,在这里值得我们返回到蒙太奇理论(这已经在第四章讨论过)来更为详尽地解释它为什么如此重要,它允许他们所做的是些什么事情。

从许多方面看,蒙太奇都是把日常生活表现为相互碰撞的不同世界的乱七八糟的状况的最合适的方式。首先,拼贴艺术可以看作是关于震惊的理论。对于超现实主义者和苏联的电影制作人而言,这个观念极为重要,即被拼贴在一起的断片在被迫与一种不同种类的元素组合在一起时就有了某种被释放出来的"炸药"。这种装满弹药的断片会引爆另一种断片,反过来后者也会产生一种反应。在日常生活这个异质的世界中,这种碰撞是不可避免的。

日常观察记录的拼贴可以把对一个有钱的乡下妇女的生活当中的某个日子的叙述(它本身是极其"平凡的")带入到为一个在格拉斯哥的工人妇女所经验的同一天的碰撞当中,这种碰撞产生了令人震惊的对照,而这种对照不仅使两个叙述具有了生命力,而且允许它们都被去除熟悉感,变得陌不相识了。很明显,蒙太奇具有巨大的潜能,它可以产生各种批判性的阅读形式,使各种矛盾和对抗清晰地呈现在一个社会领域的内部。

> 我们坐在会客室,静静地下一盘象棋的时候,我弟弟拿来一些白兰地。我打开了收音机,听着那时广播里正在播放的皇帝加冕的叙述性解说。我们似乎命中注定要听到正在进行的加冕仪式,尽管在我们打乒乓球时极力想不去理会它。

> 早晨一直到 6:15 我都赖在床上,然后起床,洗脸,刮胡子。我吃早餐,看报纸。在离开房间时,我碰上一个流浪汉,他问我是否能给他些茶喝。他看起来是个非常可怜的人,在一只满是污垢的手上捏着两个半便士,似乎要付服务费。

> (民意调查 1937b:322)

但是,尽管这种拼贴实践能够表述各种社会差异,它还可以是一个空间,这个空间允许各种出乎意料的接触在其中得以产生以及允许某些难以预料的一致在其中得以发现;蒙太奇能够在它们至少被期望的地方,揭示各种"爆炸性"的关联。

其次,蒙太奇允许在被表现出来的那日常之内的差异的同时性。资本主义社会的不均衡和不平等的发展造成了各种后果,这些后果产生了在同一时间存在的一系列暂存性。与其把某种文化看作是一个发展历程中某个具体阶段,最好还是依据非同时性的同时性来思考社会,通过这种方式,不同群体的人同时生活在不同的暂存性当中。因此,诸如"仍然生活在60年代"这样的表述就不仅有比喻意义。与此相类似的是,利用新技术以及进入到刚刚形成的生活方式等方面的不平等产生了不同的时间意识。因此,拼贴就是非同时性的同时性的同时性表象。

上午10时30分。抵达S剧院,把无线电收音机和有声电影设备联接在一起,以便转播国王晚8时的讲话。这是城市的15座电影院正在进行的事情。为了获得令人满意的转播效果,需要做许多调节。

(民意调查1937b:271)

他们从马车中出来了——马具被卸下来,花了10或15分钟时间,仔细检查了每一匹马。"明天他会把牌子挂在伊尔克拉的脖子上的。布彻的马车装满了一堆剥了皮的死绵羊,系着红白蓝色的蝴蝶结。

(民意调查1937b:329)

第三,并且与此相关的是,蒙太奇拒绝把这些相异的元素包纳到一个同质的整体当中。拼贴艺术不是要把这些元素聚集到一个铁板一块的有意义的统一体当中,相反,它提供的是素材的狂轰乱炸,这种狂轰乱炸抵制住叙事的正式决定。拼贴不允许把各种事件和意象放进表面上看来自然而然的秩序(进步的系列的直线性)中,相反,它允许它那作为表述的条件被弄得明明白白:在元素之间的各种关系是去自然化的,这就暗示出,它们总是可以依照不同的组织结构而被重新表述。与此相似,因为一个拼贴中的各种元素经常利用不同的表象模式(在《5月12日》中,这些模式包括不同的俗语方言、不同的写作方式),所以存在着反表述(disarticulation)的可能性,在这种可能性中,另一个元素对这一个元素所造成的破坏对任何一种表象模式的权威性提出了挑战,并且允许把表象自身问题化。最后,并且再次与前面几点相关联的是,蒙太奇的潜能是在日常生活的断片不能在一个支配一切的框架的帮助下被焊接在一起的地方生产表象,但是在这个地方,并不因为无限的断片赢得赞许就把"总体性"的观念也一并抛弃。相反,一个批判性的断片的总体性是可能存在的,只要它尝试着把世界看作是一个参差不齐的、相互冲突的,不能同化但又相互关联的元素组成的网络:

> 它[拼贴艺术]的异质性,即使它被每一个组合的操作还原了,也会把它自己强加到作为刺激的解读身上,以产生一种意义,这种意义可能既不是单义的,也不是稳定的。每一个被引证的元素都打断了这种话语的连续性或者直线性,并且必然导致一种双重的解读:一方面是,对于在与它的原来的文本的关系中被观察到的断片的解读;另一方面是,对被整合到一个新的整体,一种不同的总体性中的断片的解读。拼贴艺术

第六章 民意调查:关于日常生活的科学 159

的把戏也是由对于在一个暂时的组合中重新统一在一起的这些元素的他者性(alterity)从来都不可能完全压制住而组成的。因此,拼贴艺术证明了是在对所有表象的幻象提出质疑时最有效的策略。

(Group Mu,转引自厄尔默 1985:88)

蒙太奇的这些方面仅仅是实践的潜在的质,而不是实践的必然特征。应该记住的是,每天的报纸实践了某种形式的蒙太奇,但是是为了各不相同的目的。《5月12日》中的民意调查蒙太奇技术的彻底性应当被看作是对于报纸的技术的一种批判性反应,以及对于在政府机构那里发现的制度化的社会批评的形式的一种批判性反应。通过以这种方式使用蒙太奇,《5月12日》提出了读者与文本之间的另一种关系:读者不再只是知识的接受者,他被迫在看起来除了混乱不堪就没有任何别的编排原则的工作内部建立起它们自己的关联。

尽管如此,在某些方面,《5月12日》是民意调查的一次重大失败:它是一本规模庞大的精装书(长达400多页),价格昂贵(12先令6便士),只售出600本(考尔德和谢里登 1985:62)。价格是一件尤其招人反感的事情,因为民意调查强调,对于非精英的公众而言,把信息反馈回去是非常重要的,而这和左派读书俱乐部的仅售2先令6便士的一本月刊的那么方便易得形成强烈的对照。他们三番五次地尝试整顿这种局面,试图游说各个地方图书馆购买它,并且通过邮件提供出租业务。最为棘手的是它在全国性的专业小组中产生的对抗情绪,事实上,专业小组是该书的作者,但是连他们也买不起一本样书。无论这次实验的缺点有多少(这些教训会被铭记在心),它都被看作是民意调查的一次重大运动,因为它产生了一种表述日常生活的方式。如果说《5月12日》之后民意调查的出版物可以看作是稀释了这种技术的彻底性——提供更多的编者的评论,以某种更加缺少复调的方式来框定和编排材料,那么,它们仍然应该被理解为蒙太奇实践的延续。也许,民意调查在"工作城"的更加传统的人类学工作中,蒙太奇实践(作为一种认识论的和实践的定向)要更加不明显些。

工作城:波尔顿的食人族

在最近的批判性解释中,提到民意调查时最为经常与它相伴随的意象是这样一种意象,是关于受过良好教育的英国南部的中产阶级的意象,他们"观察着"(或者窥视着、跟踪着等等)一贫如洗的北部工人阶级(爱德华兹1984:19;皮克顿1978:2)。这种侵略性的窥淫癖的意象在一定程度上是民意调查的自我表象的产物。在为《明镜日报》写一篇关于在哈利法克斯发生的用剃刀杀人的个案研究的文章时,哈里森为自己拍了一张相片,手里拿着笔记本和铅笔,身子蜷曲,透过钥匙孔朝里面窥探。这张照片的名称是"第一号公开的爱管闲事的人"(《明镜日报》1938年11月6日:14),在哈里森的这张装腔作势,颇具表演效果的照片中,透露出了许多种意义。哈里森看起来像个混血侦探,在某种程度上处于一个美国私人侦探和有着更为科学的头脑的歇洛克·福尔摩斯(侦查这个比喻用语在第一本小册子中已经使用了——"并不是因为任何东西都

第六章 民意调查:关于日常生活的科学 161

不能把侦探变成大众崇拜的人物"[民意调查1937a:30])之间。但是,哈里森的意象还使人想到了刺探隐秘者或者窥视着的汤姆(当然是他的名字和他的"肮脏的老兄"的上衣产生的影响),而且使人想起"通过钥匙孔拍摄的电影"中的性欲的意味,这种意味还因为那篇一同发表的关于恶棍和女人的文章而得到加强。最后,而且是最不明显的是,在"这个领域"中时刻准备好了笔记本的社会人类学家的意义。民意调查的窥淫癖的一面也是当代的批评集中火力猛烈批评的东西。它们提出的罪状是"骚扰"、"大规模窃听"、"左派中爱管闲事的人",以及生产"精神人类社会学的好管闲事者比尔"(转引自民意调查1938:58—59)。但是在那时候,这种攻击不是针对波尔顿项目,而是针对最早的两个出版物:民意调查的小册子和《5月12日》。近年来的动向已经使波尔顿项目在总体上代替了民意调查,而民意调查被看作是1930年代文献记录总项目中的一部分,这个项目被看作是统一的,因为牛津大学和剑桥大学的知识分子这个比喻用词促成了他的(这个性别在这里当然是有意用上的)北方的考察。⑥这其中最著名的例子是乔治·奥韦尔的《通往威根码头之路》(1937年),其中有大量篇幅的对于威根的工人阶级的气味与身体的评论。⑦在这些叙述中隐含的阶级 - 种族主义正是批判的一个主题,但是,在民意调查的情况中,它却已经非生产性地把对于波尔顿项目中的特殊性给一笔勾销了。

在为《酒吧与民族》的出版而写的一篇文章中,哈里森敏锐地使他自己和诸如乔治·奥韦尔等人的项目保持距离:

我已经很难回忆起,在那些遥远的日子里,几乎每一个非

图7 "汤姆·哈里森和民意调查成员在一起,波尔顿"(哈里森为站立者)——汉弗莱·斯彭德摄(1937年)。波尔顿博物馆和美术馆提供

出身于工人阶级家庭中的人是如何把他们看作是一个别样的种族的。即使像乔治·奥韦尔的《通往威根码头之路》这样的好书真正力图走进表面背后的深处,它们也是从这种根本性的、在社会学上拙劣的假定出发的。这种最近才被接纳的"食人族"所经验到的最大的兴奋就是发现被接受为棉纺厂的平等一员,被接受为一名卡车司机或者卖冰淇淋的小贩再也不困难了。

(哈里森 1970:6)

这种社会宽松的要求无疑适合"作为英雄的人类学家"的领域,而且应该被怀疑地对待。更有意思的是,哈里森自称为一个"食人族"。我已经指出过,哈里森是如何使用这个词来标画(通过类比)英国的普通人口的基本特征的,尤其是他曾经在里头念过书的公立学校(哈罗公学)的学生。这也是一个表示自我认同的词,表明哈里森用它坚持某种版本的文化相对主义,这种文化相对主义潜在地有权力动摇"人种学的权威"并且使之问题化,此外,它还反对与文化优越性有关的种种观念。我想要指出的是,波尔顿项目动用了英国社会人类学的一个松散的范型,并且试图把它应用于英国社会,在这样做时,它在一定程度上取消了把这样一个范型聚合在一起时的各种自相矛盾的特征。哈里森和其他人在波尔顿以及兰开夏的其他城镇使用了一些思想材料,在考察这些材料时,变得昭然若揭的是由于某种原因在一个"国内的"语境中使用这些材料而导致的"奇异性"。因此在把人类学带回"家"中时,人类学自身发生了重大改变。我的论证是,在改变这些材料时,民意调查使它们陷入危机之中,在一定程度上,使它们不能用作生产与文化相关的各种结论的工具了。波尔顿项目当中一个最为触目惊心的特征,以及在考察它在民意调查的表象当中的优先立场时的一个滑稽的事实,必定是缺乏它所产生的那些公开发表的结果。考虑到民意调查是致力于一项通过把它放回到公共领域而进行的"转换方向"的研究,它曾经设法使用布莱克希思群体的贫乏的资源在一年之内出版了三本书,那么奇怪的是,只有一本出版物是波尔顿项目的结果,而这个出版物还是在规划结束几年之后才面世的。假定波尔顿项目有数量庞大的全职观察者,它的资金相对比较充足,维克托·格兰茨预先提供的(慷慨的)支持足以出版四本书(杰弗里1978:26),那么,这个规划的这个部分的"失败"只能看作是在对它的关注中出现的重要问题。把波尔顿项目看作是一次"失败"并不等于不认真考虑它,而是要使它向那些一般而言在把日常生活理论化时是生产性的问题敞开。

在民意调查的小册子的结尾,哈里森和马奇提到了他们将用以进行研究的思想材料。他们提到了林德夫妇写的一本叫作《米德尔敦》(*Middletown*)(1929年)的书,这本书如果说没有什么别的东西可堪一提的话,它解释了把波尔顿称作"工作城",或者本来把它叫作"北镇"这个决定性的原因。但是最为重要的是,他们强调了英国社会人类学的重要性。《民意调查》鼓励它的读者去购买《人类学的笔记与问卷》,这是一本关于人类学研究方法的通用手册,撰写这本书的是一个包括当时在英国工作的几乎全部著名的人类学家(塞利格曼、哈登、马林诺夫斯基等等)的委员会。马奇和哈里森把其中论述社会学(是社会人类学而非体质人类学)的部分当作民意调查研究的基础:"像这样的一个框架作为起点是最有帮助的"(民意调查 1937a:58)。但是接下来,他们又坚持"它应该得到发展、改善和补充,直到它面目全非,不可认识"。他们把他们的工作建立于其上的那个社会人类学需要调查,这在一定程度上是为了揭示对于波尔顿日常生活的调查的理论基础,在一定程度上又是为了证明这个基础是如何在"观察"的现实性中变得"面目全非,不可认识"。

在1936年哈里森开始波尔顿项目之时,他已经在马勒库拉完成了三年的田野作业——这三年田野作业的结果就是《野性的文明》一书(1937年),该书的书名暗示,在"原始的"文化和"文明的"文化之间的各种主要区别都已经被有意识地问题化了。在1910

年代到 1930 年代期间,马勒库拉和它周边邻近的岛屿成为许多深入细致的人类学研究的场地和主题,参与这些研究的人类学家有 W.H.R.里弗斯,T.T.伯纳德,约翰·莱亚德和伯纳德·迪肯等(斯托金 1996:300—304)。在 1968 年写作"民族文化的组成部分"时,佩里·安德森把 20 世纪英国社会学著作的相对缺乏和它的人类学思想文化的活跃作了一个比较。安德森写道,"古典社会学的主体没有能够在英国形成以及它的后果,直到今天这个主题一直凋零、衰微,这些在思想上关系重大"(安德森 1992b:52)。但是,安德森又指出,"如果现代英国社会由于其不能产生古典社会学而独具一格,那么,这种现象就会有同样赫然醒目的对应物。因为这同一个社会产生了辉煌一时和遍地开花的人类学"(92)。在安德森的眼光中,这种局面的原因是,英国文化的社会总体性这个问题"还没有被提出来"——"因为英国社会没有作为一个整体受到来自内部的挑战"(92)。但是,因为英国帝国主义的规划,它"把它的各种总体化输出到它所管辖的民族上了"(93)。安德森所标画出来的英国社会人类学的基本特征所遗漏掉的东西(它尤其是一个民族文化的全局性的概观)是人类学内部的各种区别,以及在文化相对主义的实践中形成的(尽管是以一种零碎的和不首尾一贯的方式形成的)对于殖民主义的批判。

处于两次大战之间的那一段时期可以被看作是批判性争论非常集中的英国社会人类学内部的一个时刻,在这个时期,人种学田野作业所需要的各种不同的理论和方法逐渐被提出来和接受挑战。非常重要的是,这些争论不仅关系到如何关注一种"文化"(日常生活的各种意义和信念),而且包括"文化"是什么的问题。争论的焦点跨越了一系列的问题。是否应该采纳一种谱系学的视野（里弗斯的"历史的重建"[斯托金 1996:236])的问题被拿来反对原型结构主义的方法（马林诺夫斯基对于同时态的文化观内部的信念和行为之间的关系感兴趣）。与此相类似,弗洛伊德的精神分析对于人类学的重要性是充斥于这场争论的一个主题（弗雷泽的"弗洛伊德那个人"与里弗斯的"神话相对主义揭示了人种的无意识的历史,正如梦揭示了个体的无意识的历史"[里弗斯,转引自斯托金 1996:242])。也许最为重要的,是一种文化是否应该在迪尔凯姆的"集体表象"的意义上被理解为一个统一体或者冲突和矛盾是否是一种文化的根本组成部分的问题。显然,这种问题对于任何想要书写波尔顿的日常文化的尝试都产生了影响。

马林诺夫斯基（他后来成了民意调查基金会的一个成员,他们的最具有批判精神而又最热情的支持者）在他的著作中对这些问题进行处理,他的处理应该被看作是这段时期中可利用的唯一最有影响的社会人类学的版本,以及对波尔顿项目来说最重要的参考观点。1922 年,马林诺夫斯基在伦敦经济学院获得了一个终身教席,随后,他立即着手出版他在第一次世界大战期间在特罗布里恩群岛上从事田野作业的结果。他的《西太平洋上的探险者》于 1922 年面世,随后是 1929 年的《野蛮人的性生活》。在这些以及其他一些书中,马林诺夫斯基大致概述了他的"参与型观察"的方法论。参与型观察的前提要求是,一个人种学家,为了理解他不熟悉的"东道主"的文化,"必须尽可能地入乡随俗,使他自己适应一个具有与他自己一样的人性实质的奇怪的行为方式"（马林诺夫斯基,载民意调查 1938:98)。做到这一点的前提条件是人类学家沉浸、潜身于这种文化之中,和"当地土生土长的人"产生共鸣,对他们的文化实践"同情地遵从"。在马林诺夫斯基看来,人种学意味着"尝一尝当地生活的滋味",力图"理解当地人的观点,他与生活的关联,以及实现他对于他的世界的看法"(马林诺夫斯基 1922:25)。尽管(对马林诺夫斯基而言),这就是允许进入到一种文化之中的东西,但是,它并不是科学知识的保证,正如詹姆斯·克利福德所解释的:"人种学家个人的经验,尤其是参与和移情的经验,被认为是研究过程中最核心的东西,但是它们由于非个人的观察标准和'客观的'距离而受到了深深的禁锢"(克利福德 1986:13)。

通过这种方式,有一点已经昭然若揭了,即,特罗布里恩岛上的人关于特罗布里恩社会的叙述必然是不充足的(对于社会人类学而言),人类学家关于亲属关系的制度或无论什么的叙述是一种("科学的")关注形式,"不能为那些土生土长的提供资料的人的未受过训练的意识所利用"(麦金太尔 1984:214)。这种立场和殖民统治之间的关系是建立在这样一个假定的基础之上的,即"客观的东西"是人种学家的一种元语言,人种学家自己的文化语言的一种洗尽铅华、不假雕饰的变种,而正是通过这种方式,文化的优越性被写进人种学的活动中。汤姆·哈里森在马勒库拉的工作可以看作是沉浸于参与型观察的实践中。正如查尔斯·马奇注意到的:

> 汤姆·哈里森是最近才从新赫布里底的马勒库拉回来的。他那本关于马勒库拉的书《野蛮人的文明》,可以被解读为如下这种观点的宣告,即,理解和进入马勒库拉人的生活方式的唯一途径是和他们生活在一起,吃他们的食物,喝卡瓦酒,参

加马勒库拉人的各种仪式和活动。汤姆通过在兰开夏工厂找了一份工作,并准备让他自己变成波尔顿的人种学家而把这种方式贯彻到底。

(马奇 1976:1396)

参与型观察的方法论既是模糊的又是开放的,但是如果说在马林诺夫斯基的工作中,它被建构为相对于当地的提供信息的人的无知而言的一个科学观察者的高等的阐释性知识,那么,在民意调查的总体工作中,这种范型就是大成问题的了。就事论事,在全国性的专业小组的工作中,"土生土长的提供信息的人"也是"科学的观察者",因为他们被给予了一个发言的平台。如果"严格意义上的"人类学的参与型观察必然依赖于在观察者和被观察者之间的文化隔离,那么从一开始,二者之间的任何一种文化身分都有可能破坏参与型观察。在波尔顿项目中,凡是参与型观察是愈加完全包含在其中的地方,马林诺夫斯基所坚持的那个阐释框架就似乎极力在阻止民意调查材料的生产。尽管现在有一点已经很清楚了,即(在哈里森的管辖下)民意调查的波尔顿之手从它的外形看明白无误地是人类学的,但是我想要证明的是,也正是在这里,民意调查的一般性问题也昭然若揭了。更直截了当说就是:如果波尔顿项目不仅仅是致力于收集人种学的材料,而且是要从这些材料中得出在人类学上首尾一贯的阐释,那么它根本就不能达到这个目的。我的论证是,"在人类学上首尾一贯的阐释"恰恰不是民意调查的运作基础,而参与型观察(这和精神分析有殊途同归之妙)最好是被看作一种研究工具,而不是一种阐释立场。如果那个时候的波尔顿项目倾向于传统的人类学,那么,它就永远不会真正达到它,这是因为民意调查是致力于把日常文化理解为自相矛盾的,而且是绝对异质的。

对于这种特殊的马林诺夫斯基的框架的采纳可以在哈里森的波尔顿"酒馆"规划的时间表中看出来:

工作城观察记录中的主要阶段如下:

　　a. 酒馆的预先调查和描述;初步的渗透。3个月。

　　b. 观察者渗透到工作城的酒馆生活的所有部分中。2个月。

　　c. 观察而不被观察。10个月。

　　d. 更加公开地开展工作;与当地生活中的所有领域的所有类型的人积极合作。研究个体、书信、日记、文件。3个月。

　　e. 来自重要的人那里的数据。2个月。

　　f. 对于统计数字、各种组织和出版的资料进行研究。3个月。

(民意调查 1943:11)

马林诺夫斯基田野作业的方法可以看作是由三个阶段组成的实践:参与、观察、"质问"。很明显,这种方法正是波尔顿时间表中被采纳的方法,在这个时间表中,参与和观察组成了研究的基石,最后由采访和"正式的"研究作为补充。当然,参与型观察也包括交谈和参与,而不仅仅是"隐匿的"观察。在上面的时间表中,民意调查在波尔顿所要调查的并不限于北部工人阶级的日常生活(虽然这是选择波尔顿的部分原因），而且包括普遍的阶级调查（各阶级间的关系、阶级欲望等等），以及经济和文化制度、各种形式的权威。因此，全职的观察者一方面在酒馆里花费了大量的时间，另一方面也花了大量时间去关注宗教服务并卷入一些在波尔顿大受欢迎的"异教徒"宗教中，例如玛兹达教（Mazdaznans）（考尔德和谢里登 1985：30—39）。关注足球比赛的同时还参加波尔顿的每一个政治集会和政党。

格兰茨希望出版的四本书是约翰·萨默菲尔德和布鲁斯·沃特金的《酒馆与平民》；沃尔特·胡德和弗兰克·考森的《政治与不投票者》；J.L.威尔科克和其他人的《宗教如何运作》；以及赫伯特·豪沃斯和理查德·格卢的《黑色游泳池：一年一星期》（民意调查 1939：227）。唯一真正出版了的书是 1943 年出版的《酒馆与平民》。当然，至于这些书（同时还有拍摄的几百幅照片和画的画）为什么没有能够得以见天日，我们可以给出很多理由：这个项目过于野心勃勃，战争的爆发以及材料搜集得不够系统等等都是可能的理由。但是，除了战争的爆发可以看作是不可预见的偶然性（其实，这也是可以怀疑的，因为民意调查对法西斯主义的兴起一直密切关注着），它们都可以看作是把马林诺夫斯基的框架应用于波尔顿研究时遇到的困难的征候。我对于波尔顿项目的相对的失败的思辨的理解是，它构成了对于马林诺夫斯基的框架的"科学性"的一个隐藏而必然的批判，但这个批判从来没有找到一条通往明确的批判的道路。

民意调查在社会人类学的科学范型内部生产一种关于工作城社会的叙述时遇上困难，我们是在它关于阶级的叙述中看到这种困难的。对于民意调查而言,阶级是一个主要研究方向,但是尽管马奇是一名共产党员,他们研究阶级的方法却可以看作是与传统的马克思主义方法截然不同的一种方法。他们的研究没有使用那个抽象的假定,即社会是由两个相互冲突的主要阶级构成的,相反,他们允许从日常生活中形成一种阶级观念,而日常生活可以被看作是更加易变的、多样的、表述行为的。例如,在1939年就阶级的主题发给专门小组的成员的指导性意见中,一位女子提供了一份阶级分析报告,这种分析包括从第一个范畴王室成员到第28个范畴共28个不同的范畴,第28个范畴是"那些粗鄙的、肮脏的和不负责任的人。在他们自己的等级和第27个等级之外没有任何共同的感情。非常满足于依靠领取救济金生活和生养小孩。对于他们的环境,他们会说,'对于我们这样的人这已经足够了'。似乎他们知道他们自己的价值"(考尔德和谢里登1985:159)。发明了这个阶级序列的作者本人就是出生于第28个等级,但是生活在第19等级,尽管她的丈夫出身于第10等级。这样一个划分体系的重要性并不在于,她提供了一个对于阶级的首尾一贯的理解,而在于它指出了阶级经验对某个人而言"感觉像"什么。在这种情况中,它并不只是某种分层复杂的东西,而更是某种具有可塑性的东西,是以历史记忆和社会抱负为中心而组织起来的,跨越不同经济和文化范畴的东西。在这里,昭然若揭的东西是,作为日常生活中一个有意义的特征的阶级是可以作各种稀奇古怪的解读的,而这些解读不能涵括在某些占主导地位的阐释之内。

汤姆·哈里森1942年有一篇论文,它的题目非常耐人寻味:"关于阶级意识和阶级无意识的评注",我们可以在他这篇文章中

有关阶级观念的叙述中看到,阶级观念是被从日常生活的立场上来看待的某种东西:

> 还是在上公立学校的时候,以一种明确的形式向上看和向上努力工作的观念一开始就给我深刻的印象,在那所学校中,有一种关于优先权和等级的复杂的体系,这主要是基于你在那里所待的时间的长短,但是也基于你是否善于做游戏的能力。你走下楼梯的速度,你解开马甲上的哪一个纽扣,你可能把哪只手放在口袋里,早餐时可以吃到什么样的谷类,你可能在哪里散步,上百种习惯,完全以这种方式被决定了。

(哈里森 1942:152)

阶级变成了某种既向调查者又向"被分类的"参与者更加复杂地"开放"的东西,即使它的各种运作方式看起来过分固定,甚至到了某种不正常的状态。以某种更加精微的方式看来,它被理解为复杂的认同,这种认同不仅包括经济学,而且包括情感的投入、社会的抱负以及允许范畴之间存在一定程度的互动的可塑性。阶级的可塑性和表述行为性都可以在对于社会含义、衣着、动作和语言——日常生活的象征姿势或符号——的强调中看到。在酒馆进行的工作中,哈里森提出,被规定的阶级在一个星期之内可以表现为完全不同的形式:

> 宽泛地说,我们发现,整个工作城在周末上升到了社会的规模。在工作日,工作城中的任何一个戴圆顶高帽的人要么

第六章　民意调查：关于日常生活的科学　173

> 是第二阶级，要么是送葬者。在周末，任何一个人都可以而且会戴一顶圆顶高帽，星期二可见的阶级差别在星期六下午就变得混淆不清，难以分辨了。周末的工作城是一个表面上居住着富裕的中产阶级的地方——而在一个普通的工作日，城里满是挡手绊脚的木块，满是圬垢的脸和体力劳动者。
>
> （哈里森 1942:156）

这就是对于阶级的表述行为的理解，这种理解可以用来沉思各种关于阶级的无意识表述，而不会在任何立场上把它"固定在"一个连贯的模式上。这种阶级理解是某种不会呈现出连贯而系统的形式的东西，在许多方面它都不能被记录和分析得干净、彻底。在强调"阶级"是无意识地运作而且不能用来接受有意识的审查时，也许大家会认为哈里森在向许多工作城规划中的经验主义基础发出挑战。

在把工作城当作一次"失败"（根据它的生产性）时，我想要指出，社会人类学的预期的转型（社会人类学变成"不可认识的"）在实践中被承认那样一个框架是笨拙的，并且最终是不可使用的取而代之了。对于社会人类学的潜在批判以及它的文化知识和叙事的各种权威形式只是作为在波尔顿项目中的缺席而在场（那几本没有写出来的书）。已经出版了的材料并没有挑战人种学的权威权力，也许如果它对之作出了挑战，那么，就会形成其他的、更有生产性的提供素材的形式。也许蒙太奇实践的延续已经产生了另一种不同的实践，而且缓和了那为了撰写一种关于波尔顿的文化的权威人种学著作而进行的斗争。在许多方面，汤姆·哈里森的《野蛮人的文明》一书提供了一门实验人种学的证据（它是自身人种学、历史人种学和诗歌的杂交实践），而在波尔顿项目中，这门实验人种学却遗漏不见了。如果波尔顿项目失败了，那么，它是作为超现实主义人种学而失败的，它显示出民意调查趋向以更加传统的方式关注日常生活。

日常生活的政治

民意调查研究日常的方法论的和理论的途径是自相矛盾的，混乱不堪的，而且明显是不成体系的。但是这种混乱和矛盾必须被看作是针对日常世界而提出的生产性回应，而这个世界自身也可能是被看作是自相矛盾和不成体系的。如果民意调查被看作在某个特定的历史结合点上对于日常世界的反应，那么它所显示出来的冲突就有可能得到更为清晰的理解。民意调查的历史时刻是由对于战争的预期主宰着的，而直到1936年底，这场战争可以看作是由弥漫于整个欧洲（包括英国）的法西斯主义的声势浩大的神秘权力产生出来的。这将会是一场不仅仅需要物质力量的战争，这场战争必然使能够击败明显非常巨大而又具有诱惑力的敌人的"武器"成为必要。在1976年回顾民意调查时，汤姆·哈里森把它的出现总结为"对于在法西斯与日俱增的威胁之下西欧的混乱局面的一种多重倾向的反应"（哈里森1976：11）。

有必要强调一下民意调查的"多重倾向性"（several-pronedness），因为它暗示了对于通达日常的问题的异源性（heterological）的研究方法。存在着许多这样的主题，以这些主题为中心的自相矛盾的方法是显而易见的。民意调查从一开始就持续不断地在下面二者之间摇摆不定,一方面,声称"人民"缺乏政治动力,另一方面又拥护"草根"政治,而草根政治被那些表现它们的人(尤其是大众传媒)纯粹边缘化了(或者毋宁说更经常地被忽略了)。还有一个问题是,社会转型是会出于精英们进行的先锋运动,还是会出自日常生活内部? 相类似的问题是,如何对法西斯的情感性权力作出反应:是应该通过"科学的"去神话化,还是应该通过提倡一种不同秩序的情感经济———一种替代性的神话系统来反对法西斯主义呢?

对于法西斯主义的威胁的"多重倾向的反应"发现民意调查在追求互相冲突的目标。在与卷入其中的各种人格的关联中看到这一点是非常有诱惑力的。例如,在1940年所写的文章中,汤姆·哈里森能够以科学的名义为了民意调查、信息部和公司资本主义的利益去捍卫某种"挨家挨户调查"的方法(哈里森1940b:31)。在1937年还是一名共产主义者的时候写的文章中,查尔斯·马奇会批判资本主义出版社,而号召一种大规模传播的通俗诗歌。他所举的通俗诗歌的例子,可能是取自《明镜日报》的关于一个生活在诺丁汉市中心某个公园的盆栽棚中的"鼹鼠人"的一则故事(马奇1937b)。对于民意调查而言,这些矛盾并不是独一无二的,但是,要设想比一群为政府工作的先锋派超现实主义人种学家更为生动的自相矛盾的图画是很难的。

民意调查的时刻恰逢人民阵线达到高潮的时刻:人民阵线是反对法西斯威胁的统一战线,它在法国和西班牙产生了令人惊异的联盟以及许多胜利的人民阵线政府。共产党(查尔斯·马奇是其中一名成员)自从1933年以来就暗暗支持人民阵线。但是在人民阵线产生了必然的乐观主义感觉时,在1930年代后期采取人民阵线的立场就意味着不得不在思想上坚持自相矛盾的立场。就事论事,人民阵线适合于生产统一性的意象,试图发现使人们大规模地聚集在一起的方式的意象。同时,法西斯主义的危险可以看作正是在于在一种抹煞任何差别之中"大规模地"聚集在一起所具有的巨大诱惑之中。与此相似,人民阵线主义可能意味着在日常生活中坚持信仰对于法西斯主义的"通俗的"而又固执己见的拒绝("常识意义上的"反法西斯主义和反－反犹太主义),与此同时,又承认"迷信"和"神话"对"大众"施行催眠术使他们坚持种族主义"迷信"的权力。人民阵线主义作为一种自相矛盾的定向在1930年代后期是民意调查的立场。

借一个例子来说明这一点。在论述"大众"的动力这个主题上,民意调查认为"人民"的基本特征是消极的和服从的,是梦游症患者般的机器人。在描述退位危机的影响时,民意调查写道,"最后,英国不得不面对一种处境,对于这种处境,不存在任何通常的反应。成百万的人像一个驯服的自动操作系统一样度过他们的一生,现在却必须作一个个人的抉择,这在他们自出生以来几乎还是第一次"(民意调查1937a:9)。在同一本小册子的稍后部分,它为了观察的实践起见而提出下列要求:

> 它将鼓励民众比以往任何时刻都更为细致地观察他们的社会环境,并且把有关他们对之所知无几或者一无所知的社会环境的事实放在他们面前。这将有效地促进一般社会意识

的增长。它还将反抗在现代生活中如此普遍的一种倾向,即通过纯粹的习惯完成所有我们自己的行动,对于我们的周边环境一点儿也没有意识,就好像我们正在梦游的倾向。

(民意调查 1937a:9)

这种把人民理解为"生活在梦中"的看法应该看作是民意调查研究日常生活的方法中的一重"倾向",这种方法要求在对日常生活的细节以及对之产生影响的政治事件进行关注之时有一种反省意识。也正是这一重倾向可以被看作是在面对"迷信的"和"神话的"信仰(这正是孕育法西斯主义的温床)时提倡科学。但是,另外一种倾向也是显而易见的,可以看作是这种倾向的对立面,它强调日常内部的"大众"的创造性和动力。例如,民意调查不是把民众看作是为大众传媒消极牵引着的,相反,它看到在大众传媒的表象与日常生活中的世界经验和世界理解之间的巨大鸿沟。民意调查不断地把报纸关于当代事件的署名报道和日常生活的不同解释(heteroglossia)并置在一起,在关于日常生活的不同解释中,各种反应歧异纷呈,莫衷一是,有人竭力反对,有人愤世嫉俗,有人暴跳如雷,有人茫然不解,有人断然拒绝,有人默默许可。民意调查1939年出版的《英国》为这种"多重倾向"的方法提供了一个生动的例证。

《英国》也许应该被看作是对波尔顿项目以及《5月12日》的激进的实验所显示出来的某些问题最成功的克服。尽管《英国》并没有《5月12日》的实验那般彻底的形式上的秩序(混乱),或波尔顿项目的详尽无遗的视界,但是它可以被看作是这两个项目的调和。《英国》是作为企鹅特刊出版的,而且据说在面世24小时之内售出50 000份(杰弗里1978:34)。尽管这本书被一个有组织的编辑声音编排好了框架,但是它所包含的各部分是由并不仅仅是支持这种编辑声音的引文组成的。在某些方面,编辑的声音有一种"合唱"的效果,与其说它是在阐释,不如说它是在质疑阐释的可能性。通读组成这本书的各个部分,读者不会被导向"结论";相反,这本书显示出它要延续拼贴所具有的悬浮不定的效果。如果说《英国》这个题目可能会暗示它把那种"民族国家"的叙述总体化的话,那么,很快地看一眼目录页就会使读者转向其他目标。这本书包括论述大众对于科学的各种态度的一章,论述慕尼黑危机的一节,关于摔跤的叙述与讨论,以及关于通俗舞蹈时尚"兰贝斯慢步舞"的详尽的调查。在各个部分之间的不连续性表明了那种后来在某些人的著作中——例如罗兰·巴尔特在他的《神话学》(巴尔特[1957]1973)中,或者在1970年代或者1980年代的英国文化研究中对于日常的不一致的关注中——变得非常熟悉的方法。

对于论述慕尼黑危机的章节和论述兰贝斯慢步舞的章节的比较突出了民意调查的方法所具有的艰难的生产性。论述慕尼黑危机的章节解析了关于张伯伦对纳粹德国实行的绥靖政策的"流行观点"的各种媒体表象,把它们同从随机抽取的人当中收集起来的看法和观点作了一个对比。结果是在媒体表象(通过"以人民的名义"说话而起作用的是不断地改变的表象)和引自《人民之声》(*vox populi*)中的对于张伯伦的异议之间形成强烈的对照。1939年6月,BBC广播公司播出了有关慕尼黑危机章节的一个版本,而且,正如帕迪·斯坎内尔指出的,它"只是对绥靖政策表示异议的声音的广播中的一个片断而已"(斯坎内尔和卡迪夫,1991:101)。这并不是说,公众对于媒体中创造的"公众观点"无动于衷(民众又是怎样以别的方式知道这些事件的呢?);相反,它指出了阅读这些被表现出来的事件是一个积极的过程。与此相似的是,兰贝斯慢步舞并不是可以免于大众媒体的处理的一件大众文化;相反,它之所以流行在一定程度上是各种大众传媒形式造成的结果。把兰贝斯慢步舞和慕尼黑危机联系在一起的正是在日常生活中表述出来的"政治与文化"这个观念的极大扩张:

> 人们对于战争危险的感觉是一个显而易见的严肃课题,但是不那么明显的是,为什么一种舞蹈的流行不仅仅是一种无足轻重的兴趣。但是如果我们对于这种时尚的理由心领神会了,在它的背景中看清楚了它,那么它就会帮助我们理解大众对有些东西趋之若鹜的方式。如果我们更细致地考察兰贝斯慢步舞,那么我们就会知道关于民主制度未来的某些事情。
>
> (民意调查 1939:140)

兰贝斯慢步舞被显示为体现了一系列特征的东西:它是一种大众参与型的景观(在1938年8月,在坎伯韦尔,有3 000名舞者参加了户外的兰贝斯慢步舞[177页]);它不是独断的、教条的,而是允许各种类型的即席发言;它可以看作是节日文化的延伸,以及"被颠倒过来的世界"("男人像女人一样装扮,或者假扮成动物"[145页])。对于舞蹈的这份狂热劲儿也显示出了"民众"文化并不恳求普遍同意的反应,而是产生了对于它的大量的不同态度。

在这样一种形式内部发现的异质性被内在地显示出来了——在伴随着舞蹈的歌曲的不同版本中。也许令人奇怪的是,歌曲的某些版本包含着对于舞蹈的本性的自我反思:无论它是对于"战争焦虑"的逃避主义反应,还是对于战争的强烈反对。跳舞的观念在民主斗争中起到了一定的作用;这表现在下面这个例子中,即"反法西斯主义者通过'跳兰贝斯慢步舞'冲散了莫斯利[英国法西斯领导人]分子在伦敦东区的游行示威"(175页)。舞蹈的这种使用可以看作是出自日常的人民阵线文化的典范:"兰贝斯慢步舞的感觉是非宗派性的,但是绝非非社会性的"(175页)。

如果说论述慕尼黑危机的章节提供了在政治事件的表象(被表现为人民大众对于慕尼黑协议的反应的集体性的"宽慰的叹息")和日常生活中对这些表象的反应之间的裂沟的一个例证,那么,对于兰贝斯慢步舞的讨论则证明了对日常生活的政治的另一种解读。这里是从不同于与法西斯主义相关联的文化实践的日常生活中形成的表达感情的文化实践。它并不是对于法西斯主义的文化实践的"科学"批判;它也和仪式以及迷信紧紧束缚在一起,并且因此而提供了一种替代性的想象认同,这种认同可以被看作是对法西斯主义的强烈抵抗。兰贝斯慢步舞的文化也可以看作是对主要存在于美国的那种商业文化的虚假承诺(以及法西斯主义文化的攻击性诱惑)的抵制,因为它有能力表达跳兰贝斯慢步舞的人的复调声音:

> 它(商业性的舞蹈音乐)和希特勒的讲演都不关乎现实,在这一点上它们是半斤八两,难分高下。舞厅里的跳舞者依

照它的旋律而梦游,和穿制服的纳粹一样放弃了个人的决断。这些跳兰贝斯慢步舞的人是幸福的,因为他们发现他们在自由自在地表达自己,而不会被爵士乐-月亮或领袖所催眠。

(民意调查 1939:183)

兰贝斯慢步舞可以被看作一种文化形式,它是仪式主义的,却不会被催眠。作为一种文化形式,它引以为自豪的是,它充满欢乐地鄙弃"受人尊敬"的外交礼节,它因为反讽性的评论有无穷无尽的变种而欢欣雀跃,它是一场没有统一化而联合在一起的实践。

民意调查的政治必须被看作是日常生活的政治。汤姆·皮克顿指出,"民意调查并不想改变这个世界,他们是改良主义者。他们并没有调查波尔顿的失业状况、婴儿死亡率、营养不良、住房供给、健康状况,或者任何一项贫困的参数。他们的方法和照片一样是宿命论的"(皮克顿 1978:2)。在这里,政治被理解为"自上而下"实践着的东西,被理解为在日常生活之上开展的东西。民意调查的政治可以看作是从日常生活中形成的。因此,例如,如果民意调查可以被看作是一个社会运动(在一定程度上它也是这样看待它自己的),那么,它的改变世界的观念就必须包括在日常生活之内,在关注它的行为中改变日常生活。

我们可以看到,通过关注日常而改变日常这种行为生动地体现在民意调查的妇女的经验中。在这一方面,民意调查为妇女的经验提供了一个空间,而迄今为止就我们目力所及,在表述日常的其他种种努力之中都缺乏妇女的经验。民意调查提供了一个结构并且发出邀请,请人撰述日常,但是最重要的一点是,他们并不预先规定什么可以算作"日常生活",或者什么应该居于优先地位。这就显示出在民意调查和其他不言而喻地坚持在日常和大都市的街道生活之间画等号的人之间存在着不可逾越的鸿沟。全国性的专业小组的大量应聘者是妇女,她们在民意调查中的经验显示出,家庭的日常领域(在那个时代,这是绝大多数妇女的主要生活舞台)首次得到了严肃对待,并且通过对它的有意识的关注而得到改变。这就指出,日常生活的政治可以表述那些由于官方的政治而被极度边缘化的人的利益:

> 我在《新闻纪事》(*News Chronicle*)上读到有关工作的文章,尤其是一个普通的家庭妇女关于她的一天的叙述。民意调查,它是某种新事物,某种要谈论的事物;我在屋子里所做的许多事情都那么单调乏味,但是在5月12日,事情发生了一些莫名其妙的变化,让狗出去遛遛,起床,做饭,在它们必须被回忆起并且记录下来时,民意调查使它们变得重要起来。
>
> (民意调查 1938:70)

倘若对被文化彻底地加以贬低的某些生活加以关注,它就会在很大程度上既允许对于各种经验作出分析,又允许对它们重新作出评价。如果席美尔和本雅明的工作可以看作是为发现一种能够显示出日常经验的独特性的表象形式而斗争的话,那么民意调查就是发出邀请,邀请我们在实践中改变对于日常性的经验。

日常生活的政治必须被看作是类似于"多重倾向"的,因为它包括了对日常的有意识的关注(而且改变了日常),它还包括对于

第六章 民意调查:关于日常生活的科学

日常中的非理性、情感表达以及处于对立状态的仪式主义的颂扬。在一篇战争期间写于一座营房中的文章中,汤姆·哈里森用这样的陈述来介绍《酒馆与平民》的出版:

> 已经有很多人为英国的未来制定了许多计划,但是这些计划常常是这样做出的,似乎普通人的偏见与习惯可以忽略不计。[《酒馆与平民》的]出版也许可以在下面这个方面为了某些建设性的目的贡献一份力量:提醒那些制订计划的人,在他们的有价值的工作中,有一个他们频频加以忽略的习惯。我是带着某种自我感觉说这些的,因为,自战争以来,我的家已经住在莱奇沃思花园城市——城市规划运动中几个关键城市之一,也是英国寥寥无几的不许开设酒馆的地方之一:如果工作城是莱奇沃思,那么这本书就不可能写得出来。
>
> (民意调查 1943:9)

不要把这种情绪看作是对于古雅的老英国的乡愁式意象,某种值得为之战斗的东西,相反,它应该被看作是对于某些情感的和仪式主义的附属物的意象,这些附属物能够产生一种(潜在地)能够反抗法西斯主义的文化,同时抵制由英国的各种官方制度组成的文化。

在民意调查研究日常的具有多重倾向的方法中,一种日常生活的科学形成了,它的潜能是有意识地破坏在专门家与业余爱好者、客观性与主观性,科学与艺术之间生硬的、稳固的区别。在它的超现实主义的人种学实践中,它对于神话的关注既是批判性的又是颂扬式的,这就表明,任何一种与"仇恨的力量"的情感性对立都不得不产生作为与之分庭抗礼者的想象的和情感性的意象以及理性的批判。这就是关于日常生活的科学,它是在它自己向前行进的时候创造出来的,它之被创造出来是要处理上到手头的一切事务。它完全不同于那个时代的由政府机构所实践的科学。在马林诺夫斯基对于民意调查的支持性的但又是谴责性的批判中,他指出,唯一值得问的问题是关于科学的问题(依照马林诺夫斯基的意见,对于这个问题的回答可以看出民意调查极度贫乏)。在他关于科学的表述中,马林诺夫斯基直言不讳,不偏不倚:"我们可以对它了如指掌:社会学家不可能对两分钟沉默期间的感情、观念和行为的变化多端而又飘摇无定的细枝末节感兴趣,也不会对皇帝加冕或者退位危机感兴趣"(马林诺夫斯基 1938:118)。马林诺夫斯基的沉默不是民意调查所实践的日常生活的科学。对于超现实主义的人种学来说,处理一个非常复杂的历史时刻,"感情的变化多端而又飘摇不定的细枝末节",也许正是日常生活的材料。

我们既可以认为民意调查虚怀若谷,又可以认为它雄心勃勃。在它最为激进最有野心的时候,它提出直接民主这样的"大规模运动",但是,它不是要评判日常生活,而是要为参与到改变日常生活的活动中提供条件。在这里,梦想可以变成对于一般社会状况的批判性反应;欣然接受和厌烦至极都可能变成梦想的精微的指示物。本雅明渴望把文化素材用于工作之中("我们什么也没有必要说了。唯有显示"),这种修辞学的渴望在参与者"代自己发言"这个谦逊的建议中被给予了实践的证明(民意调查 1937d:37—42)。

第六章 民意调查:关于日常生活的科学

但是这种谦逊也可以看作是对于人类学的学科性质的彻底挑战以及它想"自上而下地"书写文化的渴望。由于它为参与型实践建立了各种条件,而且还努力借助蒙太奇把素材和谐地组织在一起,所以,民意调查应该看作是日常生活的通俗诗歌的生产。

与席美尔和本雅明都不同的是,民意调查对于日常生活的理解的基本特征不是"现代性"或者大都市,因此,日常生活变成了不同的实践和经验的大杂烩。城市现代性并没有为这种叙述写尽,相反,在允许出现范围更为广阔的文化实践(本国文化、残余物以及地方习俗等等)时,日常生活变成了彻底异质的东西。民意调查启动了关于现在的档案实践,这种实践试图把日常生活的有意识的和无意识的方面都关注到。在它上马的几个月内,材料档案已经汗牛充栋、难以管理了。如果说民意调查是先锋派"把秘密公开"的一个例证,那么,也许,朝向官僚统治的倾向就是它之得以延续的一个不可避免的条件了(民意调查成为了政府或者商业调查的得力助手)。

民意调查与本书迄今为止所讨论的问题有许多相似点,也有许多区别。其中一个最大区别就是"日常"的观念走向中心舞台以及变成探究的明确"对象"的方式。正如《英国》的封面上自吹自擂的那样:"民意调查,这个运动早在 1937 年就开始了,开始只有两个年轻人,而现在在全国范围内拥有两千多名志愿观察者,它只要存在着,就要研究英国人的日常行为——**我们自己的科学**"(民意调查 1939:封面)。

注　释

① 在战争期间的大部分时间里,都是由汤姆·哈里森指导民意调查。1944年,他被派往婆罗洲,在那里,他一直待到战争结束。在战后时期,民意调查把它自身改组为民意调查有限公司,开始涉及市场研究,尤其是商业产品的市场研究。

② 这个照片的档案已经被单独拣选出来以供评论,供评价民意调查的规划,即使这些照片从来没有收入任何民意调查的出版物之中,即使它们只可以被看作是这个规划的微小的和不成功的一个部分(在民意调查的眼中)。

③ 原文引自哈里森(1947年)。参见杰弗里(1978:20)。

④ 利兹·斯坦利(1990:2—7)给出过一系列与这种批评有关的例子。亦可参见民意调查在《民意调查》(1938年)中分析过的许多批评,以及被收入那一卷当中的马林诺夫斯基的文章。

⑤ 这一点是鲁思·本尼迪克特在1934年的著作《文化模式》中提出来的:"对于人类学家而言,我们的习俗和新几内亚部落的习俗是处理一个共同的问题的两种可能的方案,而只要他还是一个人类学家,他就必定会避免任何偏袒一方而轻视另一方的做法"(本尼迪克特1989:1)。

⑥ 参见泰勒(1994:152—181)和爱德华兹(1984年)。BBC电视台关于1920年代和1930年代的英国的系列节目《漫长的夏天》,在它关于民意调查的表象中,强有力地得出了这种关联。与这种叙述格格不入的例外包括戴维·钱尼、迈克尔·皮克林和艾伦·里德的著作。

⑦ 应该注意的是,奥韦尔并不"盲目地"坚持那样一种阶级立场。对于感官的"标准"是如何影响阶级观念的调查是他的著作的一个主题。

第七章　亨利·列斐伏尔的日常生活的辩证法

亨利·列斐伏尔关于日常这个主题的多卷本著作紧紧扣住日常的主题不放，而这个主题与商品的逻辑水乳交融、琴瑟和谐，在商品的逻辑中，生活是依照资本的节奏而被体验的。在一件他反复道及的奇闻轶事中，列斐伏尔记得他妻子手捧着一盒新买来的洗涤剂，大叫大嚷，"这种产品真是太棒了"（参见罗斯1997a:22）。在列斐伏尔看来，这不啻于这种商品通过一种腹语术的行为在他妻子的话中获得了响应。当然，这个事件的性别特征应当在某种程度上让我们认识到，我们可以看到，妇女不仅承受日常的负担，而且妇女最容易受到日常的需求的影响，也对日常的需求最缺乏抵抗力。稍后我们会重新折回到这个问题上来。但是对列斐伏尔而言，他将之看作是战后资本主义扩张的东西"已经在方方面面彻头彻尾地渗透到日常生活的细节当中了"（列斐伏尔1988:75），这对每一个人而言都是一件不可回避的事实。它那最持之以恒的声音就是广告；它那最不受限制的形式就是卫星城市。在战后的法国，日常生活的转型和商品化展现出了前所未有的力量。正当法国在战后的岁月中"重建家园"时，现代化变成了消费文化的同义语。蓝色牛仔服、电炊具、电冰箱（图8）、洗衣机、可口可乐、电视

图 8　"这东西太棒了。"勃兰特电冰箱广告,《玛丽·克莱尔》,1955 年 5 月号

第七章 亨利·列斐伏尔的日常生活的辩证法

等等变成了难以计数的"美国诱惑"的诸多实例(库塞尔 1993：103－130)，诱惑的矛头经常专门指向妇女。但是我们将会看到，无论列斐伏尔的现代日常观多么单调乏味，日常总是葆有改变自身的可能性。在日常之中奥妙不测的是，日常生活的基本需求变成了某种迥异于(超出于)官僚主义和商品化的文化所能允许的东西。

对于作为哲学家的列斐伏尔而言，日常表示出一种思辨的努力，努力把社会标志为某种总体性，就这个角度而言，他的著作可以看作是席美尔的著作的延伸。但是，日常也表示出哲学的一种失败，以及与现在(这个现在可以被看作是正在经历一场"消费者"的革命)的活生生的现实性联结在一起的欲望。作为一个马克思主义者，他把当代的日常生活看作是开采滥用型的、压制型的以及残酷控制型的(他写过文章论述广告的恐怖主义[列斐伏尔 1984：106]以及"消费受到调控的官僚统治的社会"[列斐伏尔 1984：68—109])。作为一个浪漫主义者，他在日常内部寻求能够用来改变它的各种能量。在列斐伏尔看来，日常生活变成了纯粹的活生生的体验，在当代社会中，这就意味着，"现代性和日常生活齐心协力构成了一个深层结构"(列斐伏尔 1987：11)。但是如果它是一个深层结构，那么日常生活也是一个晦涩难解的结构，在所有的有特色的、高级的、专业化的和有结构的活动被通过分析而拣选出去之后，被"残剩下来的东西"所定义的就是这个晦涩难解的结构(列斐伏尔[1958]1991a：97)。①对于传统的"专业化的"分析而言，日常同时是其小无内，其大无外，既琐屑不足道，又不知天高地厚，野心勃勃。在列斐伏尔看来，他要终其一生的工作来抗争，以维持一种批判，但是，他又承认这个批判不断地落在日常永恒地变化着的现实性的后边。

亨利·列斐伏尔在世纪之初出生，而以90高龄去世，他的工作几乎横跨了整个20世纪。他一生的工作由60多本书组成（见希尔兹的传记1999），其醒目特征是不同声音、不同语域、不同对象组成的异质性。但是，它也以一种不屈不挠的热忱追求某些特殊的旨趣，这一直到他老年都没有减弱。在许多的相同的地方可以发现异质性和许多令人着魔的东西，而且这也可以通过相类似的解释来说明：对于一个持有辩证思想的思想家而言，这是相宜的。他出生于法国西南部阿热莫这个小镇上，随后他总是不断地在乡村与城市之间变换住处，尽管在巴黎度过了他一生的大部分时光，但是在关键时刻他总是不断地回到法国的比利牛斯山脉。这种活动并不只是现代生活的奇特行为的结果；毋宁说，它暗示了一种跨越国界生存的生活，无论是身体上的还是心灵上的生活。比利牛斯山脉并不是"本土"的象征，它是一个持续不断的探究的空间。在战争期间，他作为一个抵制战争的人回到那里，开始了后来成为他的博士论文的关于康庞山谷的农民社区的社会学研究（列斐伏尔1962）。正是在这些山谷和城镇当中，列斐伏尔设计出了一个关于日常生活的批判的规划。传统的但又正在变动着的乡村给了他多种多样的视野，这个视野和他深刻地参与到城市生活的转型中的过程一道能够说明这个规模宏大的规划——这也是它既如七宝楼台般丰富多彩而又混乱不堪的原因。正是法国比利牛斯山脉发展不均衡的现代化城市提供了视觉的和理论的"契机"，这些契机唤起了他对日常生活和现代性的批判性解释。

第七章 亨利·列斐伏尔的日常生活的辩证法

在列斐伏尔看来,"这些契机"就是日常生活中的那些给人强烈感受的经验的例证,这些例证提供了对于日常的内在批判:它们是诸如厌恶、震惊和欣喜等等生动的感觉的契机,尽管它们飘浮不定,但是却为不同的日常生活的可能性提供了承诺,而同时,它又打断了现在的连续性(参见戴维·哈维的"后记",载列斐伏尔1991b)。这些契机在他的著作的许多页码上轻轻一瞥就可以找到,这些章节几乎显示出了一种跃然纸上、可触可见的感觉,这些章节是由那些离开学院论证的世界而把它们的作者放置于对于现实的社会空间的活生生的体验当中的段落组成。在周日的早晨,观看人们光顾山谷的教堂,这变成了一个揭示宗教深入到日常当中的程度的场景,尽管这也使列斐伏尔想起,他在青春期曾经为逃避基督教而斗争(列斐伏尔[1947]1991a:201—228)。坐在一座小山的山顶,俯瞰正在建设之中的穆朗的新城区,这也变成了一个契机,在这个时刻,把日常生产为可以解读的城市的底稿这个过程变成了某种不可决定的东西,因为它在等待使用的结果(列斐伏尔[1962]1995:116—127)。其他的契机是由巴黎经验提供的:透过窗户看到主要的交通要道纵横交错,这让人浮想联翩,想起组成城市生活的各种节奏(列斐伏尔1996:219—227);在另外一个时间从另一扇窗户看到风景显示出不断变换的阶级联系,而这些阶级联系在郊区的风景中找到了表达(列斐伏尔[1958]1991a:42—43)。

对于日常和现代性过程做这种细致的审查是经验和观察的结果,但是这种观察与经验出自一个哲学的头脑。在实践和理论之间,具体与抽象之间的辩证法需要相互之间持续不断的检验。并不存在这样一个经验现实,它能够只是为了揭示它产生的各种力量而被遭遇。也不存在一个可以告诉我们各种本质的真理的思想世界。正如列斐伏尔写道的:"哲学——没有现实的真理——的各种限制总是一直和日常生活——没有真理的现实——的各种限制保持分庭抗礼的状态"(1984:14)。在列斐伏尔看来,哲学充当的是一种批判性工具,它能够被用于粉碎诸对象和诸关系的"自然"显现的尝试之中。批判哲学在为了改变它自身(和日常生活)而和日常发生关联时怀有把它自身消融掉的期望,而且在这样做时就标志着作为一个"专业化的"活动的"哲学"的终结。把哲学看作是这么多的批判性的,或者说潜在地批判性的工具,这就允许列斐伏尔所指称的哲学兼收并蓄、五花八门。但是,例如,把马克思的工作和尼采的工作合并在一起,并不是为了综合这二者,而是为了允许在一个批判的运动中使这二者都被突出出来,以强行去除总体的体系的诱惑。

列斐伏尔的实践充满了哲学意味,纵观他的全部工作,他连续不断地和许多思想家做了批判性的对话,其中没有谁不是被批得体无完肤、遍体鳞伤的。列斐伏尔对之发起攻击的思想家有阿尔都塞、萨特、福柯等人,这些攻击战斗性强而且好走极端,但是在否定的行为当中,这些攻击又能允许列斐伏尔为他的规划拯救出某些有用的东西。这些批判性的对话从来都不是什么抽象的理论分歧,而是在生活世界中具有重大意义的分歧。因此,例如,在他和结构主义者的工作成果,例如福柯的《词与物》(*Les mots et les choses*)([1966]1970,后来以英文发表时题为《事物的秩序》[*The Order of Things*])以及巴尔特的《时尚体系》(*Le système de la mode*)([1967]1983,后来以英文发表时题为《时尚体系》[*The Fashion Sys-*

第七章 亨利·列斐伏尔的日常生活的辩证法

tem])进行论争时,他承认他们对某些学术门类有所贡献,但是他又指出他们的理论体系和那些把法国玩弄于股掌之间的技术官僚对于体系的崇拜之间的相近性。作为一种把他自己的规划与之区别出来的方式,列斐伏尔把巴尔特的规划看成是一般社会倾向——技术统治——的表征,同时,也把它看作是为理解那样一种倾向的本性提供了洞见。因此,巴尔特的著作《时尚体系》就被认为是通过研究各种时尚杂志而建构起一种时尚的修辞体系,但同时它又忽略了穿戴衣着的身体的现实性;但是,对列斐伏尔来说,它又变成了把时尚当作日常生活的恐怖主义的一部分来分析的颠倒过来的基础(列斐伏尔 1984:163—175)。正是在这种与文化理论的批判性对话中,同时在与对活生生的体验加以连续不断的关注相配合的过程中,列斐伏尔表述了他的日常生活的辩证法。在研究列斐伏尔关于日常生活的工作成果时,有必要理解哲学的和文化的环境,同时,理解瞬息之间变幻万端的社会环境。列斐伏尔的工作成果是一种有着社会的基础(历史的和地理的基础)的研究日常生活的批判性的方法,反过来,它又要求在关注它时有那样一种方法。

在一篇纪念马克思逝世一百周年而写于列斐伏尔的生命快要走到尽头的时刻的文章中,他再次断定日常生活在批判的马克思主义当中的核心地位:"商品、市场和货币,以它们无可替代的逻辑紧紧抓住了日常生活。资本主义的扩张无所不用其极地触伸到日常生活中哪怕是最微细的角落"(列斐伏尔 1988:79)。似乎是为了坚持这一点:"一场革命不可能仅仅改变政治的人员或者制度;它必定能够改变日常生活(*la vie quotidienne*),实际上,日常生活已经被资本主义殖民化了"(80)。克里斯廷·罗斯论证说,在列斐伏尔的工作成果中,不断地提到日常生活已经被资本主义殖民化了,实际上,这应当被看作是帝国主义的过程和力量的延续与转型,而在资本主义的发展过程中,殖民主义必须被认为在资本主义的发展中处于核心地位(罗斯1995:1—13)。不要认为由于许多非洲与亚洲国家在独立自主的斗争中取得了胜利就已经彻底消除了殖民主义,相反,现代性目睹了在世界的重新秩序化过程当中殖民主义依旧在延续,而通过殖民主义的延续,无论是在地方的还是全球的水平上,帝国主义过程都已经呈现出新的塑形模式。在战后的法国,这就意味着,与"帝国的终结"同时形成的各种殖民关系成倍地增长。一方面,去殖民化过程在解放战争中产生了深刻的影响,但是以关于法国城市的城市地理学把殖民关系"内在化"的方式。在它的内部城市变成贫困化和"种族化"地区的种族化过程中,城市空间表述了在全球范围占统治地位的各种关系。另一方面,和许多其他国家一样,法国进入了和美国之间的殖民关系,这种关系产生了各种不可避免的后果。美国化变成了一个包罗万象的词,它标志着可以被看作代表任意一种特殊的("传统的")生活方式的终结,而且表明一种朝向文化全球化的运动的所有那些文化变迁。被法国新浪潮的电影制作者(戈达尔、沙布罗尔、瓦尔达和其他一些人)反反复复提及的好莱坞、现代化了的商品、美国的广告方式、美国汽车,都已经变成了指向这种殖民化关系的数不胜数的提喻。在列斐伏尔看来,这些大规模的历史的和地理的变迁并不需要简单的谴责或者颂扬;它们需要分析——既对它们产生的问题进行分析,又对它们标识的可能性进行分析。

这些大规模的社会变迁是列斐伏尔的日常生活的批判从中得以产生的素材。由于这些批判是在对这些事件作出反应时发展起来的，列斐伏尔越来越一以贯之地把主要精力集中在城市上，把城市当作理解日常的位置。但是，为了理解列斐伏尔对于这些事件的定向，我必需一开始就讨论他的规划的哲学的和文化的起源，因为正是这些起源塑造了他有关日常生活的全部著述。

各 种 基 础

马丁·杰伊在他论述马克思主义和总体性概念的著作中把列斐伏尔的工作成果与超现实主义以及法国黑格尔主义的形成放在一起。杰伊为探讨列斐伏尔的思想的各种基础设立了一个簇集（constellation），这于我们大有助益，此外，他甚至给予我们一个启动所有这些基础的舞台。他从列斐伏尔的一本自传性著作《错误的时间》(*Le temps des méprises*, 1975)中引了一段话，指出了在列斐伏尔和安德烈·布雷东之间的决定性相遇："他让我看桌子上的一本书，薇拉翻译的黑格尔的《逻辑学》，一个很糟糕的译本，语带鄙薄地说：'你连这本书都没有读过？'过了几天，我开始读黑格尔，是他把我引向了马克思"（列斐伏尔，转引自杰伊 1984：293）。达达主义和超现实主义（他与查拉保持了终身的友谊，至死不渝）这两种先锋运动和黑格尔的哲学著作以及它在早期马克思那里的唯物主义的重塑之间存在着关联，而正是有着这种关联的这两种先锋运动的簇集给列斐伏尔的著作以决心，使它在主题上自始至终把日常当作探索异化的位置。在他处理这种簇集中各种不同的力量时,异化和去异化的可能性在列斐伏尔的著作中采用了许多种不同的表述。他使用"总体的人"或者"总体的人格"(不再异化的人类)的概念——这个概念的使用的结果是"历史的终结"(历史的目标已经达到了)——时遵循的是黑格尔化了的马克思主义,而他坚持使用 *la fête*(节日,尤其是指中世纪的节日)作为一个"异于"资本主义的日常的时刻,并且坚持对审美与社会的隔离(或者艺术与生活的隔离)进行批判这种做法源于他对于超现实主义先锋的参与以及他对于法国乡村的长期而精深的研究。初初一瞥之下,节日当中酒神的放纵,以及它对"低级的物质性的身体"的颂扬和对占主导地位的社会关系的讽刺性的颠覆,似乎是一个远离诸如历史的终结以及总体的人格的形成这样的黑格尔主义的马克思主义的观念的世界。诸种观念的这种混合显示出各种互相冲突的倾向,但是正是它赋予列斐伏尔的立场以它的批判性的立足点;事实上,正是对于综合在一起的这些观念的表述允许列斐伏尔闯出一条道路,一方面,这条道路既避免了列斐伏尔对于节日只有乡愁式的浪漫的颂扬;另一方面,它又独断地断定了社会的同质性(总体的人格的普遍性)。

我想要论证的是,把所有这些立场混合在一起允许列斐伏尔做出两个相关的举动:一方面,把改变日常生活的创造性置于优先地位("让日常生活变成一件艺术作品"[列斐伏尔 1984:204]),另一方面,论证核心地组织起来的那个社会的式微。在列斐伏尔看来,资本主义现代性的基本特征是存在着各种相互矛盾的倾向,在社会差异不断扩展与加深(阶级、"种族"、性别、年龄等等级差异的强化)的同时,这些矛盾的倾向会增加日常生活中的同质性(通过

第七章 亨利·列斐伏尔的日常生活的辩证法

普遍的商品化而形成的工作与对象的标准化)。这些力量被组合进一种断裂化的经验当中,同时,时间、空间和知识被裹胁进由许多互不相联的单元组成的多重性之中。通过把节日放置到"历史的终结"的位置上,列斐伏尔指出了(而且期望)一种非等级制的游戏当中的历史目的(创造性)以及极端民主的"差异的权利"。尽管这一点暗示出,与其说列斐伏尔和第三国际的共产主义有共同点,还不如说他与无政府主义更是同一壕沟中的战友,但是,它可以被看作是一种"游戏",这种游戏以对马克思早期著作的解读为指向,融合了对于制度性的社会差异和现代生活的残酷无情的固定化这二者的批判。与此相关的是与(无论是来自左翼还是来自右翼的)历史哲学的对话,这场对话使他有能力为反中央集权的和反官僚政治的社会的观念作出论证,而又不必提倡个体主义的意识形态。作为节日与肉身化的"总体的人"是人类以对共同体的彻底理解为基础的社交活动的未知的潜能(之所以说它是"未知的",是因为唯物主义对于现在的否定所产生的影响不可能提前知道)。这不仅会改变日常生活,而且它是"自下而上地"——从日常内部——来完成这项工作的。

对于列斐伏尔所形成的日常生活批判的每一个方面而言,最为关键的是法国左派中的复杂的政治情境,因为面对革命的可能性的变动不居的环境,法国左派的许多宗派乘风破浪,一往直前。从战前人民阵线的乌托邦的时刻和战后的解放运动的承诺,到在面对斯大林主义的教条主义、残暴和帝国主义侵略时维持共产党的路线时的与日俱增的困难——由于苏联是革命的典范,左派的基本特征是日渐一日的祛魅化。尽管列斐伏尔自1928年直到

1958年被驱逐出党之前一直留在党内，他在左派中的位置是不会引起羡慕与妒嫉的，而且，尽管他承担了党在思想战线上的工作而且颇为得力，但是，他在党内一直持有批判的立场（参见凯利1982；波斯特1976）。允许（在苏联集团之外的）某些左翼知识分子与斯大林主义的马克思主义保持一定的距离并持有批判性立场，部分原因牵涉到抽象的哲学和美学问题。列斐伏尔研究这两方面的问题，从而变成了法国黑格尔主义的马克思主义的一个主要支持者。这种立场表现出来的形式随着时间的发展而变幻多端，不拘一格，但是本质上，它旨在恢复马克思的某些早期文本，尤其是《1844年经济学－哲学手稿》（马克思1977），在这些文本中，马克思使用黑格尔的观念——人类社会处于某种自我异化的状态之中——建立起某种形式的唯物主义的人道主义。马克思关于异化的思考植根于资本主义的生产过程，而且被理解为是从劳动分工中产生的。但是他又用更为一般的术语指出，人之所以从他们自身之中异化出来，和他们自身相异化（或者相互异化），是因为他们的社会条件推迟了他们的人的潜能——人在创造性的生产劳动方面的各种历史可能性——的表现（马克思1977：61—74）。列斐伏尔认为，处于马克思和黑格尔的思想核心的东西，是从人的发展的各种可能性中异化出来这个方面，以及在人的演进过程中发生的人与人之间的异化。

在《日常生活批判》第一卷的两个部分中，列斐伏尔都提出，不仅日常生活的研究是对于处于现代条件下的异化的研究，而且日常生活会因为人的去异化（de-alienation）和完整的人的创造而发生改变，而这个改变可以看作是"历史的终结"。这个转变的逻辑是

第七章 亨利·列斐伏尔的日常生活的辩证法 199

直截了当,不拐弯抹角的:谈论人的异化必然会暗示,存在着一种非异化的人的生活状态,在这种状态中,生活可以最终当作理想来体验。用完全黑格尔化的术语来说,在主人和奴隶之间的辩证冲突可以看作是历史的火车头,它最终会随着他们之间的差异的消失而被克服。这样一种克服将会导致的结果是观念——纯粹精神——的现实化,并且意味着历史的终结。尽管这样一个简明扼要的叙述在对于这个辩证法的精细入微的考察的道路上没有为我们提供多少东西,但是它的确允许我们指向就一个植根于日常生活的转型的政治(这是列斐伏尔的规划的核心目的)而言的主要的争论区域:从这样一种克服中最终会导致一个什么类型的社会?在其中生活的又是什么样的人?使这种转型现实化的条件有哪些?将会出现的观念或者精神是什么?

设想一个在现在的范围和条件之外存在的世界,或者把世界设想为在现在存在的、能够促进这种理想的实现的那些方面达到最高点,这样一种规划当中存在着许多问题。对黑格尔而言,它意味着象征性地强大的国家。马克思主义的历史(在某些方面,它是这些论争的继承者)可以看作是处于下列二者之间:一方面是这种"克服"彻底的重新启动,通过"克服"的这种重新启动,国家必然随着阶级斗争的终结的到来而逐渐消亡;另一方面,由国家领导的共产主义的表面上看来不可避免的兴起。假定列斐伏尔和其他左翼知识分子是处于这种状况下,那么,关于这些主题的论争就不可能不会同作为一个全权的共产主义国家的领导人的斯大林的意象发生共鸣。但是这种黑格尔式的建筑可以用来完成许多不同的目的。在两次世界大战期间以及战后的巴黎,它变成了一个论争的区域,这个空间允许斯大林主义国家的许多替代者在理论上得到演习,而不是必然公开谴责斯大林和法国共产党。

尽管列斐伏尔和他的朋友兼同事诺贝特·古特曼出版论述黑格尔的著作已经有好几个年头了,但是直到1933年,黑格尔才通过亚历山大·科耶夫的系列讲座而使他最有影响力的导论进入巴黎思想界。科耶夫的这些讲座是从1933年到1939年开设的,对思想史具有非常重要的意义,因为有像拉康、巴塔伊、凯诺、布雷东和梅洛－庞蒂这样的名流俊秀参加。科耶夫对黑格尔《精神现象学》的解读以以下这种理解为基础,即在黑格尔写到历史的终结的时候,他是指拿破仑帝国在实际的历史中的成功,而对拿破仑,黑格尔是十分倾心的。因此,在科耶夫看来,在黑格尔的图式中的历史的终结与一个强有力的国家首脑的出现是同义的。但是,科耶夫的解释把这种推理形式延伸了,一直延伸到历史的终结变成了斯大林主义国家的合法化。罗歇·凯卢瓦回忆说:

> 他在社会学学会(参见第四章)做了关于黑格尔的讲座。这个讲座让我们所有人都目瞪口呆,这既是由于科耶夫的思想力量,又是由于他的结论。你还会记得黑格尔谈到了那个骑在马背上的人,他标志着历史和哲学的落下帷幕。在黑格尔看来,这个人就是拿破仑。噢!科耶夫告诉我们,黑格尔看对了,的确存在那样一天,但是他把日子看差了一个世纪:终结历史的那个人不是拿破仑,而是斯大林。
>
> (凯卢瓦,转引自奥利耶 1988:86)

第七章 亨利·列斐伏尔的日常生活的辩证法 201

这是在 1937 年 12 月。11 年以后,在马歇尔计划实施之初,科耶夫重新思考了历史的终结,得出结论说,黑格尔一直是对的,因为历史在耶拿战争中就已经结束了,但是他又得出了结论说,"美国的生活方式是最适合于后历史时期的生活方式"(尼特哈默尔 1992:67)。在新左派形成之初,科耶夫只不过拿一种国家资本主义的方式同另外一种相交换。我认为,科耶夫之强调"历史的终结"和"总体的人",必须借助于新左派既拒斥苏联的国家资本主义又拒斥美国的企业资本主义(其标志就是那个以提喻的形式表述的口号"既非莫斯科,又非华盛顿")才能得到理解。如果法国的黑格尔主义面对许多种不同的表述(正如科耶夫的例子所显示出来的),那么,科耶夫的表述就必须放在一个对话的语境中来看待,它是为了反对那些提出某种形式的国家主义转型而提出来的,这可以通过把"总体的人"和节日或狂欢节的观念配合在一起而达到。重要的是,对于作为最终克服历史的模型的节日的提倡意味着,"历史的终结"和国家的消融是一回事。在随后的许多年里,这种论证在对于工人自治(工人委员会和自我管理的形式)的召唤中呈现出实际的形态。

节日在列斐伏尔概述他关于日常生活的批判时对他而言是一个连续不断的参照点。列斐伏尔在日常中持有一种含糊不清的立场:一方面,它是大众的日常生活的一部分,另一方面,它又是对那些除了"日常"什么都是的日常生活的彻底的重新塑形。在莫里斯·布朗肖对于列斐伏尔的《日常生活批判》的评论中,他指出,在"兴高采烈"的时刻日常变成可见的了,"这时,生存彻头彻尾地是公共的"(布朗肖 1987:12)。在布朗肖看来——在列斐伏尔看来也一样——那些兴高采烈的时刻可以显示在革命的情境中,但是也可以在节日中发现这些时刻。在《日常生活批判》一书中题为"写于某个周日的关于法国乡村的札记"的章节中,他对节日作了栩栩如生、让人有身临其境之感但却含混不清的叙述。在这里,列斐伏尔利用了他在战争期间一直在进行的研究,关于比利牛斯山脉农民社会的历史的研究,尤其是中世纪社会的历史的研究,并且将之与希腊和罗马的文化史合并在一起。让列斐伏尔感兴趣的是一个通过大量的耗费,通过把整个世界颠了个儿来庆祝节日的共同体的观念:

> 在这些节日期间,他们制造出许多欢乐:跳舞、假面舞会(在假面舞会中,少男少女改变自己的衣着,穿戴上动物的皮毛或者面具——对全新的一代而言这些东西有着紧密的关联,总是一起登台),赛跑或者其他体育活动,选美比赛,虚张声势的比赛……这是无节制的日子。什么事情都行。这种过度表现,这种吃喝无度的纵欲狂欢——没有任何限制,没有任何规则……
>
> (列斐伏尔[1947]1991a:202)

尽管这和某些(一般认为是比较和风细雨般的)文化实践——民意调查把这些文化实践置于优先地位(尤其是兰贝斯慢步舞)——联系在了一起,但是,列斐伏尔的兴趣在于节日有能力为了(潜在的)革命的目的而颠倒各种文化价值。那么,节日或狂欢节,就是各种既定的差异的颠倒:那些已经把等级森严的决定性因素固定下来的性别和阶级的差别。这样一种颠倒并非对于差异的抹煞;相反,它是一种否定,这种否定产生了一种被重新秩序化的差异的可能性。在最近的一次对于狂欢节文化的庆祝与颂扬中,狂欢的各种乌托邦的可能性被总结、概括如下:

> 在我们的意识中,狂欢节不仅仅是一场聚会或者一个节日;它是被压迫者的对抗的文化,与文化生产和欲望相抗衡的一种模型。它提供了一种来自下面的对官方世界的看法——不仅仅是对礼仪的破坏,而且是对压制性的社会结构的象征性的、先行的抛弃。从肯定的方面来说,它是欣喜若狂的集体,是对变化的快乐的肯定,是乌托邦的一次改换装束的彩排。从否定的批判的方面来说,它是就社会结构中的所有东西而言的去神秘化的工具,因为这种就社会结构之中的所有东西而言的去神秘化的工具使集体性成为不可能:阶级等级制、性压抑、父权制、教条主义和妄想狂。
>
> (斯塔姆 1989:95)

在列斐伏尔看来,狂欢节就这样一个时刻,在这个时刻中,日常生活被重新塑形了,但是,事物的这种不同的秩序在日常生活本身中是在场的:"节日之不同于日常生活的地方仅仅在于,以前在日常生活自身中并且通过日常生活而被聚积起来的各种力量爆发出来了"(列斐伏尔[1947]1991a:202)。对于中世纪狂欢节的这种肯定性评价可以看作是一个更为一般的思想潮流——这个思想潮流还包括了诸如巴赫金、巴塔伊和情境主义者等——的一部分。

可以再一次证明的是,这种对于狂欢节的关注是一种欲望,意欲发现对于两种官僚政治国家的资本主义结构——苏联和美国——而言的替代性文化结构。在巴塔伊看来,狂欢节和其他节日可以看作是人类社会的基础的生动例证,它消除了"初民"社会和所谓的"文明"社会之间的距离,允许他想象另外一种与耗费而非与盈利相联系的经济。尤其是,他使用美国西北部土著美洲人实践的"炫财冬宴"(Potlatch)的文化实践来论述过度的赠与和损毁礼物(巴塔伊1991)。这种把"炫财冬宴"的实践置于优先地位的做法可以回过头来和列斐伏尔联系在一起,这个国际笔会——原型情境主义团体(我们下面会讨论它和列斐伏尔之间非常密切但又非常棘手的关系)把他们的刊物命名为《炫财冬宴》(*Potlatch*)(参见沃伦1991:46—56)。巴赫金论述狂欢节的书(巴赫金1984)自然是从另外一种文化语境之中产生的,但是,它也可以被看作是和某些同样的社会政治力量之间的对话(尽管它们处于更为恶劣得多的条件之下),并且使用了同样的文化素材。巴赫金论述拉伯雷的书虽然早在1940年就已经完成,但是直到1965年才出版(列斐伏尔于1955年写了一本关于拉伯雷的书),它在传播关于狂欢节的理论方面功不可没,在狂欢节理论之中,被彻头彻尾地颠倒了的世界,各种节日的奢侈豪华、铺张浪费以及坚持快感的肉身性质等等观念都被看作是被主宰者对于主宰者所作的批判性的、潜在地是革命性的反应。在那个由撰文论述已经得到许多关注和产生许多论战的文化形式的学者所组成的名单上,还必须把许多历史学家涵括在内(其中包括勒鲁瓦·拉迪里[1980]、戴维斯[1987]和布尔克[1994])。

第七章 亨利·列斐伏尔的日常生活的辩证法

为了联系列斐伏尔的黑格尔主义的"历史的终结"和"总体的人"的思想来考察他对于节日(*la fête*)的使用,我认为,考察一下针对另外某些作家所提出的许多有用的问题和批评是值得一试的。第一个问题和狂欢节这个观念的革命性潜能有关:

> 巴赫金把狂欢节看作是一种反官方权威的力量,这种力量被动员起来反对教会和国家的官方文化,对巴赫金的这个看法所持的最为常见的异议是,恰恰相反,狂欢节是它所反对的那种文化的一部分;依照这种论证思路的典型隐喻,它最好是被看作安全阀门,它通过暂时把权威的各种束缚悬搁起来而以某种功能性方式加强了权威的各种束缚。
>
> (登蒂斯 1995:73)

或者,用彼得·奥斯本的话来说,狂欢节可以看作是对于中世纪日常的"有特权的补偿"(奥斯本 1995:242)。因此,尽管狂欢节可以看作是把世界倒转过来了,而且,在这样做时,颠倒了各种社会等级,但是,实际上,它的功能是维持这个世界,让它"一条道跑到黑",只是允许各种可能破坏这个世界秩序的力量有一个机会可以缓和一下紧张的情绪。这种批判思路并没有对下面这个断言提出疑问,即狂欢节纯粹是激进的倾覆的声音。但是在列斐伏尔的论证范围之内,中世纪狂欢节本身并不是或者倾覆或者去异化的例证,但是它必然会被看作是被异化了的,因为它是唯一的一个那样的时刻,在这个时刻中,以其他方式生活的可能性被瞥见了(现代世界中的节日可以被看作是进一步的异化,在节日中,那样的一瞥已经被打包放进了可消费的假日等等之中)。日常生活的转型只有在节日不再是"绝无仅有的几个眩人耳目的时刻"(列斐伏尔[1947]1991a:251),而且已经深入到生活的各个角落并改变了它的时候才可以完成。狂欢节的效果的彻底性不是列斐伏尔要讨论的问题;狂欢节的价值作为一个应诺的暗示,标志着另外一种生存方式的可能性——这种生活方式和生活秩序以那些其利益目前得不到满足的人的欲望和挫折为基础。

批判性的关注需要被导向狂欢节的功能,狂欢节执行一个还未达到的历史的目的的功能。在把节日选择作为历史的终结的标志时就存在着一个悖论,因为,作为日常生活的一个例子(或者被改变了的日常生活的一个例子),与其说它暗示了历史的终结,不如说它暗示了历史的开端。列斐伏尔求助于中世纪的狂欢节可以看作纯粹是对于前工业历史的渴念,它暗示的不是历史过程的行进,而是对于不可复原的过去的怀恋。这种怀恋模式也可以看作是使用了文化理论的几个关键比喻之一,由此,现在的被异化了的日常就被设定为是与处于工业化之前的本真生活方式背道而驰的,或者说是与被看作是应为各种社会疾病负责的任何其他的巨大社会变迁发生之前的本真的生活方式背道而驰的。尽管列斐伏尔的历史逻辑当中充斥了各种矛盾(我认为是隐含在"历史的终结"的逻辑之中的),我认为,他努力奋斗所反抗的正是这种本真性的行话。更具体一点说,海德格尔(列斐伏尔总是不断地提到他)和卢卡奇(列斐伏尔没有提到过他)所设立的日常生活(*Alltäglichkeit*[日常状态],强调日常的平庸、琐屑)——在这种日常生活中,人变成了似对象物——和本真的精神生活相互对立,而这

第七章 亨利·列斐伏尔的日常生活的辩证法 207

正是列斐伏尔千方百计要拒绝的东西(参见特雷比奇 1991:xvii—xix)。节日的特殊性(而不是对于前工业的过去的一般颂扬)在这里具有非同寻常的重要性;列斐伏尔不断地使用狂欢节来断言斗争中的诸对话时刻,在这些时刻中,被主宰者以过度的和节日的方式来对他们的被主宰局面作出反应,最终指出本真性的真正对立面:对本真性的批判和与之进行较量。这种批判恰恰是把世界彻头彻尾地颠倒过来的内容,是互换衣着的内容,是主人和农民的象征性倒转的内容。它就是拿来占主导地位的文化——这种文化是以本真的文化的名义安排秩序的——并把它颠覆过来的过程,这个过程允许把本真的文化当作有私心有偏袒的文化来批判。这和我们可以在海德格尔的《存在与时间》中发现的关于森林和民族(*Volk*)的主旨大相径庭(参见尼特哈默尔 1992:77—81)。也许,列斐伏尔把黑格尔主义和狂欢节的激进潜能组合在一起显示出,列斐伏尔的意图和对于诸如科耶夫和海德格尔等作家作出批判性的回应有莫大干系,一如其和创造一个首尾一贯的体系相关。假定那些作家产生了影响,我们可以把列斐伏尔看作是一方面是对某些文化表述进行了强有力的而且非常重要的批判——而那些哲学家用这些文化表述来自我掩饰——另一方面又利用了同样的哲学建筑术——这个建筑术已经建立起了高程度的思想潮流。

如果说关于狂欢节的批判性争论可以看作是对列斐伏尔丝毫没有摸着边儿,那么,一个更加严重的挑战是,列斐伏尔所使用的黑格尔式的建筑术是以普遍性或总体性的名义而建构在对于差异的积极抹煞的基础之上的,而这种抹煞不言而喻地把异性爱的男性,种族中心主义的资产者自身置于优先地位。洛里·兰鲍尔在一篇题为"文化研究和日常生活的政治"的文章中指出,可以从列斐伏尔的著作中得出这样一个女性主义的批判。尽管兰鲍尔关注的是列斐伏尔 1960 年代晚期的著作《现代世界中的日常生活》,她也可能在她的讨论中涵括列斐伏尔的早期著作。尽管她接下去指出列斐伏尔的著作是如何把它自己的各项主张问题化的,但是她把列斐伏尔放置到一般的新左派当中,"新左派在努力把文化建构成一个领域时对于差异的废除总是让人有挥之不去的忧虑"(兰鲍尔 1992:48)。兰鲍尔提醒我们注意在列斐伏尔把日常理论化时妇女的地位这个令人恼火的问题。在这里我们似乎又在他最自相矛盾的地方和列斐伏尔相遇了。一方面正如兰鲍尔指出的(也正如我在本章一开始就提及的),列斐伏尔认为妇女既承载着日常中最沉重的负担,又最没有能力认识到这是一种异化的形式。因此,列斐伏尔主张,"日常生活最沉重地压在妇女的身上"(列斐伏尔 1984:73),他接下去解释说,妇女处在一种模棱两可的位置上,"一方面,她是商品的消费者,另一方面,她又是商品的象征"(73)。正是妇女的这种与日常相关的两可状态导致列斐伏尔提出这种令人瞠目结舌的主张:妇女"**不能够理解**"日常(73),妇女的抗争的基本特征是"各种表述笨拙、无的放矢的要求"(92)。也许(在 1960 年代的)这些陈述是对于刚刚产生的女性主义的一种司空见惯的反应,甚至是一个不出人意料的反应。但是更让人莫名惊诧的是,就在这同一本书的更前面的部分,列斐伏尔构筑了一段两相对照的文字,以一种截然不同的目光看待妇女。这段文字把妇女的对于贫困、"受压制的欲望"和"无穷无尽的需求"方面的"深厚的造诣"和"妇女的权力"——"受到压制和破坏的,它是历史和社会的'目标',但

第七章 亨利·列斐伏尔的日常生活的辩证法

同时又是不可避免的'主体'和基础"——作了一个比照(35页)。在这里,妇女不仅被赋予与日常相关的批判意识,而且还被看作是改变日常的历史斗争的动因。也许对于妇女与日常的这种自相矛盾的"处理方式"是列斐伏尔"撰写"他的著作时遽尔动手、未及深思的结果(他把它们口授给一个秘书)(参见希尔兹 1999 年)。也许这是列斐伏尔试图满足这两个自相矛盾的需求的例证。一方面,通过使他自己和作为政治运动的女性主义保持距离,他可以尝试着满足那些革命的马克思主义者,他们也许把女性主义看作是从真正的革命事业中的撤离。另一方面,列斐伏尔研究日常生活的辩证方法的逻辑应该暗示出,妇女在同一时刻既是"异化"最为深重的个体,又是这种异化最积极的"抵制者"。

兰鲍尔最后指出,与列斐伏尔适成对照的是,现代女性主义应该"修正日常这个范畴,从一个表面上看来毫无问题的基础,一个支持共享的经验、理论一贯性和最终的社会和谐的基础,转换到一个不可消融的差异的位置,一个其解决方案不仅被延迟而且在理论上不可能的冲突的位置"(1992:48)。尽管我同意,那样一个不成问题的日常生活的观念需要被问题化,但我想论证的是,这并不是列斐伏尔动员起来的那个日常概念的基本特征(尽管他陷入了父权制的意识形态之中)。尽管列斐伏尔清楚地看到总体性的概念对他的规划来说至关重要,但是似乎这并不是一个抹煞差异的总体性:在这里,"总体性"必须和"普遍性"区别开来。事实上,虽然列斐伏尔为对于总体性的欲望而心潮澎湃(而不是独断地断定这种总体性),他似乎总是专心致志,想方设法,反复尝试,一次比一次深入,想要揭示出资本主义及其包含差异的结构的不规则状态。如果列斐伏尔的理论在一定程度上可以看作是尝试着以实践的方式去做民意调查开始着手做的事情(勾画作为异质性的日常的图表)，那么，对列斐伏尔来说，"总体性"就总是各种差异的总体性。列斐伏尔面临的总是和席美尔力图解决的问题别无二致：必需从整体上关注日常，而又不能把日常生活的具体差异同化到一个包罗一切的图式中。

起初，列斐伏尔使用的(黑格尔式的)概念建筑术是成问题的，而且暗示出抹煞差异的可能性；尤其是"总体的人"或"总体的人格"的概念指出了一个普遍的主体性，含糊其辞地求助于人的"真正"本性。尽管我认为，这样一个观念用在列斐伏尔那里极具启发性，但是危险在于，它能被用来证明其他规划的合法性(这种建筑术的敞开状态已经为科耶夫赋予它的各种歪曲所证明)。正如马丁·杰伊所指出的，他1940年的那本书《辩证唯物主义》中的许多术语，尤其是"总体的人"的概念，"过于含糊不清，不够精确，结果既可以为法西斯分子所利用，也可以为马克思主义所利用"(杰伊1984：296)。在列斐伏尔看来，在1950年代，如果"关于人的理论思考"还没有"重新坠入一种不连贯的多元主义之中"，那么，总体的人的观念就是必需的(列斐伏尔[1958]1991a：68)。据我猜测，他藉此所指的是为了促使人们团结起来参与集体性的社会改变(人民阵线的历史回声)而需要某种类型的乌托邦的宗旨(无论多么难以具体化、确定化)。列斐伏尔在"总体的人"的实际本性以及历史的终结方面的含糊其辞是一种必然状况，是他试图提出人的纯粹潜在性而非一个没有异化的人具有的或者将要具有的现实性时导致的必然状况。在这里需要作两点论述。第一，"总体的人"

的概念化是在1960年代以后逐渐消失的。因此,无论两次大战期间以及战后的几年里,重新强调黑格尔主义时有什么价值,在1970年代和1980年代,这已经不再是大家关注的热门话题了。其次一点是坚持强调这种不和谐导致把节日和某些版本的黑格尔主义的马克思主义可能蕴含的普遍主义合而为一;事实上,狂欢节的概念可以看作为对于这种黑格尔主义的信念的批判提供了术语。把黑格尔主义的马克思主义与节日合而为一产生一种包含着内在的矛盾的哲学,这种哲学为它自身的批判与消融提供了基础。狂欢节和节日的观念(这些观念贯穿于列斐伏尔的工作中)与总体性和普遍主义的观念并不相配。狂欢节所蕴含的那种社会性也可以依照彻底的异质性而被看作是更加具有生产性——在一个反面乌托邦的(dystopian)现实中具有异位的(heterotopian)可能性的时刻。

不断地自我重复的东西

日常生活(*la vie quotidienne*)暗示了普通、平庸,但是更为重要的是,在列斐伏尔看来,它蕴含了连续的重现,持续的重复。对于列斐伏尔的"日常生活"这个术语的意义来说,至关重要的正是它的重复:每日的家庭杂务和那些意味着对单调乏味的工作进行补偿的已经固定化的快感。即使那种"脱离寻常"的东西,例如,野营旅行,也是日常生活的一部分,因为它是工作与休闲这个循环中的一部分:年假、周末(*le weekend*)、生日庆祝、公司聚会等等。正如列斐伏尔在《现代世界中的日常生活》中写道的:"日常生活是由重现的事情组成的:劳动与休闲的姿态,人和机器本身的机械运动,小时,天,星期,月,年,直线型和圆圈型的重复,自然的和理性的时间"(1984:18)。如果列斐伏尔强调日常生活的重复与速度,那么其理由就在于,通过强调轮回的观念,他能表述出他对于日常生活这个概念最基本的和最彻底的使用:日常生活作为生活的全部方面之间的相互关系。通过考察每日乘公共汽车上下班者的每日的循环是如何与他们每周一次去电影院发生关联,这又是如何与某个不规则的规则性例如拜访一个家庭成员发生关联的,日常生活可以看作是在不同领域之间的关系。通过这种方式,日常就不可能被看作是只与某些类型的活动或社会领域相关的;"日常生活与所有活动都有深刻的关系,包括它们所有的以及它们之间所有的区别与冲突;它是它们相交会的地方,是它们的纽带,他们的共同基础"(列斐伏尔[1958]1991a:97)。

列斐伏尔在这个主题方面最有说服力的工作是在1958年《日常生活批判》的"前言"中对于闲暇的分析。在列斐伏尔看来,闲暇是一个活动领域,它需要被与诸如工作和家庭等社会领域连接在一起来看待;单独地看待这一个领域会对它产生误解。它之不能被隔离开来的一个理由就是,闲暇不是一件事情而是许多事情:"业余爱好"(摄影、绘画),假日,坐在电影院里等等。闲暇组成了范围广阔的各种活动,但是它们并不包含一个共同的特殊的目的或方向,除了它们与劳动的世界相区别之外。但是这就是列斐伏尔的辩证法起作用的地方:在他看来,闲暇的世界既是工作的异化的延续,又是对它的批判。因此,假日野营的例子就承担了工作以及工作的否定之间的复杂的相互作用:"在野营的假日里,工作和闲暇几乎是难以区分开来的,日常生活在它的整体中变成了游戏"

第七章 亨利·列斐伏尔的日常生活的辩证法

(列斐伏尔[1958]1991a:33)。由于野营的假日是对劳动的补偿，是对它筋疲力尽的状况的暂时改善，而对劳动的有效延续而言也是必不可少的，那么，它就担负了异化的污名("异化之在闲暇中正如它之在劳动中"[39页])。与此类似，与大多数现代闲暇一样，"野营"和商业主义的关系非常亲密，二者紧紧地联系在了一起。不仅仅是"假日"的商业主义，而且是所有那些商业化了的欲望，在帐篷和野营技术方面都要购买最时新的东西的欲望。但是它也表述了日常的工作世界之外的真实的需要，而且在表述这些需要时，它批判和否定了这个世界(例如，野营可能表述了一种在与大自然另一种关系之中生活的欲望)。在列斐伏尔看来，"现代世界"中的闲暇是资本主义日常生活固定化的一个例子，同时又是节日的延续的显示。节日可能会由于闲暇的商品化而被彻底地异化，但是它仍然存在，仍然潜在地是批判性的。在撰文论述日常的社会学是如何关注这种闲暇辩证法之时，他指出：

> 社会学家能够对之加以研究的各种活动和消极状态，各种社交和交往形式组成的综合体就这样建立起来了。尽管不批判它们(在一定程度上)是虚幻的，他就不能描述或者分析它们，但是他必须从下列这个事实出发，即，它们在它们自身内部就包含了它们对于日常的自发性批判。它们之所以是那种批判，因为它们不仅仅是日常生活，而且它们又处于日常生活之中，它们是异化。
>
> (列斐伏尔[1958]1991a:40)

对于闲暇的这种辩证解读是列斐伏尔对于日常的批判中的一个至关重要的方面,它包含了同其他版本的西方马克思主义——例如,赫伯特·马尔库塞对于审美王国的批判(马尔库塞 1972)——的许多相似之处。使这种辩证方法成为对列斐伏尔而言如此至关重要的是这样的一种观念,即日常生活提供了它自己的批判的契机,这就意味着,关注日常生活的规划和改变它的规划是一脉相承的。对此规划而言具有根本意义的是一种双重的批判:一方面,它是对于把生活分隔成各种不同的活动和专业化的专门领域的批判;另一方面(与之关系更为密切的是),这是对于把学院的和思想的生活分隔成不同的理解和探索社会的专门化方式的批判。在列斐伏尔看来,日常生活是对一般的社会原子化的挑战:把社会和经验隔离为诸如政治、审美、性、经济等等互不相侔的领域。它也是对于专门化的学科属性的挑战,这种专业化学科属性可以看作是以下这些划分和隔离的思想表述:经济学、哲学、社会学等等。这种学科孤立状态必须被克服,而它们在社会上的同源物必须以同样的方式被克服。

日常生活的批判必须被看作是对这些隔离(思想的和社会的)的关注,以及对于克服这种隔离的承诺的坚持。通过从日常生活的观点来强调所有这些社会领域的相互关联,列斐伏尔还指出了改变处于孤立状况中的任何一个特殊领域的局限性。与此类似的是,日常生活研究的批判性只有通过有意识的学科交叉(或者反学科属性)的研究才能得到保证。对于列斐伏尔的立场至关重要的是,对于把"政治"从诸如审美和日常等领域中隔离出来的批判,这种批判必然导致批判性的日常的政治化,这种政治化也是(并且辩证地是)对从日常当中脱离出来的政治领域的批判。"因此,"列斐伏尔写道,"日常生活的批判牵涉到政治生活的批判,因为日常生活已经包含了和构成了那样一种批判:因为它就那种批判"(列斐伏尔[1958]1991a:92)。通过独立的经济的或者政治的方案来改变社会的可能性,在列斐伏尔看来,不仅仅是一个错误,而且是对于革命性规划的根本误解。1917年的革命想要通过克服异化而改变日常生活,没有比它的失败让人更敏锐地感觉到了这一点。在他1958年的《序言》的一开始,他就用春秋笔法写道:"异化在社会主义社会消失了吗?在苏联或其他正在建设社会主义的国家中,难道不是存在着许多标示着新的——或者重生的——各种形式的经济的、意识形态的和政治的异化的矛盾吗?"([1958]1991a:5)。

与这种离经叛道的怀疑论(因为某人还是——当然也只是——一名共产党员)相关联的是,日常的政治化可以看作是与批判性地克服原子化的社会的其他努力——先锋超现实主义的残余物——相关,而且是女性主义坚持强调的"个人的就是政治的"这个观点的有先见之明的将来的回声。在超现实主义看来,与革命的马克思主义的关联虽然总是强大的,但是也是有问题的;布雷东对马克思的"改变社会"的坚持总是与兰波的"改变生活"联系在一起的。列斐伏尔的超现实主义的遗产可以在他为了日常生活的革命的潜能而将日常生活政治化的做法中看到,这意味着对于艺术和日常的这种分离状态所具有的抽象性的克服——"让日常生活变成一件艺术作品!"(列斐伏尔1984:204)。往回看,这些陈述与席美尔的社会学美学以及超现实主义相关。但是,超现实主义还停留在审美王国的内部,而列斐伏尔却坚持认为,日常是这些转变的唯一位置,他把他的批判放置在与一种新的激进的社会运动相关的位置上,在这里,各种转变的历史可能性恰恰是由于生活在跨越社会隔离和倚靠社会隔离中的某些团体中的人的经验。女性主义的例子再一次派上了用场:有的人生活在跨越和倚靠像公共领域和私人领域这样的性别化领域的分离状态之中,作为他们的历史经验的政治化,女性主义显示出了从日常生活内部出发进行批判的可能性。列斐伏尔对于日常生活的坚持(坚持把它当作各种异化的可能转变的空间以及各种异化生动而具体地表现出来的空间)就和下面这种理解关联在一起,即"阶级"必需在经济结构之外被重新思考,不仅其他的分类形式只是社会地起作用了,它们的批判性拒绝的潜能也昭然若揭。因此,他的要求——日常生活批判是对异化的研究——与那些团体的实践经验和可能性有着明确的关联:

> 异化观念是一个操作性的观念吗?我们能从某种政治策略中得到这个观念吗?不能。我们能够轻而易举地把它同黑格尔主义的概念支架分离开来吗?几乎不能。它是一清二楚、精确无误的、分析的吗?不是。这些都是错误地提出的问题。真正的问题是作为对于活生生的经验的认知和作为一个概念的作用问题,异化的实际效力问题。它带来的是对于不同条件和不同情境(女人、学生、被殖民者、殖民者、主人、工人等等条件和情境)的自我揭示。
>
> (列斐伏尔[1975]转引自里德 1987:55)

第七章 亨利·列斐伏尔的日常生活的辩证法

如果说苏联的 1917 年革命已经失败了，那是因为日常生活没有被改变。或者毋宁说，革命没有能够在日常的基础上释放出人的创造性潜能。②列斐伏尔的革命将是连续不断的和文化上的。1967 年的日常生活的改变宣告"永恒的文化革命"的来临，这场革命集中于三个区域：性改革和革命；城市改革和革命；重新发现节日（列斐伏尔 1984:204—206）。

过度现代化

> 只是在第二次世界大战之后，资本主义才成功地渗透到日常生活中的每一个毛细孔之中。我们需要在马克思主义中有新的概念，如果它想要保持它那帮助我们理解和改变这个已经被彻底地商品化了的当代世界的能力的话。
>
> （列斐伏尔 1988:70）

这些"因马克思逝世 100 周年有感而发的评论"坚持认为，马克思主义的规划必需不断地更新它的概念框架，如果它想要对现代日常生活有重大意义的话。它作为一种坚定不移的主张可以看作是列斐伏尔生涯的主要驱动力，这个人的一生为马克思主义提供了范围广阔的生产性的概念工具。日常生活批判的焦点当然在于对于当代世界的理解与改变，尽管它使用像异化这么老的词来作分析。但是，因为日常生活本质上是一个动态的概念，所以，它是对于必然重新改编它的理论伴生物的可观察的现实持续不断地作出的反应,它提供了一个急遽膨胀了的对于异化的分析,因为它是在战后期间现代化突飞猛进的条件下被经验的。如果说这个批判的第一部分写于一个带有普遍的悲观主义性质的条件之下(回忆一下人民阵线、法国解放以及它所暗示的所有可能性)的话,那么,这项规划的延续就是对另一种不同的处境的反应。1950年代和1960年代可以看作是一个过度现代化的时期,这个过程对法国(和德国)所产生的撞击要远比大多数其他西方国家猛烈得多(参见阿尔达1977年)。克里斯廷·罗斯对法国在1950年代晚期和1960年代早期"有电气但还没有电子学的年代"的社会和文化的各种转变有一段生动的叙述:

> 法国战后现代化之非同寻常的迅捷似乎带有布罗代尔把它称作一个事件的时间性的那个东西的各种质:它一往无前,激动人心,扣人心弦,令人喘不过气来。法国社会战后从一个乡村的、帝国型的、天主教的国家转变成一个完全工业化的、去殖民化的城市国家,其转变速度意味着,现代化所需要的东西——例如,受过教育的中层管理者,或者有人负担得起的汽车和其他"成熟的"消费耐用品,或者一套依照科学的、功能主义的模型而建立起来的社会科学,或者前殖民地的劳动者的劳动力——突然降临到这样一个社会中,这个社会依旧珍惜战前的外观,但是又有面对全新之物时的力量、兴奋、瓦解和恐惧。
>
> (罗斯1995:4)

第七章 亨利·列斐伏尔的日常生活的辩证法

我们可以看到,这种受到不遗余力的颂扬的现代化,以及它的社会病征的防护性覆盖物,以一种特殊的动态的方式存在于殖民过程的双重表述中。这种双重表述是在一个"传统的"法国,一个普遍的但却不规则的美国化(好莱坞电影、马歇尔计划、自动唱机等等)和法国殖民地(最重要的是阿尔及利亚)的去殖民化之间的复杂的殖民关系。正如已经提到过的,这些过程意味着,地方的和全球的关系都在被重新塑造,而法国的城市结构自身也由于各种不同的力量——从阿尔及利亚回归祖国的"黑脚法国人"(白人移居者),对被限制于特定郊区的"移民"(阿尔及利亚人)工人与日俱增的利用,以及"国际"(例如北美)文化工业(好莱坞、大麦克等等)——而改变了。正是在对这些社会改变的关注中,日常生活的批判在战后时期延续下来,并且逐渐从对战前发展出来的几个哲学主题的强调中转移出去了,而日益使它自身关注一种关于日常的马克思主义社会学,这种马克思主义社会学把现代性以及现代性所产生的空间形式作为它的主题。

一定程度上纯粹是因为列斐伏尔的工作规划的年深日久,资历深厚,列斐伏尔的工作显示出了随着环境的改变而不断改变自身的能力。它从一种哲学的方法转换到一种更加具体的社会学方法,这种转换和席美尔的转换非常相似,尽管列斐伏尔使他自己的思想适应于不同的社会环境。这些不同的社会环境最明显地显示在席美尔和列斐伏尔处理城市环境的方式中:如果说席美尔提供的是一种类似于关于城市现代性的社会心理学的东西,那么,列斐伏尔对于日常生活的明确强调就把从对城市规划的批判中而来的所有东西都整合到了运动的诗学当中。无论是在列斐伏尔的工作中还是在民意调查的工作中(兰贝斯慢步舞是美国商业性的舞蹈音乐的解毒剂),我们都可以看到对于"美国化"(或者说资本主义的全球化)的批判性反应,但是,列斐伏尔的工作把殖民的概念扩展到可以包容一个范围更加广阔的各种力量和环境的地步。

节日的概念及其复兴继续占据主导地位,一如它在战后许多关注大众文化的法国著述中占据主导地位(里格比 1991:17—38),但是列斐伏尔的规划的重心日益集中在对于社会生活当中最新出现的方面的关注上。这些都是观察和经验的结果,是一名哲学出租车司机的洞见。③现代性的重要特征,在列斐伏尔看来,是城市结构的最近发展,但是与其说它是大都市的中心,还不如说是不同的郊区形式:住满了阿尔及利亚工人的棚户区(*bidonvilles*)和富有的中产阶级居住的别墅(*pavilians*),这些别墅各自为阵,老死不相往来(列斐伏尔[1958]1991a:42—43)。列斐伏尔没有把主要精力集中在各种新形式的旅游的熠熠光辉上,相反,他强调由于城市的郊区化过程和乘公交车来往于两地上下班的需要而导致的新的时间和空间关系。乘公交车来往于两地上下班是一种时间和空间的关系,他称这种关系为"被约束的时间"(列斐伏尔 1984:53),国际情境主义者在 1959 年的有关文本"关于交通的几个情境主义主题"中关于它写道:"上下班时来来往往的时间,正如勒科尔比西耶恰如其分地指出的,是一种多余的劳动,它相应地减少了'自由'时间的量"(德博尔[1959]1984c:57)。

列斐伏尔把主要精力放在布莱希特所谓的"坏的新事物"上,这在他的那本书《现代性导论》([1962]1995)中题为"关于新城市的几点评注"一章中表现得最为强烈。在这里,列斐伏尔用他最富

第七章 亨利·列斐伏尔的日常生活的辩证法

于预见的眼光注视着穆朗的新城的建设，这座新城之设计是用来应对由于在拉克发现了新油井而导致的人口增加的情况的。他一边注视这个城市文本——这个文本让他充满了恐惧——的建设，一边沉思法国国家资本主义的各种可能性，他追问"我们到底是在走进一座欢乐的城市，还是不可救赎的无聊的世界？"（119页）城市把自身揭示为一系列的可能性，以及通过无聊和束缚的生产而把自身揭示为诸种可能性的关闭："在某种意义上，这个地方除了交通信号灯之外什么也不是：这样做，不要那样做……一切都清楚明白，可以理解。一切都微不足道"（119页）。

正是列斐伏尔的这种辩证方法（可观察的和变动不居的现实同批判性理论之间的不断的相互检验）使列斐伏尔在1960年代晚期发展出了一种社会理论，这种理论与詹姆森以及1980年代的其他学者系统阐述的后现代主义理论的某些方面大同小异，有异曲同工之妙。事实上，在后现代主义在北美产生完美例证的时刻，似乎列斐伏尔有过不小的贡献：正是在这一时刻，弗里德里克·詹姆森，爱德华·苏贾和列斐伏尔都迷失在洛杉矶商业区的波拿文彻饭店。撇开趣闻轶事不谈，列斐伏尔可以被要求称为研究后现代性的日常状况（*avant la lettre*）的理论家，但是只有在这样一种要求受到大大限制的情况下。在《现代世界中的日常生活》中题为"1950年代与1960年代之间法国发生了什么"的那部分，他指出了许多可以被看作后现代性的限定词的变化。

在詹姆森看来，后现代主义最重要的一个特征是"无深度性"的观念："（后现代主义的）第一个而且是最为明显的（方面）是，出现了一种新的平面性和无深度性，在它最根本的意义上的某种表面性"(詹姆森 1991:9)。詹姆森的例子在很大程度上依旧停留在审美对象的领域(例如书籍、绘画等等)之内,尽管由于他自相矛盾地使用了这些例子而使他的理论遭到了来自许多方面的批判,但是他所审查的与各种迹象相关的变化已经被承认为后现代的基本特征。正如一位批评家生动指出的,"一座点缀花园的侏儒塑像不再是花园的侏儒塑像。……这些日子以来我们情不自禁地怀疑花园的侏儒塑像是一个滑稽的引语"(比格尔 1991:3)。似乎具有美感的迹象已经从真实的迹象变成了滑稽的迹象,或者说从具有对模仿作品的批判能力变成了只是能够拼凑模仿。或者,换句话说,一度能够提供完全的经验和意义的文化形式已经让位于那些被掏空了的形式,因此而显得没有深度(詹姆森 1991:16—19)。尽管后现代的这种理论化集中在审美迹象上,列斐伏尔对于文化赋义行为的各种社会变迁的兴趣却有着更为广阔的视界。列斐伏尔看到了从关于符号的符号学到关于信号的符号学这种独具特色的变化。在列斐伏尔看来,符号和一个社会相关,在这个社会中,意义是以把日常生活和文化的一般叙事主题相联系在一起的方式而被经验的;他用信号指的是一种被更加工具性地还原的意义形式,一种以交通信号灯为范例的"开/关"的交往。在某种程度上这和后现代文化的理论化是一脉相承,首尾一致的。在列斐伏尔看来,符号指定了一个比现在的社会更加充实的社会的赋予意义行为。和后现代性的诸话语一样,这可以被当作一种乡愁式的立场,这种立场不断地处于把过去神秘化和物化的危险之中。

尽管如此,信号的观念以其他一些方式暗示了它与诸后现代主义理论之间一个重要的差异。如果后现代文化中的赋予意义可以看作是倾向于多义性(倾向于含糊不清而不是固定的意义),那么,列斐伏尔就把信号的赋予意义看作是充实性与多元性这二者的丧失。从符号到信号的这种运动是一场把意义的各种可能性都禁锢起来的运动(用巴赫金的话来说,这是一场从对话走向独白的运动):"信号命令、控制行为,它由恰恰是因为它们之间自相矛盾而被选择出来的各种对立所组成(例如,红和蓝);此外,信号可以依照编码而分门别类(高速公路上的编码就是一个简单而为人熟知的例子),因此而形成各种强制系统"(列斐伏尔1984:62)。尽管信号的统治并不意味着符号不再存在,但是这种工具性的赋予意义不断增长的无处不在性的确向列斐伏尔显示了一种社会,这种社会变得越来越以禁止和命令为基础。再往后,在《空间的生产》中,列斐伏尔暗示,城市空间给人发信号的那种方式是通过"行和不行"(列斐伏尔1991b:142),也就是说,是通过允许和不允许的空间而存在的。尽管这似乎提供了一种权力理论——这种权力主宰着城市的日常,而几乎没有为抵抗留下什么空间——但是列斐伏尔对此进行了辩证的解读,而继续同等程度地强调动因和结构:城市空间需要特殊的秩序,因为那些组织城市空间的人认识到无序状态的存在。通过这种方式就不能断言,"行和不行"已经被成功地投入使用。事实上,列斐伏尔对于日常生活中工具性的赋予意义的使用的理解可能指出了与其正相反对的一面。也许正是因为"疯子正在掌管着精神病院"(姑且这么说说),所以,社会规划者竭尽全力取缔了意义和使用的"敞开状态"。

诸如此类的例子把列斐伏尔的工作与那些和后现代主义有千丝万缕的联系的工作区别开来了。列斐伏尔和研究后现代的理论家关注的是同一种社会现象,认识到这一点就有可能提出取代各种更加具有"千禧年主义的"版本的后现代性的一种清醒的替代物。在列斐伏尔看来,标志着当代的现代性的社会变迁,不可以被认为是和资本主义现代性一般截然不同的东西。毋宁说,正是资本主义现代性自身必须被看作是一种变动不居的力量,它不断地匆匆建造起各种新的和出乎意料的情境。因此,阿朗·普雷德的话可能揭示出,列斐伏尔最好是被当作研究过度现代而不是后现代的理论家:

……此时此地的日常生活和各种经验……
无论它们看起来是多么与众不同,多么具有戏剧性,
无论它们可能已经被后福特主义的,
后殖民的,或者
后冷战期间的各种环境
彻底地改变,
它们的基本特征最好是被描述为放大了的现代性,
得到突出并且速度加快的资本主义现代性,
过度现代,
而不是后现代。

(普雷德 1995:15)

尽管这必然削弱列斐伏尔与后现代主义的关系,但是,我们仍然有必要考察一下在有关后现代性的不同叙述中得到强调的其他一些主题,列斐伏尔在分析 1950 年代和 1960 年代的法国社会的

第七章 亨利·列斐伏尔的日常生活的辩证法 225

变迁时也表述过这些主题。詹姆森把后现代社会理解为"在现代化过程已告圆满结束、自然已经一去不复返了的时候,你所拥有的东西"(詹姆森1991:ix),我们发现,列斐伏尔已经提出过这种理解了,他把它当作对于前资本主义的生产和各种传统的最终约简和吸收。同样地,把主要精力集中在作为(后)现代社会的一个重要方面的信息的生产与积累上,以及时间和空间的本性中的变化(时-空压缩)上,这是列斐伏尔在1960年代晚期所观察的那个社会的所有部分。但是我们不能仅仅停留在对关于所有这一切的深谋远虑的评论之上,相反,我们要追问,为了发现一名观众,把这些主题带到如此之远的原因是什么?关于后现代主义的某些影响最为深远的叙述似乎把重新发现列斐伏尔的批判性规划当作它们的可能性的条件(例如,哈维1989年),而留给我们去追问的是,究竟为什么讲英语的学者们从来没有真正地发现列斐伏尔。

列斐伏尔在1960年代和1970年代的著述不仅似乎断然是政治的(在这个词的行动主义的意义上),而且,它们的那种动态的、不系统的方法不那么受已经成功地取得霸权地位的结构主义的欢迎。结构主义输入到英国和美国学术界的道路也许并不平坦,时不时地会受到传统主义者的强烈反对,但是法国结构主义和后结构主义(以它的各种各样的形式)渗透到学术界是那么彻底,已经到了无孔不入的地步,结果竟然是,在1970年代和1980年代谈到"理论"就等于是乞灵于思想界明星——其中绝大部分是为列斐伏尔所不齿的对象——的角色召唤(role-call)。到1970年代晚期和1980年代早期为止,法国结构主义和后结构主义理论的使人昏昏沉沉的混合饮料已经变成了传统价值的提供者的某种官方的对手。没有给像列斐伏尔的工作那样的恣肆无常的、不系统的和在实践上是政治的工作留下任何平台。

近年来,列斐伏尔在英美国家的大学中恢复了生机(尽管依旧规模很小),它可以看作是通过回复到古老的问题而形成的对这种"官方的对手"的成功的一个反动。向更有社会基础的历史感和文化的地理学的回归已经允许给列斐伏尔一个更加容易产生共鸣的语境,尤其是在正在扩张的文化地理学的领域(例如,在戴维·哈维和爱德华·苏贾的工作中)。在通达文化的诸途径中发生的这种的转换允许对殖民主义和全球化投入更多的关注。但是关于列斐伏尔的文化地理学的叙述已经(并非出乎意料之外)常常导致以对他的工作的一般理解——把他的工作理解为日常生活的批判——为代价而把他的更加明确的地理学工作置于优先地位。列斐伏尔对于社会的地理学理解的贡献(我认为,具有实质意义的)是他关于城市空间——作为在地方性的各种具体规定、跨国资本主义力量和民族国家的力量之间的三角关系的城市空间——的研究为对于新殖民社会中的日常生活的关注提供了有用的、而且纷繁复杂的形式。但是,尽管列斐伏尔的工作越来越明确地集中于城市空间,这依旧必须被看作是他的日常生活的批判的一种延续。在我们已经精心阐述过的大部分传统之中,日常和城市似乎必然联系在一起。通过把城市理解为现代生活的一般条件(可以在小城镇和郊区等地方发现的一般条件),列斐伏尔允许一种更有包容性的研究日常的方法。坚持列斐伏尔的城市地理学以及日常生活批判之间的关系的一种方式是,强调1960年代发生于列斐伏尔和情境主义者之间的对话,并且把它放在1968年5月发生的准革命事件的语境中来看待。

1968年5月,城市化和情境主义者

1968年的春天巴黎发生"爆炸"④的时候,曾经在列斐伏尔的著述中占据主宰地位的许多主题会合在了一起,变成了一个带有暴行的公共领域,这个公共领域动摇了,但却从来没有推翻过现存的秩序。学生控制了他们的研究机构,工人组成了罢工委员会和工人自治,一时之间,似乎一场持久的文化革命就要爆发了,其原因似乎是城市日常中的节日的重新出现。在这里,某种形式的革命性的城市化正在改变日常生活,把它变成狂欢节。如果从5月事件的角度出发来看,列斐伏尔的著述表现出非同寻常的先见之明。他的这个思想,即城市化过程将会为颠覆商品文化提供各种条件,他呼唤城市恢复节日以及他坚持不懈地要求通过批判性的去异化而改变日常生活,所有这些对于理解1968年5月的革命时刻而言都是至关重要的主题。就在这一年之前,在他的《直接通往城市》(*Right to the City*)(参见列斐伏尔1996)和《现代世界中的日常生活》(参见列斐伏尔1984)等书中,他重申了他对于依旧存在于日常生活中的节日在改变日常生活方面的基本的潜能的理解:

> 城市改革与革命。在这一点上应该没有什么误解;城市化将从革命中产生出来,而非革命自城市化中而来;尽管,事实上,城市经验,尤其是为了城市而进行的斗争(为了它的保

存和修复,为了城市的自由),为一系列革命行动提供了背景和目标……

由于克服日常生活和节日之间的冲突和使这些东西在城市社会中并且通过城市社会而和谐相处,我们重新发现了节日,并且渲染了节日,这是革命计划的最后一个条款。

(列斐伏尔 1984:205—206)

如果我们不恢复这些话所属的思想和社会语境,这些话听起来有点儿像想要成为预测未来的人所说的话。就事论事,到这时为止,列斐伏尔一直在不同的研究机构教书,他和一些后来在5月事件中扮演了重要角色的一代激进学生共同进行一些研究。例如,学生领袖达尼埃尔·科恩-本迪特,他所参加的3月22日运动可以看作是触发5月事件的导火索,他在楠泰尔(巴黎郊区的一个大学城)跟着列斐伏尔研究社会学。但是,更具有实质意义的关系是列斐伏尔和国际情境主义者(SI)之间的关系,这些人通常被看作是五月事件的精神教唆者。情境主义者和列斐伏尔共享的生产性基地是"日常生活的革命"。他们之间如火如荼的关系以及相互影响的具体细节现在被埋葬在由满腹忌恨和尖酸刻薄构成的阻拦之下(列斐伏尔的叙述,参见罗斯1997b)。似乎,最有帮助的方法是把他们的工作看成是一系列共享的主题的不同表述,而尽管在1962年,列斐伏尔和情境主义者之间的工作关系突然宣告中断,再也不可修复,但是沿着其足迹,了解这两种叙述的进展仍然是生产性的。

国际情境主义建立于1957年,起初是一个跨越欧洲许多国家

第七章 亨利·列斐伏尔的日常生活的辩证法 229

的先锋团体,它们以一份杂志和在许多不同的主办城市召开的不定期会议为中心联合在一起。国际情境主义者的主题既是美学的,又是社会学的;事实上,正是这二者之间的不可分割性证明了它们同超现实主义之间的联系,而且,正是他们坚持认为社会的领域是行动的领域这一点导致了他们同更多的以艺术为核心的团体之间的裂痕。国际情境主义者是从一个激进的艺术集体(在一个意象主义者包豪斯看来,是国际笔会和国际运动)中脱颖而出形成的,他们应该看作是政治和审美两方面的先锋。从一个国际情境主义者的视角来看,纯粹的艺术先锋主义存在的问题是,它的革命意图太容易为金钱、名誉和制度的修复所收买。他们的意图就是对于左派和右派的政治正统论者进行批判。和国际情境主义者关系最为密切的理论概念就是居伊·德博尔在他的《景观的社会》一书中基于物化的意象而对社会关系作出的分析(德博尔[1967]1983),这个理论概念导致的结果是,对于浸淫在景观之中而又被景观弄得一贫如洗的日常生活进行残酷无情的批判。国际情境主义者要求革命,而尽管他们对革命如何爆发的分析与列斐伏尔的分析截然对立,但是所设想的结果可以认为是大同小异:"无产阶级的革命要么是节日,要么是虚无,因为节日性正是节日所宣告的生活的主旋律。游戏是这种节日的终极原则,而它所承认的唯一的规则是无限期地生活,无限制地享受"(国际情境主义者 1966:337)。

对于国际情境主义者和列斐伏尔而言都至关重要的是,对于作为一个革命的时刻的巴黎公社的理解,它的价值远远没有被左派充分地认识到。在列斐伏尔看来,他对于1871年公社的兴趣在于,它可以被看作对于变成了它的可能性条件的城市化过程的彻底否定。巴黎的城市发展,在巴龙·奥斯曼的指导下,从1850年代到1870年代创造了它自己的掘墓人。通过从乡村招募大批的工人来按照资产阶级的规则重建巴黎,通过把工人转移出巴黎的中心,奥斯曼式的改建变成了允许巴黎公社存在的可能性的条件:

> 巴黎公社(1871年)的一个强大的方面就是那些被推往郊区和周边地区的工人重新返回到市中心的力量,他们重新征服了城市,许多份财产中的这份财产,这个价值,这件已经被从他们手里抢夺去的作品。
>
> (列斐伏尔 1996:76)

这种分析导致列斐伏尔和国际情境主义者都把主要精力集中在恢复城市中的节日及改变日常生活这些城市结构方面的可能性上。具有反讽意味的是,在列斐伏尔和国际情境主义者之间关系的破裂似乎是由于在这两派之间已经达成一致的东西:国际情境主义者指责列斐伏尔剽窃了他们关于巴黎公社的分析(参见科夫曼和勒巴 1996:11—18)。滑稽之中再添滑稽的是国际情境主义者对于这些观念的所有权的立场:"剽窃是必然的,进步就意味着剽窃"(德博尔和沃尔曼 1981:10)。

情境主义者的奠基性的理论文本建立了对于他们关于城市日常的理解而言非常重要的一系列概念和实践,他们把城市日常理解为包含了改变它自己的可能性的条件。漂移(*dérive*)的观念把

第七章 亨利·列斐伏尔的日常生活的辩证法 231

这许多元素聚合在一起。漂移就是漫游,就是围绕城市而游荡。它可以看作是一个更为一般的活动——改道(détournment)——的一个重要方面。这种研究蒙太奇的方法强调了否定作为它们的改变的序言的那些文化的要素的必然性。漂移就是实际上的改道,由此,城市的秩序被否定了,而另一种允许城市的各种混乱无序的力量得到揭示的转移(drift)受到青睐:一门城市心理地理学所具有的各种效果与各种魅力之间的游戏。与此相关的一个经常被援引的例子是居伊·德博尔的一个朋友,他"在德国的整个哈茨山地区到处漫游,盲目地遵从一张伦敦地图的方向"(德博尔 1981a:7)。尽管这提供了某种风味的漂移,但是它在心理地理学(地点和空间的城市效果)的分析和观察的重要性以及为了理解城市环境而纵情于城市环境的魅力的吸引的重要性等方面却付诸阙如,一无所得。尽管这把它和超现实主义的更为纯粹偶然的移动区别开来了,但是它们仍旧停留在超现实主义对城市的理解的范围之内。在瓦尔特·本雅明试图通过复苏 19 世纪的闲逛者和捡垃圾者的形象书写现代性的史前史时,它还表明了它和与超现实主义渊源极深的瓦尔特·本雅明的工作之间的联系。漂移者虽然观察力敏锐但却无所用心,这种漂移认为城市的日常最好是被当作某种形式的无意识。围绕着各个城市而移动是某种形式的城市的"自由的联合",这种联合是为了揭示城市的日常隐藏着的秘密而设计出来的。如果这种把城市日常当作前意识的或者无意识的东西来注意的做法和席美尔、本雅明和超现实主义的城市视野联结在一起,那么它也许会提供进行超现实主义人种学研究的另一种"方法"(例如,民意调查的波尔顿项目就可能从这种方法中获益)。

如果情境主义者的漂移可以通过参照本雅明而得到说明,那么,这是因为这二者都可以被看作是体现了辩证的方法的拼贴活动,而辩证的方法通过引入其他时间和其他空间而生产性地否定了现代文化的一贯性。在他的"超现实主义:欧洲知识界的最后的快照"中,本雅明论证了,超现实主义殚精竭虑,想要"赢得因革命而欣喜若狂的能量"(本雅明 1985:237),这种努力已经通过把注意力集中于城市当中各种过时的空间而尝试过了(229)。这样一种主张可以看作是对本雅明的工作的描述,因为他所遵从的历史过程不断地强调19世纪巴黎的西洋景、拱形门和诸如此类的过时的地方。在哈尔·福斯特的关于超现实主义的(本雅明式的)分析——《强制性的美》——中,他考察了安德烈·布雷东的《娜佳》中的超现实主义的漂移,以及它对于巴黎的过时的空间的迷恋(尤其是对跳蚤市场的迷恋),指出了过时的空间的分析可能性:

　　求助于那样的过时的形式就是对高等的资本主义文化提出双重的内在批评……一方面,资本主义的过时的空间把资产阶级文化相对化了,否定了它伪装是自然的和永恒的文化的企图,使它向它自己的历史性敞开。事实上,它揭开了一个悖论,即这种文化,在商品的魔咒之下,根本没有任何历史。另一方面,资本主义的过时的空间对这种失去了它自己的梦幻的文化提出挑战,把它放在它自己所包含的那些价值——政治解放、技术解放、技术进步、文化享用,以及诸如此类的东西——的背景上进行检验。它甚至可能暗示了一条开发陷入到这些历史形式中的乌托邦能量的道路——为了处于现在之

第七章 亨利·列斐伏尔的日常生活的辩证法

中的其他目的而开发这些能量。

(福斯特 1993:62)

对资本主义文化的这种批评使情境主义者的漂移与本雅明的规划以及列斐伏尔对于城市日常的理解变得相一致了。辩证的方法把批判性分析与"乌托邦能量"的拯救与复苏合而为一,这种方法就处于城市生活的现实性当中。所有这三者都相同的地方是,把资本主义的"进步"理解成为不规则的,从根本上说是不连续的,但同时又把它自身呈现为同质的。在情境主义者看来,正如在列斐伏尔看来,当代资本主义的城市日常的基本特征是大众文化形式(诸如电视和广播)已经无孔不入,俯仰之间尽是,它们渗透到所有的角落,成为了覆盖在日常生活的不连续性之上并将之遮掩的行动(列斐伏尔 1996:72)。这些不连续性就是城市结构中的裂隙,织物中的破洞,它们揭示了"日常生活落后于技术上可能的东西的方式","作为我们这个时代的每一个方面的基本特征的不规则、不均匀的发展"(列斐伏尔[1958]1991a:8),这个过程可以看作是某种类型的城市的一般郊区化(*banlieuization*)。这种不连续的城市是不同区域组成的城市,是具有不同的时间性的不同空间,是具有不同的文化特征的许多过时的空间,尽管这些空间有被同质化的危险,但是它能打断同质性,而且通过它们的文化的和历史的区别而使资本主义标准化的影响进入催眠状态。城市显示了废弃与衰退,同时又显示了魅力与财富,这样的城市是能够使现代性的虚假的历史主义走向衰亡的城市,是能够把我们从商品的迷梦中唤醒的启示。这就是哈尔·福斯特所认为的超现实主义规划的潜能,以及瓦尔特·本雅明认为的超现实主义的"秘密货物"。在情境主义者和列斐伏尔看来,这就是城市舞台分析的基础,是揭示资本主义的发展不均衡的心理地理学,这种批判的心理地理学既是实践的,又是理论的。这样一种研究意味着驶出了习以为常的轨道,避免了导游眼中的正式的城市。

情境主义的漂移最早是由克舍格洛夫在他1953年的"新城市化的公式汇编"一文中得到介绍的(克舍格洛夫1981:1—4),而首次报道漂移是克舍格洛夫(以吉勒·伊万的笔名)和居伊·德博尔做出的。这些漫游把两个国际笔会带进了酒吧,这些酒吧因为它们的种族身分而颇为知名:第一个酒吧是阿尔及利亚人开设的,在1953年12月25日到1954年1月1日期间,他们好几次回到那里。第二个酒吧是说意第绪语的酒吧,它在漂移中产生了一种非常敏锐的恐惧感。这些漫游可以看作是闲逛的现代形式:"离家出走,而又无处不有家的感觉;看世界,处于世界的中央,但是潜伏着不让世界发现"(波德莱尔1964:9)。它允许日常的不规则性得到揭示,但是把一种简单的空间和社会的流动毫无问题地置于优先地位,这是城市经验的不规则性的表征(也是对它的诊断)。

城市闲逛者的核心地位,作为现代性的经验的典范,最近已经为许多女性主义的文化史学家仔细审查过了。她们通过指出这样一种经验不能根据阶级和性别揭示出它自己的情境主义,而指出男人和女人在利用现代性的空间方面机会并不均等,并且审查了女性的空间,那些已经被驱逐出现代性的故事的空间。[5]尽管波德莱尔的闲逛者可以被认为是允许隐含着一种对于日常生活的批判的,但是,情境主义者的漂移蓄意要成为明确的社会批判的一部

第七章 亨利·列斐伏尔的日常生活的辩证法

分,他们的实践应当向相类似的分析类型敞开。情境主义者没有对之进行反思的东西是他们自己作为巴黎的白种男人的立场,他们能够"在沥青上进行植物学研究",或者说,在这种情况下,他们能够建立起一种与巴黎的被殖民的空间和在这些空间中的活生生的经验之间的某种旅游者的关系。国际情境主义者想从他们的心理地理学的实验中获得"影响的地图",最终陷入了一种"空气"和"感情"的语言的陷阱之中(德博尔 1981d:50—54):这种语言只关注那种殖民主义的光怪陆离的影响,重复东方主义的话语。正是在巴黎的这种在种族上四分五裂的空间中,全球的不平等在地方的水平上表述出来了:例如,作为国际无产阶级的一部分,阿尔及利亚裔的法国公民住在巴黎最差的房子里面(哈格里夫斯 1995:12—15)。德博尔和克舍格洛夫的漂移四处流溢,一直到 1954 年新年的前夕,这一年,阿尔及利亚独立战争开始了,这场战争对巴黎产生了重大影响,结果导致对阿尔及利亚的运动施加了各种苛刻的限制,就建立一种特殊的种族主义的宵禁而言,这些限制是建立在文化差异的可见性的基础之上的。就德博尔对于意象的全部兴趣而言,国际情境主义者似乎没有察觉到,他们可能和那些与他们坐在一起聊天的人居住在不同的表象空间之中。活生生的经验(这些经验是由不同的历史和空间表象组成的)之间的巨大差异要么是情境主义者视而不见,要么是他们低估了它们的重要性,结果,这些差异导致了他们的日常生活的地理学中存在许多重要局限。

也许情境主义者和列斐伏尔之间的关系总是处在要破裂的危险当中。列斐伏尔对之情有独钟的那种类型的日常的政治总是允许缓慢的、改良主义的革命。它允许列斐伏尔与政府机构和研究所之间有着一种更为顺从的关系。在情境主义者看来,这种"修复"是不可思议的。他们的政治是一种革命的议事日程,这种议事日程要求把现在直截了当地、彻头彻尾地抛弃掉。但是情境主义者为日常生活理论提供了(尽管这无论多么成问题)一种实践和一种行动主义,这一点是在列斐伏尔和我们讨论过的其他理论家们更为抽象的讨论中所缺少的,这真让人痛心疾首。

一项不可完成的规划

一句引自黑格尔的名言在列斐伏尔跨越40多年的写作生涯中引起了共鸣:"熟知非真知"(Was ist bekannt ist nicht errant)。列斐伏尔花了一个世纪的大部分时间去为认识日常这个大家再熟稔不过的世界而斗争。他的批判性视野把一种辩证方法应用于日常生活的那些表面上看来再世俗不过的方面(例如,乘公交车上下班)。这样一种方法在它努力从特殊中揭示出一般这个方面而言是席美尔的工作的延续。在把那些关注的目光瞄准到生活中的"平常小事"时,他把它们的过于亲熟性强行去除了。这样一种工作和先锋主义把大家熟悉的东西变成奇异非常的东西的实践有着非常亲缘的关系。正如我们已经看到的,列斐伏尔的工作既是与一大批先锋主义团体的工作齐头并进,又是对它们的反抗,他的著作显示出了文人学士努力使熟悉的事物去熟悉化的倾向。

如果我们可以把列斐伏尔看作是一门关于日常的社会学的明证,那么,完成这一点的手段与其说更接近安德烈·布雷东的超现

第七章 亨利·列斐伏尔的日常生活的辩证法 237

实主义，不如说更为接近贝托尔特·布莱希特的工作。1958年列斐伏尔在要求日常必须被去熟悉化时（直接借用了布莱希特的"陌生化效果"[*Verfremdungseffekt*]），他所提出作为参考的正是布莱希特。似乎对于作为一种异化了的现实的日常生活的批判性关注需要一个异化的视野："正是在那时，异化（陌生化）的意识——对于奇怪的东西的奇怪的意识——把我从异化中解放出来了，或者说开始把我从异化中解放出来了"（列斐伏尔[1958]1991a:20）。现代性中的日常生活显示出了全方位的、无孔不入的异化：从对异化的认识当中而来的异化。换言之，异化是从我们的异化中异化出来的条件。在这里，借助于一种盘旋曲折的辩证法，去异化的道路必须从更加多的异化中开始：正是通过把日常生活去熟悉化，日常才被承认为异化。

列斐伏尔并没有为这种形式的关注提供任何系统的方法论，但是他的确似乎提供了一套考虑，一些操作方式，我认为在批判地思考日常时这些操作方式是无价之宝。在接下来的段落中，他提出了一种分析视野，这种分析视野通过坚持日常的行为在许多不同的显示器上发出回响而改变我们对日常的行为的观察：

> 因此，最简单的一件事情——例如，一名妇女买一磅糖——都必须要加以分析。知识将会把握隐藏在其中的任何东西。为了理解这个再简单不过的事情，单单描述它是不够的。研究将会揭示纠结在一起的一大团理由和原因，本质和"领域"：这个女人的生活、生平经历、她的职业、她的家庭、她的阶级成分、她的家庭预算、她的饮食习惯、她怎么花钱、她的观点

和观念、市场状况,等等。最后我将会已经大体把握了资本主义社会的总体,国家及其历史。因此现在,我可以看到日常生活中那些简单至极的事情有两个方面:一件细小的、个体的、偶然的事情。——同时又是一个无穷复杂的事件,比它在它自身之中包含着的许多"本质"要丰富得多。

(列斐伏尔[1958]1991a:57)

把日常去熟悉化需要许多种不同的方法,许多种不同的关注方式,这些方法把它彻底地放置到一个批判性的交叉学科的框架当中。列斐伏尔坚持认为,日常不是一个"对象"或者一个地方,而是各种关系的总体性。

上面那段引文变戏法似地引起一大堆的叙述,所有这些都相互发生作用。每一个叙述都是在不同的空间结构中展开的:从记忆中的关于家庭和地方的地理学,一直到世界贸易的全球性的不均衡。这些叙述当中的每一个都需要批判性的关注形式:与女性主义和政治经济学相关的各种问题都必需被追问,与处理自传的素材和经验的踪迹相关的方法论问题也可以提出来。最后,日常生活的欲望所向往的东西正是这一"团"关系——因为这项规划是不可完成的规划。最终,这个欲望是不可满足的。

列斐伏尔的规划之不同于迄今为止我们已经考察过的所有工作的地方在于,它承诺了对于日常生活的转变。在民意调查看到了日常之突出的地位,它将导致在日常生活的范围之内改变日常生活的地方,在列斐伏尔看来,转变的目标必须是克服日常生活的日常性并将之冲刷个干干净净。把作为去除了无聊和程式化的社

第七章 亨利·列斐伏尔的日常生活的辩证法

会生活的基础的创造性与游戏置于优先地位,将会把列斐伏尔放置到一个更有乌托邦色彩的传统当中,这大大出乎我们的意料之外。但是因为这种革命的能量总是在日常的内部(无论它异化的程度有多深),他的乌托邦主义是和在日常生活内部在场的各种可能性联系在一起的。通过这种方式,辩证地突出日常生活的重要性就在承认日常生活中的异化的同时,尝试着把握异化试图将之隐藏起来的那些乌托邦因素,这种突出其重要性的做法就是一个把非意识的和非表面的日常带入意识(无论在理论上还是在实践上)的行为。

注 释

① 列斐伏尔的《日常生活批判》(第一卷)首次于 1947 年在法国出版。它在 1958 年再版时加上了一个长而重要的"前言"。在提到这本书时,我会用方括号指明我指的是这本书的哪一部分。

② 关于在苏联革命之后发生的日常生活的变化类型方面的论述,参见博伊姆(1994)。

③ 在他为列斐伏尔(1991b:426)所写的后记中,大卫·哈维指出列斐伏尔早年作为出租车司机的职业的重要性。

④ 列斐伏尔对于五月事件的书面答复是在他那本题为《爆炸:马克思主义和法国革命》(列斐伏尔 1969)的书中作出的。

⑤ 参见波洛克(1988);威尔逊(1995);沃尔夫(1989)。由于其对 19 世纪的巴黎的带有女性气质的郊区空间的关注而令人兴味盎然的是阿德勒(1989)。

第八章　米歇尔·德塞尔托的日常生活的诗学

> 因为我真正想要制订出的是一门关于独一性的科学;也就是说,这门科学是关于把日常的各种事务与特殊的环境联系在一起的那种关系的。
>
> （德塞尔托 1984:ix）

从列斐伏尔的著述跳转到米歇尔·德塞尔托(1925—1986)的工作,这不仅仅是做了一件诸如跨越一代人之类的事情。这种跳转在许多方面具有更为根本的意义。从某一方面说,德塞尔托是以同情赞同的态度结合到(结构主义和后结构主义的)思想传统当中去的,而在列斐伏尔的工作中则对这个思想传统不屑一顾,偶尔提到时,也是语带鄙薄。但是这还远不足以把捉这两个人之间的差异。也许最好是在感受性的水平上来为他们之间的区别定位。列斐伏尔的方法具有一般意义上的脚踏实地、步履稳健的作风,而其写作风格却慷慨激昂,辞藻华丽,由于其定向深深地建基于批判性的建筑术(这种建筑术是通过把日常当作一种被异化了的状况而提供的)之上,他的方法与写作风格得以自始至终地保持下去。与此相反,德塞尔托的著作常常是因过于俭省而晦涩难解,躲躲藏藏,难以尽述;他的论证似乎常常不着边际,盘绕在由无数令人瞠目结舌的五花八门的例子和理论视野组成的大厦底下。它表明这是一种试验性的方法,但是,这种方法对于那一个还有待于进一步发现的日常的潜能却有着不容置疑的信仰。这也许是德塞尔托所面临的最关键的问题:日常是隐匿着的,难以把捉的。也许德塞尔托的工作就是最全心全意地投入到从日常自身的素材当中制造出一个研究日常的方法的尝试当中去。如果说他是以信仰的名义而研究日常的,那么,这是因为"信仰"和"信念"是在日常中流通、循环的那种类型的知识的基本特征。如果说他的理论化是一座迷宫,而他的论证又不成体系,那么,这是因为日常可以以这种方式被当作类型化的东西。如果说德塞尔托的著作可以被描述为既具有暗示性又具有启发性的,那么,日常也可以被看作是由各种启发作用所结构而成的,这些启发作用指向一个从来没有被意象和语词完全标识出的感性王国。也许正是由于德塞尔托,我们才发现了一种关于日常的写作风格,关于最接近于与它的主题同声相和、同气相求的日常的写作风格。

装配日常生活的诗学

米歇尔·德塞尔托曾经是一个耶稣会士,心理分析学家雅克·拉康的弗洛伊德学派(*Ecole Freudienne*)的一个成员,一个研究现代早期各种神秘的附身现象的学者,一个批判的历史学家,一个"多元写作"的忠实的实践者,一个研究日常生活的人种学家,他的著作提供了一个变动不居的思想家的意象。在这样一个以旅游(既是思想上的,又是空间上的"旅行",他在法国、巴西、阿根廷和智利工作过)为标志的职业生涯中,"旅行"成了一个持续不断的隐喻。一个通过时间而在空间上形成积极运动的主题把许多不同的操作聚集到了一起,而在德塞尔托看来,这些操作构成了日常的物质性。无论它是在阅读还是在漫步,一个由各种时空活动构成的综合体都处于危险之中。旅行所暗示的行程不仅改变了旅行者,而且改变了所旅行的各个空间;它暗示了同各种"其他"文化,同差异的邂逅。在德塞尔托看来,旅行作为一个隐喻是很恰当的,正如它对于日常来说也是很恰当的:它落在了未完成的使命一边——与其说是存在的一边,不如说是生成的一边。在德塞尔托的著述中,不存在任何已经完成的"体系",不存在任何可以被置于日常之上而产生简明的图式和可图示的领域的结构。德塞尔托关于日常的工作如果不是冒险的话就什么也不是。

在许多独立完成的或者合作完成的工作中,在把日常生活理论化之中的这条探险之路被绘制成了地图。最为重要的坐标是由两卷本的《发现日常》(英译本名为《日常生活的实践》)提供的,这本书首次于 1980 年出版于巴黎(德塞尔托 1984;德塞尔托等 1998)。如果把它们放在一起,它们就为日常提供了一个理论上和经验上的丰碑。第一卷的作者只有德塞尔托一个人,尽管书中充斥着各种例证,却表述了研究日常的一种一般化的理论方法。第二卷由皮埃尔·马约尔和吕斯·贾尔的工作组成(中间穿插了许多德塞尔托的小文章),里面更为始终一贯地提供了和经验材料的相关性。德塞尔托的工作必需和他的同事的工作联系在一起来看,在本章中,我自始至终坚持借助于第二卷的材料来解读第一卷时

第八章 米歇尔·德塞尔托的日常生活的诗学 243

的生产性。让我感兴趣的"米歇尔·德塞尔托"包括贾尔和马约尔两个人的工作。

图9 电影《让娜·迪尔曼,23号商业码头,1080布鲁塞尔》的剧照,尚塔尔·阿克曼导演(1975年)。阿克曼的电影给了《日常生活的实践》第二卷中贾尔的论文以启示

这两卷著作是在声名卓著的科学技术研究总评议会的支持下,由德塞尔托指导的一个研究项目(1974—1978)的结果(德塞尔托等1998:xiii—xxxiii)。在这个项目的各种制度环境为这项研究——这项研究主张维护弱者的私下里的"战术上的"艺术,把它置于"政治、经济和科学理性"这种"战略性"的孔武有力的项目之上(德塞尔托1984:xix)——提供了具有反讽意味的背景的同时,它们还指向了这样一种可能性:在由学院的议定书、"科学的"调查语言,以及相互支持相互依赖的经济的与自然的结构组织而成的"寄

主"文化之中可以产生"战术性的"灵动机变的研究。但是正如在两本题为《多元中的文化》(德塞尔托1997b)和《言说的战利品和其他政治著作》(德塞尔托1997a)的作品集所显明的,在德塞尔托对于日常生活的关注中,理论和实践的诸方面都先于对于日常的发明(*L'invention du quotidien*)的研究的开展。它是一种首倡冒险精神的历史断裂。

布赖恩·里格比在他的《现代法国的大众文化:文化话语之研究》(里格比1991)中把德塞尔托与另外一群知识分子相提并论,把他看作是1968年五月风暴之后开始生龙活虎地登上舞台的、对文化进行的全面再评估的一部分。就德塞尔托而言,转向日常文化的研究并不是去发现有待阐释、评估和颂扬的新的文化文本;相反,它是一种尝试,尝试着把研究聚焦于人们的行为方式,他们"从事"日常生活"实践"的方式。在德塞尔托看来,日常生活的大众文化表明了"使用占主导地位的经济秩序所强加给它的各种产品的方式"(德塞尔托1984:xiii)。日常生活是在某一个制度之中的使用现场,而"这个制度因为已经被他人建构过和扩展过,与他们自己的制度大相径庭"(德塞尔托1984:17)。在德塞尔托看来,日常生活的基本特征是与这种处境互相呼应的创造性。通过"设法应付"已经预先塑成的文化以及——更加至关重要的是——通过"使用"这种文化(通过挪用和重新使用等行为),日常生活显示出了一种"独创能力"。在限于手头的物质材料的环境中,日常生活表明"修修弄弄"(*bricolage*)所具有的创造性的组织与重组的能力:"创造性就是重新使用各种异质的材料并把它们重新组合在一起的行为"(德塞尔托1997b:49)。但是这些集合艺术品绝不仅仅是个体

第八章 米歇尔·德塞尔托的日常生活的诗学

的意志或者行动的产物;它们是一个可以被看作异质的东西的文化、多元中的文化的产物。文化的异质性之肯定自身,并不仅仅是通过人们所进行的独创性的并置杂陈,而是通过不屈不挠地支持强调身体,坚持强调各种儿童记忆和文化史。日常的"抵制"(德塞尔托的一个主导主题)是一种从差异,从他者性中生发出来的抵制:身体和他们所操纵的机器问题是不能协调一致的;传统和那些因刺激而生成的东西是有所不同的;想象与统治着现在的理性也截然不同。

对德塞尔托而言,这次旅行起始于 1968 年,其时,他参与到巴黎春天的许多事件当中并对此作出回应:

> 一个事实要比在事件发生之前在各方面已经表达它的各种主张甚或论点都更为重要:一个肯定性的事实,一种经验的风格。一种创造性的——也就是说,诗意的——经验。"诗人已经点燃了言语的引线",索邦大学的一张宣传单上这样写道。因为我们已经看到了或者自己已经成为了参与者,所以,我们足以证明,这是一个事实:一群乌合之众变成了诗人。言语被藏匿在某处,也许要一直延续到那个时刻(但是那又意味着,它不再是活生生的了),那时,言语在培育它的各种关系中或者它所挪用的各种关系中爆炸,同时,各种已然粉身碎骨的范畴和各种无法预料的而又紧密相关的纽带在欢天喜地(或者一本正经?)。
>
> (德塞尔托 1997a:13)

作为一项"政治澄清"的行为,德塞尔托关于五月事件的这段描述写于1968年夏天,这段描述所拟定的某些术语日后绵延不绝地充斥在他关于大众文化的日常生活的研究中:挪用的创造性;经验的诗学;日常生活的风格。自然,正在形成的文化中的这个要素("言语的俘获")可以被看作——确切地说——日常生活的克服;但是在看到它在五月事件中逐渐跃入眼帘(或者达乎言词)之时,德塞尔托的规划将努力在一种更为一般的日常文化中发现这种喜庆的和独创性的诗学。正如伊恩·布坎南所指出的,在德塞尔托看来,"日常已经是异乎寻常的了;是一种实质上的狂欢节"(1997:177)。但是为了不至于把这一点看作是对于烦闷无聊而又一再重复的日常的这些方面的某种天真的误认,必需对这种立场的实质加以强调。比沙南对此作了进一步的澄清:"日常生活本身可以被当作总是已经包含着狂欢节的可能性"(179页,着重号是后加的)。把日常描绘为以克服为旨归的潜在性,这表明德塞尔托的工作是列斐伏尔的规划的一个延续,但是它作为后者的延续需要在与各种相似性与差异的关联中加以澄清。

在1967年的著作中,列斐伏尔描述了资本主义现代性的日常生活,把它的基本特征描述为风格之缺乏以及它那毫无生气的模式:

> 在印加人、阿兹特克人看来,在古希腊或者古罗马,每一个细节(各种手势、词语、工具、器皿、服装等等)都带有某种风格的印迹;没有任何一样东西会变成单调到乏味的程度,更不必说变成熟视无睹的东西了;普通的生活和诗意的生活依旧

第八章 米歇尔·德塞尔托的日常生活的诗学

是同一的。我们自己的日常生活是非常典型的,它渴望和寻求某种已经无可救药地避之远去的风格……世界的单调四处蔓延,到如今,它已经侵入了一切事物——文学、艺术和实物——而所有的生存的诗意都已经被驱逐出境了。

(列斐伏尔 1984:29)

在列斐伏尔看来,"单调"的全面入侵就是商品形式对于日常生活的殖民化:现代性的基本特征就是异化,异化已经不仅渗透到工作场地,而且,致命的是,它已经渗透到了日常生活自身之中。克服这种状况的种子存在于日常之中,而且仅仅作为某种被异化了的可能性。

德塞尔托的工作表达了一个问题,这个问题可能会危及到这样一种分析的"大功告成":

如果有一点是真确无疑的,即,"惩戒"的网络无处不在,而且变得越来越清晰与无孔不入,那么迫在眉睫、不容须臾耽搁的是要去发现一个完整的社会如何才能抵制被简化为这种网络,操纵各种惩戒的机制并且只是为了避开它们而遵照它们的是什么样的大众的程序(也是"微不足道的"和熟视无睹的程序),以及,最后,从消费者(抑或"被统治者")一方来说,是什么样的"操纵方式"组成了与组织建立起社会-经济秩序的那些沉默的过程相抗衡的一方。

(德塞尔托 1984:xiv)

"大众的程序"所组成的那种"风格"是不可捉摸的。但是作为一种风格,它也显示出对于把日常生活殖民化的抵制。因此,如果从以下这种立场——即日常提出了一种对于各种系统的管理和统治形式而言的障碍(以及一种残余)——出发来看,列斐伏尔和情境主义者,还有福柯(这段引文是专门针对他而发的)所提出的关于日常生活的各种解释可能显得有些夸大其辞。正如我们已经看到的,尽管列斐伏尔证明了存在着一种有着细微差别的版本的日常生活(这种日常生活以辩证的方式把日常当作文化再生产的领域,与此同时,又为它的可能的转变提供各种契机),显而易见的是,重点依旧放在资本主义逻辑向日常的推扩之中。相较而言,德塞尔托的立场"有助于确证,社会具有不可缝合为一体的本性,这种体系不可能完全把日常生活殖民化,对于民主资本主义的时间逻辑进行抵制的事实一直延续,从未中断,而且,异质的东西的喷发无所不在"(波斯特 1997:125)。

德塞尔托和列斐伏尔之间的差异表现得最为明显的地方是在政治的后果上,这些政治的后果来源于它们的日常的、虽然相似但又不尽相同的构架。在列斐伏尔看来,分析的后果是一种革命的"实践",这种实践将会利用可能性的"诸多契机",而这些契机则使一种截然不同的日常的种子破土而出。在德塞尔托看来,政治的工具性必然会不得不被暂时悬搁起来;没有什么比用一种预先规定的"政治"评判来欢迎它对日常生活的研究更加有害的了。这并不是要把政治从日常生活的领域中撤离出来;毋宁说,它是要为了日常而重新想象政治:那种从日常中形成的政治,而不是那种仅仅应用于日常的政治,会是什么样子的呢?在德塞尔托看来,1968

年的"失败"和教训关乎一种大众的诗学,这种大众的诗学遇上了官方改革和有组织的政治的语言,而这种语言导致"言语的重新捕获"和它的诸可能性的"衰颓"(德塞尔托 1997a:29—31)。在著文论述标志着 1968 年以及随后的许多年的各种盲目的抗议时,德塞尔托解释说,它们"提供了某种其形式是'文化的'的运动类型,因为参与抗议的人在传统社会政治的参照框架中再也不能清楚明白地表达他们的要求了"(德塞尔托 1997b,112)。这些要求就是从日常生活中而来的突然爆发,在传统政治的闷雷的背景中,这些爆发没有机会让人听到。

确切地说,在 1968 年五月事件之后,"传统的政治"是徒有其表的对抗,在对巴黎墙上出现的涂鸦作出反应时,它们什么也没有说。在那些疯子(enragés)占据了一块不是在之间的而是明明白白属于他者的场地时,右翼和左翼(Gaullisme 和 Gauchisme)合而为一了。墙上的文字讲到了许多对那样一个秩序而言稀奇古怪的要求:"我把我的愿望当作现实,因为我相信我的愿望的实在性"(图10)。"我不想要求任何东西。我不需要任何东西。我们仅仅是拿走和占有"(维耶内 1992:52—54)。这样的口号和一系列的文化和政治所指产生了共鸣,它们把超现实主义和无政府主义混合在一起。如果这样的欲望的语言为改革的语言或为重建之后的马克思主义的语言重新捕获,德塞尔托就会全神贯注于"某个"他者的欲望产生的回音之中。

只从政治的后果方面来称量列斐伏尔和德塞尔托,会错失他们所共享的某些更具生产性的相似性。他俩都关心日常,把它当作实践的总体。他俩都把先锋主义的语言拿来承载关注日常的事

图10 墙头文字("把你的愿望当作现实")。巴黎涂鸦,1968年5月

业(拼贴艺术、布莱希特、超现实主义)。他俩都注意到理性主义野心勃勃要一统天下,而又都同时注意到它的内里的神秘的和非理性主义的一面,以及它想要总体上抹煞仪式和迷信时的无能为力。他俩在关心日常时都把它当作现象的和感性的:一个"审美的"王国,要求对生活的风格和诗意加以关注(在列斐伏尔看来,在目前的条件下,即使风格也不能完全现实化)。这样一长串的共同之处不仅仅是在列斐伏尔和德塞尔托之间,甚至在我们迄今为止讨论过的所有范围的著作与实践之间,都建立起了一种生动的联系。事实上,正是德塞尔托关于这个"传统"的论文的力量允许把我们已经摸索到的各种线索集结在一起,而且把它们用于某种松散的设计当中。

德塞尔托努力要取得的东西无非是产生一种日常生活的诗意。这样一种诗意(它是在日常生活实践中形成的,并且允许那些实践变得让人可以耳闻目睹)必须标示出它和"传统的社会政治的参照框架保持着一定的距离。在德塞尔托看来,这就意味着认真思考他自己的出路,跳出这样一种在传统中被过于极化的语言的出路。这就意味着不得不把已经感染了他关于社会的分析的那种二元逻辑弃置于一边。这也将意味着产生出一种精致和灵巧的诗学,这种诗学精致和灵巧到了足以允许区分日常的多元层次的地步。

德塞尔托从下面这个问题域开始探索,即在提出了关于社会关系的一个主导性视野的各种分析形式中,日常被当作残次品廉价处理了,但是他把日常生活当作一个抵制的领域(既是实质意义上的,又是实际意义上的)。但是,这种"抵制"并不是反对的同义语。在德塞尔托那里,抵制更接近于这个术语在电子学和精神分析学中的使用:它就是阻碍主要的能量流并且使之消散的东西,它就是抵制表象的东西。在德塞尔托关于日常生活的著作中,"抵制"是一个出自惰性的行为,正如它是某些独创性的挪用形式的结果:

> 一方面,存在着许多发展缓慢的现象、潜在因素和延搁,它们在厚重而又宏阔的心灵中,在许多明显的事情和社会的仪式化中堆积成山,但是这样一种模糊不清的、冥顽不化的生活被埋葬在日常的姿态中,这些姿态同时既是转瞬即逝的,又是信奉千禧年的。另一方面,存在着大量的爆发、偏离,即所有那些具有独创性的边缘,将来的世世代代将会持续不断地在所有这些边缘中汲取他们的"有教养的文化"。

(德塞尔托 1997b:137—138)

在这幅日常生活的图景中,"模糊不清而又冥顽不化的生活"所具有的"厚重与宏阔"与各种独创性的"偏离"手拉手一起漫步。一方面,这似乎是雷蒙德·威廉斯的工作的一个回响,他强调"要把各种残存的和正在形成的文化与占主流地位的文化区分开来"(威廉斯1977:121—127),另一方面,在德塞尔托看来,"残余的"或"模糊不清而顽固不化的生活"并不仅仅可以在不再流行的文化实践和价值的延续(例如,边远地区的传统)中找到。相反,德塞尔托和他的研究同伙想要以那些招致了可以被当作文化无意识和文化想象的东西的对象与实践为中心,显示出一种文化的密度。吕斯·贾尔在她关于"厨房·女人·民族"的论著中,把日常的烹调艺术描绘为"一种非常精微入神的才智,其中充满天才对于细微区别的鉴定以及意外的判断,这种不登大雅之堂但却活灵活现的才智不用自我展示就可以被觉察,简言之,这是种非常普通的才智"(德塞尔托等1998:158)。但是对于女人的这种技巧的颂扬也经常伴随着驱之不散的怀旧感。每一种姿势,每一种气味,每一种烹饪技巧都充满了浓缩了的回忆。"下厨烹饪"从来都不仅仅总是对于环境中的各种限制的反应;它总是在嗅到和品尝过去的味道。烹饪,就像精神分析,"在现在中认识到过去"(德塞尔托 1986:4)。

在贾尔看来,烹饪应该定位于"家庭智慧"当中,它和孩提时的记忆以及迁居的历史混合在一起,相互回荡着对方的声音。她的叙述说明了她自己对于烹饪的双重感情:从那个认为烹饪是"相当愚蠢"的事情的青少年那里,她了解到,"不知不觉而又丝毫用不着

第八章 米歇尔·德塞尔托的日常生活的诗学

怀疑,我从下厨烹饪这件事情中已经得到一种偷偷摸摸而又坚定不移的快感"(德塞尔托等:153)。这样一种快感提供了"一种在世界上存在的方式,并且使它成为自己的家"(154)。但是它也表明了记忆的固执己见:"这些记忆愚顽地忠诚于他们对于孩提时代的口味的异乎寻常的珍惜。例如我的父亲,一个已经患病在身的老人,过去常常向我唠叨杏仁蛋糕的那种难以言喻的味道已经和他珍爱着的祖母一道逝去了——他祖母是在世纪之初去世的,那时他还不到七岁"(188页)。烹饪、吃饭和喝酒都是具有多重意义的行为:"这杯淡淡的、冰凉的而又干涩的葡萄酒比我一生喝过的所有香槟酒都好。人们可能认为我在喝酒;而我是在回忆……"(巴舍拉尔,转引自德塞尔托等 1998:188)。

如果这样的实践是"抵制性的"(对于德塞尔托和贾尔而言,很明显,这样的实践就是抵制性的),那么,这种抵制理所当然地和"势不两立"或者"循序渐进"不是同义语。有一种尝试因为把德塞尔托的工作看作是"势不两立的"文化轻而易举地可以识别出来的聚合而暗中削弱了德塞尔托的工作,任何一种这样的尝试将会错失这项规划中精微而又独特的地方。"抵制"在这里既是一种守成,又是某种新异的东西的创造:它不仅仅提出了权力的反面,它更是提供了关于各种权力的一种与众不同而又复合多元的说明:

> 在颇存古风的乡愁与丧心病狂的过度现代化的各种对称的错误之间,还为各种微观的发明保留了一席之地,为各种合情合理的差异的实践保留了一席之地,以便让它们带着一种甜蜜的固执去抵制盲从因袭的蔓延,加强各种交流与关系组

成的网络,学习如何在工业时代所生产的各种工具和商品中作出自己的选择。我们每一个人都有权力攫夺住位于我们自己的某一部分之上的权力。这就是在像一个简单的厨房这样通常自然状态中的姿态、对象和语词之所以如此重要的原因。

(213)

在贾尔看来,日常生活的抵制本性被揭示为(在一定程度上)一个"保守"的回应,这正是因为工业现代性被塑造成了革命("丧心病狂的过度现代化")。

关注"日常生活的发明"这项规划需要得到某种授权。它并不是关于某些数据的目录:如果日常生活是有发明创造力的,它也需要以使用某种语言的作家的发明为前提,使用该语言的作家的发明使日常的揭示得以可能。如果《日常生活的实践》是对于"使用者的各种操作方式"的考察,那么,它的目标"与其说是讨论这个不可捉摸的但又是基础性的主题,还不如说是使这种讨论得以可能":

这个目标将会达到,如果诸日常实践,各种做事情的或者"操作的方式"不再仅仅显现为社会活动的模糊不清的背景,如果各种理论问题、方法、范畴和视野结合为一体,穿透这种模糊性,使日常实践的表述得以可能。

(德塞尔托 1984:xi)

这样一种规划的可能性条件是发明一种诗学(*poiesis*),一种有

第八章 米歇尔·德塞尔托的日常生活的诗学

发明创造能力的语言,它能够揭示日常的创造性、揭示日常的诗学。诗学必需被理解为既是对于日常所显示出来的各种形式的探究,又是语言和生活之中的某种创造性活动:德塞尔托提醒我们说,"诗学"的词源是"来自于希腊文 *poiein*,意为'创造、发明、生产'"(1984:205)。决定德塞尔托的规划成败的就在这一举,即这种创造性语言的"暗示"、"阴谋诡计"和"偷猎",以及"各种形式的"、"巧妙的"、"愚顽的"操作方式。但是,对于英语国家的批评者而言,德塞尔托的工作的这个方面仍旧隐绰未彰(或者过于机巧?或者桀骜不驯?)。当托尼·贝内特作下列陈述时,他是针对某一些人而写的:

> 德塞尔托关于日常实践的叙说最缺乏的东西……是没有找到一种恰到好处的通达社会学的或者历史学的关于那些实践的描述方法,这种描述方法能够把这些实践放置在某个特定的社会环境中,并且依照这种社会环境而对这些实践作出解释。相反,它提供给我们的是一种被压迫者的诗学,一种本质上审美化了的策略,在这种策略中,对于那种赋予抵制的各种特定形式以活力的各种特殊逻辑的理解的前景太容易流于和一种关于僭越的普遍化的叙述作不正当交易的地步。
>
> (贝内特 1998:174)

几乎就是沿着这个思路,德塞尔托竭力要显示出,不能被还原为统治结构的东西已经被简单地阐释为"一种关于僭越的普遍化叙述"了。想要使分析摆脱"传统的社会政治的参照框架"的做法也由于它们的回归而如愿以偿了。"法律和僭越"、"权力和抵制"的语言已经妨碍了由德塞尔托所开启的具有各种启发性的可能性的研究。至关重要的是,德塞尔托的诗学的生产性可以看作是这项规划最大的瑕疵。

德塞尔托玩了一个巧妙的游戏。为了千方百计避开"两极"思维的简化了的语言,他的著述都坚持使用一系列二元的术语。《日常生活的实践》的第一卷可以解释为一曲从头到尾都贯串着二元术语的管弦乐:消费与生产;阅读与写作;战术与战略;空间与地点;口头的与书面的。使得德塞尔托的部署如此狼狈不堪的(并在表面上看来,如此容易为人抓住辫子的)东西,是为了向二元思想的各种结构提出挑战而如此这般使用二元术语。由于存在着语义上的重叠,在关于权力和抵制的论辩中,诸如"战略"和"战术"这样的术语拒绝成为势不两立的对立项。相反,我要论证的是,它们允许区分的机会存在。德塞尔托的工作中使用的东西是非对立的二元术语。例如,不仅像"生产"和"消费"这样的术语相互之间存在着重叠,而且,它们每一个都为对方提供对它们进行定义的那个本质要素:

> 事实上,一个理性化的、扩张主义的、中央集权化的、蔚为大观而又喧嚷不休的生产面对的是一种截然不同的生产,它被称之为"消费",它的基本特征是它的各种阴谋诡计,它的断片化(各种环境造成的结果),它的"偷猎",它的秘密的本性,它那永不知疲倦而又平静如水的活动,简而言之,生产所面对的是消费的几乎不可见的本性,因为它并不是在它的诸产品

中(它把它们放置到的那个地方)显示自身,而是在使用强行加诸其上的那些产品的技艺中。

(德塞尔托 1984:31)

在这个说明中,消费本质上是某种形式的生产,尽管一种"中央集权化的"生产只能被看作是某种形式的扩张主义的消费。在设立这些术语时,德塞尔托破坏了那个将会把它们分离开来的基础,但是并不是在去区分化的行为中。在把消费置于优先地位时,德塞尔托的工作朝向了一种对于生产的区分:生产变成了多重性的;出现了由不同的生产性聚合物构成的完整的网络。

这种生产性的聚合物对于使用其他的二元术语而言产生了许多至关重要的反弹。例如,在调动"阅读与写作"这两个术语时,德塞尔托就使它们之间的区别烟消云散,不复存在了:

> 我们必须放弃认为在阅读与写作行为之间存在着一个质的鸿沟的念头。阅读行为是一种悄无声息的创造性,读者在处理文本时把这种创造性授予文本;写作也是这样一种创造性,但是是在生产一个新文本时将之阐明的。文化活动在阅读中是现成的,但是在写作中却只能发现它的变种和延长部分。从这其中一方到另一方,没有任何区别的线索把被动性与主动性分离开来,除了那样一条线索,它把社会地标示出那个由实践以一种给定的形式所开启的鸿沟的不同方式或类型区分开来了。

(德塞尔托 1997b:145)

可以在阅读与写作之间得以维持的唯一区别是，对有着更高的可见度的行为(写作)进行评价这样一种从社会的角度看独具一格的行为。在这个区别真相大白天下之时，阅读与写作这二者都变成了必须加以区分的实践，但是不是依照它们的清晰可见度，而是依照它们的操作方式。但是，现在，这样一个区分再也不能在由"阅读"和"写作"这样的术语所指明的各种规定内部来进行了。二元术语的这种战术性的使用不是没有它的问题，德塞尔托因为使用它们而取得成功的道路似乎也是坎坷不平的。它们的成功使用似乎依赖于某种必定会把实践与环境关联在一起的关系逻辑；这种使用必需的前提是，这些术语呈现出密集的隐喻，它们超越于各种可证实的和可划界的活动(口头的和书面的阅读与写作)之上与之外。

如果对于德塞尔托的评论已经被解除这种浮动和重新建立二元对立的欲望吓得目瞪口呆，那么，它在一定程度上是因为这项工作可以被解读为在绝对的权力与它的匮乏之间重新建立起一个裂沟。它可以被解读为毫不拐弯抹角地对日常的"对立"特征加以颂扬和将其置于优先地位，并且坚决维护它的普遍的抵制状况。德塞尔托的诸文本有着与他在日常中发现的同样的多孔的稠密：相对而言，它们都是对不同的解读"敞开着的"，它们能够为截然不同的论证提供素材。我对于德塞尔托的"日常"的叙述不仅仅旨在反对贝内特和其他人提出的论证。我的目的是要承认德塞尔托的工作是一种可能允许日常脱颖而出的诗学。我想要开始着手发掘出这种诗学，我认为这种诗学处于德塞尔托的规划的核心，因为这种诗学是这项规划的生产性、它的潜能以及它的发明。

古老的阴谋诡计

> 分析显示出,关系(总是社会的关系)决定了它的术语,而并非相反;此外,每一个个体都是一个场所,在这个场所中,由这种相关的诸决定物组成的并不首尾一致的(而且往往是自相矛盾的)复合物内部相互之间发生作用。此外,我们面前的这个问题关系到运作的模式和行动的图型,而不是直接关系到主体(或者那些人),那些作为作者或者工具而存在的主体。它关涉到一种操作逻辑,这种逻辑的模式甚至可以回溯到鱼类或昆虫的各种年代古久的阴谋诡计,它们为了生存下来而用这种阴谋诡计伪装自己或者改变自己,无论如何,如今在西方文化中占主导地位的理性的形式已经遮盖住了这些阴谋诡计。
>
> (德塞尔托 1984:xi)

如果一本关于日常生活中的实践的书一开始就拒绝把各种行为同它们的作者联系在一起,那么,这又意味着什么呢？如果"操作模式"和"行为图式"代替了"主体和人",那么可以加以描述的又是何种日常？如果这些行为被看作不仅仅是"年代久远的",而且看作是"鱼类和昆虫"的事务,那么,对日常而言,可以想象的是何种历史性？如果《日常生活的实践》被看作是努力要通过一种诗学而揭示日常的诗意,那么它就是这样一种诗学,它清晰地表述出了各种活动,但是却没有表达出各种身分——它是使用的诗学,而不是使用者的诗学。德塞尔托千方百计通过把日常的"操作逻辑"一般化来解除"人"和"实践"之间的关系,其目的在于让它包容所有的生物。一方面,这可以看作是德塞尔托的后结构主义定向("后人本主义的""主体的消亡")的证据,或者可以看作是某种全球性的生物学本质主义;另一方面,它可以在同等程度上理解为他的想要从"传统的社会政治的参照框架"中摆脱出来的尝试的一部分。这些参照框架可能心安理得地以把抵制归因于各种身分(工人阶级、各种亚文化等等)而不是各种活动而自慰。如果德塞尔托想要在日常中发现一些什么新颖独特的以及与众不同的东西(而不仅仅是被无限地延搁了的革命的盛装彩排,或者通过"微观权力"的网络而沉浸到日常生活之中),那么,各种身分范畴(其中密密麻麻充满了有限的分析的各种术语和条件)的放弃可能会提供一种最初的战术性的部署。

这并不是说,在构成《日常生活的实践》的大量的例证中,诸个体与诸群体已经消失不见了,而是说,在力图生产关于"独一性的实践科学"的尝试中,主体范畴太富于创造性了。通过把日常和各种源于环境的实践联系在一起,德塞尔托把分析从不得不鉴定递增的社会身分的重负中解放出来。"关于独一性的科学"将会牵涉到差异的各种关联,关涉到各种不同的文化立场,而这些文化立场是某个复合体所已经采取的。《日常生活的实践》中充满着各种环节和实践,而不是充满着"主体";它是一本充满了现实的个体(群体)和个体现实性的书,在该书中出于某种战术考虑,大家熟悉的身分的标示缺省了。通常用来进行关于主体的讨论的范畴(动因、

第八章 米歇尔·德塞尔托的日常生活的诗学

主宰、抵制、意识、无意识等等)都并不缺乏,只是被延伸了和改变了。它既是一种城市的无意识,又是一种个体的无意识,贯串在城市各种轨道。它可能是各种技术、姿态、机器、建筑、信念,也同样可能是各种掌权者以及受支配的人,他们分别披上了主宰的权力和抵制的权力的外衣。

"战略"和"战术"等术语中非常难以把握的复杂精微之处可以承担起导游的功能,引导日常生活的实践如何能够"逃避占统治地位的社会秩序而不留下蛛丝马迹"(德塞尔托 1984:xiii)。在显而易见地使用战争的隐喻时,德塞尔托写道:

> 我把战略称为各种权力关系的计算(或者操纵),只要一个有意志和权力的主体(工商企业、军队、城市、科学机构)可以被孤立化,这种计算就是可能的。它假定了一个处所,这个处所可以被界定为只是它自己的处所,而且充当一个基础,在这个基础之上,与一个由各种目标和危胁(顾客或者竞争者,敌人,这个城市周围的国家,研究的目标和对象,等等)组成的外在性之间的各种关系可以得到管理。
>
> (1984:35—36)

一种战略"假定了一个可以画地为界、自成一体(*propre*)的处所"(xix)。在占有这些特殊的处所时,德塞尔托通过暗示把各种战略看作是专有的(*proprietorial*)。这个词和德塞尔托使用的一整簇其他术语——处所、财产、正当、自己、拥有、所有权,以及(最为重要的)特有的(*propre*——"纯粹的"、"正确的"、"某人自己的")——联系在一起。这些术语谈到一个具有各种适当方式和特有的惯例的处所,它是某个饱含着某种由各种适宜的行为组成的政体的地方。与"战略"这个术语相关的战争的各种内涵让读者对德塞尔托的做法有思想准备,他利用"战略"这个词来描述殖民化中各种极度恶劣的实践,或者"科学管理"中各种单调乏味的草案,但是大大出乎人的预料而又格外需要澄清的是这个术语的实际的和可能的一般化。

在《日常生活的实践》第二卷当中,皮埃尔·马约尔提出了对于莱昂斯的克鲁斯-鲁斯社区的日常生活的一种解释。他的目的在于研究"日常生活的组织在至少两种记录上被条理地表达"的方式(德塞尔托等 1998:8)。马约尔把这些记录区分为"行为"(散步、打招呼、参观等等)和"预料之中的象征的利益"(这与消费者"同时并存的艺术"以及邻里之间的社会无意识或者社会想象联系在一起)。马约尔没有明确地调用"战略"这个词(尽管事实上他使用了它),他承认,一个调节性的行为在起作用:"一种调节条理地表述了这两种体系,我使用财产(propriety)这个概念时描述和分析了这两种体系"(8)。在他对酒和面包的文化密度所作的极为出色的解读中,马约尔指出,饮酒从属于"邻里之间的支票"(90)。一方面它提供了"节日聚餐的面孔",是生活隆重庆典的工具;另一方面它也受到财产的调节:"因此,财产就要求饮者让他自己[原文如此]置身于位于拒绝的预兆性符号正下方的门槛上,置身于不会对个体或者家庭声望有所玷污的那种似是而非的'不要过度'的范畴之中"(89)。在马约尔看来,这种财产的"战略"形式和我们正在考察的各种实践都有着细微的差别:与其说马约尔把它等同于监狱这

第八章 米歇尔·德塞尔托的日常生活的诗学

种惩戒性的政制,不如说他把它描述为"共同的'头钱'"(8)。在这里至关重要的是在具体的行为(例如,喝得酩酊大醉)和对一个处所的调节性的操作之间的建立起的各种关联。战略这个词正是用来命名这些操作的形式特征(它们的逻辑,姑且这么说说)。

很明显,对于文化实践进行的任何可应用的政治评估都必需区分与酒精消费相关的诚实和(例如)殖民主义的残酷无情。把"战略"这个术语的内容一般化就构成了一种布满杀机的审美主义,它将会导致各种权力关系的同质化。但是为各种战略"排定座次"却绝不是《日常生活的实践》愿意做的事情。开启这项规划的生产性必需以承认它是一种诗学,承认它是对于行为的形式的区分(总是依环境而定的)为前提。政治的紧迫性与工具性(我们必须做什么?)被兑换为一种分析(接下来会发生什么?)。关于日常生活的普通诗学现在正被提要钩玄,勾勒出个大概;指定一种实践是战略性的就类似于声称它是隐喻的,而不是换喻的。

为了进一步区分行为的各种形式,德塞尔托区分了战略与战术:

> 战术是一种可以计算的行为,它是由于缺乏一个特殊的自己的地方而被确定的……因此,它必须利用和玩弄经过一个外在的权力的法律强行加诸其上并且将之条理化的土地……它利用"各种机会"并且依赖于这些机会,它没有任何基地可以储存它的战利品,建立起并且强化它自己的立场,而且计划打家劫舍。它不能保存它赢获的东西。这个乌有之乡给出了一个战术的灵活性,可以肯定的是,这种灵活性肯定会接

受各个时刻提供的机会,飞快地利用在每一个给定的时刻提供给它们的可能性。它必定会灵活地利用各种具体的连接在独占的权力的监护下所开启的裂缝。它在它们当中偷猎。它在它们当中创造各种惊奇。它可能存在于至少是对它有所预期的任何地方。它是一种狡猾的阴谋诡计。

(德塞尔托 1984:37)

对于战术的这种描述把战争类比扩大化了,但是这个时候,它是指向游击战争的。战术是对战略环境内部的各种可能性的使用:乔装改扮、装神弄鬼、谨小慎微、保守秘密、随机应变、运用才智、虚张声势等等。至关重要的是,战术不会在它们可能面对的战略之外动作;想要做到这一点就必需有一种反战略,它们处在既处于其中却又是"他者"这种模棱两可的位置中:"它们逃避它,但却又不离开它"(xiii)。

对于栩栩如生地表现出各种行动之间的形式差异而言,日常生活和战争之间的关联——这种关联是"战略"和"战术"这两个术语产生出来的——是有用的,但是它的"代价"是,它也可能导致某些有千弊而无一利的混乱。例如,对于作为游击战争活动的战术性实践的描述几乎就不能为德塞尔托的下列主张提供什么理由,即,"许多日常实践(譬如谈天、阅读、四处搬迁、购物、烹饪等等)在本质上是战术性的"(xix)。尽管德塞尔托关心的正是这些活动的基本特征,但是把战争的隐喻推扩开来所暗示的有目的的对抗,却比明显从这些例子中得出的有目的的对抗在程度上要大得多。在这一点上,记住以下这点是值得的,即德塞尔托的探究的紧迫性的

第八章 米歇尔·德塞尔托的日常生活的诗学

目的并不是要查明权力是如何被废黜的(就此而言,对于成功的"革命"的研究当然是必不可少的),而是要查明,"一个完整的社会是如何抵制被还原为'惩戒'的网络的,这个网络在所有地方都变得越来越清晰和广阔"(xiv)。这两种观念(权力的扩张以及不可还原为这种扩张的日常)产生了战术和战略之间的不对称,在这种不对称中,创造性的和呆钝的实践在"专断的权力"的两面并排存在着。不同的形式和逻辑在起作用,但是它们的非对称的组合导致了"勉强共处的双方"的摩擦,而不致导致直接的冲突。

德塞尔托给出的与战术性行为相关的最为生动的例子是假发(*la perruque*):"假发是工人自己的活儿,它被伪装成是为了他[或她]的雇主而干的活儿"(25)。德塞尔托举例证明这一点:"假发的可能是和一个秘书在'工作时间'写情书一样简单的事情,或者和桌椅匠'借'一只车床为他自己的起居室做一件家具一样复杂的事情"(25)。把隐含在这些例子中的性别化撇在一边不谈,①德塞尔托提出了许多战术的例子,这些例子非但没有直面和"反对"一种"战略"的形式,相反,它们发生在盲区。这些操作使"专断的权力"相对而言没有受到损伤,而同时又不遵从它们的理论基础的精神:"因为工人被控告偷窃材料或者把它用来达到他[原文如此]自己的目的,为了他自己的利益而使用机器,那些沉迷于做假发的工人于是就在实际上把时间(而不是商品,因为他只使用废料)从工厂当中转移到那自由的、具有创造性的而恰恰不是为了获利的工作上"(25)。

但是,假发的例子也会对读者产生误导作用:它设立起一种无助的期望,期望"抵制"最好是根据反对制度时的某些微不足道的胜利来思考。罗伯特·林哈特描绘了在巴黎雪铁龙工厂流水线上工作的经验,他的描述提供了一种对于工厂中战术性实践的更加"德塞尔托式"的召唤。林哈特在描述流水线的冷酷无情的节奏和重复时,思考了通向它的时间逻辑的可能性:"假定你对自己说,没有什么大不了的,你只需要在同样的时间段里以同样的方式逐渐适应完成同样的动作,除了做到和一台机器那样平静如水而又完美无瑕,别无企求?"(林哈特1981:17)。林哈特的反应暗示了一种"看不见的""身体的"抵制:

> 但是,生命向它表示抗议并且加以抵制。有机体起而对之加以抵制。肌肉在抵制。神经在抵制。在身体和在头脑中的某些东西振奋精神,起而抵制重复与虚无。生命在更为迅捷的运动中显示自身:手臂在不恰当的时候被压低了,脚步放得更慢了,一秒钟的不规则,一个不雅观的姿势,抢先,落后,在岗位上的战术;在对工作间的空虚的永恒进行抵制的那个悲惨的一隅中,每一件事情都意味着仍然存在着人性的事件,即使它们如何不足称道;仍然存在着时间,即使它被拉长到反常的长度。这种笨拙,这种不必要的偏离程式的运动,这种突然的加速,这种误入歧途的焊接,那只不得不不厌其烦地做这件事情的手,那个扮了个鬼脸的人,那个错了步伐的人,所有这一切显示出生活在继续。在每一件事情中,我们都可以看到,每一个在流水线上的人都在默默地咆哮:"我不是机器!"
>
> (17)

第八章 米歇尔·德塞尔托的日常生活的诗学 267

我认为,这段冗长的引文生动地叙述了某些日常实践,德塞尔托认为它们在形式上是"战术的",但是它们并不相应于他也认识到的那种颠覆的创造性。这是处于它的"惰性"之中以及它的愚顽的伪装之中的战术。这个"抵制的悲惨的一隅"坚持认为,我们把日常的抵制看作是从颠覆性偷猎扩展到并非机器的身体的粗野的事实性当中了。在这里,倦怠就是对于效率驱动的"抵制"。在德塞尔托看来,日常"远不是地方的,因此而是可归类的对抗情绪,它是某种共通的、沉默的、几乎是绵羊一般的颠覆——我们自己"(德塞尔托 1984:200)。如果这些例子和伴随着德塞尔托、贾尔和马约尔等人关于散步、烹饪、阅读、饮酒等等的叙述的梦幻般而又固执的回忆组合在一起(例如,在回忆起你过去在那里生活过的那个城市的同时饮一杯酒),那么,在战略和战术之间的诸种差异或许可以通过与和它们相关的诸时间逻辑的关联而得到解释。

档案中的喃喃自语

对一般的研究而言,档案(由来自现在或者过去的材料建构而成)的问题既是实践的又是理论的:一方面是各种思想资源的问题(我得到了什么?),另一方面是方法的问题(我将要做什么?)。对日常进行研究就是无限制地(*ad infinitum*)强化这些问题。在某些方面,日常是一种"还没有编目的"档案,这种档案也有可能抵制编目。日常生活是不可穷竭的,也是无拘无束的,它提供了许多不可管理的资源,但是这些资源对于方法的适宜性却提供不了什么指导。通过系统的程序和科学的关注来管理日常的各种尝试通过故意回避它的各种神秘而增加了日常生活的秘密。迄今为止,我们一直在竭力寻求一种很少为穷尽和管理它的对象的欲望所阻碍的传统的轨迹。这种传统的明证性是由一系列对于档案的想象性回应组成的,这些回应已经导致了许多各具特色的规划:格奥尔格·席美尔的档案是由细胞大小的例子和微观材料组成的,它们在特殊中发现了一般(小如牛毛的对象具有惊天动地的故事);瓦尔特·本雅明的"辩证的意象",新的与旧的材料的簇集(突然冒出来的、已经陈旧过时的、太早的、太晚的),它们是从具有异乎寻常的多元性的档案实践中形成的;在超现实主义者看来,档案是建立在这样一种做法的基础上的:把在日常中生产梦幻泡影这种普普通通而又奇奇怪怪的尝试拼贴组合在一起;民意调查的超现实主义的经验主义产生了——至少从潜能的方面来说是这样——与日常同样无所不包的档案;而在列斐伏尔看来,对于有区分的总体性的研究引导他把城市环境当作"各种时刻"和各种力量的档案。

  这样一种传统对于为档案实践建立各种规则与草案而言毫无意义。这种传统野心勃勃而又无序,尽管如此,它为我们提供了一条指导原则:日常并没有一种专属于它自己的关注形式。对于使这个观点更加生动和提供一个与构成本书的诸理论实践相关的视野而言,米歇尔·德塞尔托的工作尤其有用。正如我们已经看到的,特有、适当这样的主题正好落在战略的边缘。米歇尔·德塞尔托比任何其他人都更加坚持档案的战略特征以及它们采取的各种控制和惩戒的形式。他提出,搜集"事实"的"操作模型"一度曾经是"宗教法庭"。接下来,他主张,"在经验科学变成技术的过程中,研究已经把它自身同研究自身历史地植根于其中的那个审问程序分离开来了,尽管这一点千真万确,但是审查依旧和曾经塑造它的惩戒性权力无限接近"(福柯 1982:226)。很明显由于受惠于福柯,德塞尔托的视野更有希望阐明档案;一方面,他把档案程序看作是维护一种惩戒的形式,而另一方面,它又把日常的战术性方面看作是不可压制的,正是日常的这种韧性允许档案馆成为一个容许某种东西存在的空间,而不仅仅是对日常的斩草除根、彻底灭绝。我想要指出的是,德塞尔托的工作由于遵从了日常生活的战术模型而为档案工作提供了两个肯定性的野心。一方面,它创造出了一种可能性,把所有并非竭尽全力想要抹煞日常中的"战术"的档案都聚拢在一起的可能性(民意调查可以以这种方式来理解),这些档案可能允许日常成为一个因为"替自身立言"而更具生产性的论坛。另一方面,它暗示了这样一种可能性,即可以通过聚焦于作为现存档案中的顽强的爆发和中断,或作为通过一系列思辨的方法而抽取出来的潜在性的日常而对现存的档案加以关注。一方面是日常的档案,另一方面是档案的日常化。为了理解德塞尔托的规划在档案方面的雄心,必需强调两个要素:日常的类似精神分析的局部解剖图;以及口头和书面形式之间的区别。

在与多米尼克·朱利亚和雅克·雷韦尔合作写作的历史研究中,德塞尔托证明了,大众文化或者日常生活的研究"预设了一个未经言明的操作":"遮蔽了某个它声称要显示的东西"(德塞尔托 1974:121)。德塞尔托和他的同事简要勾勒了与对大众文化的战略性的和档案式的关注相伴相随的改变与抹煞的实践。在他们对于早期大众文化的解释所进行的历史研究中,他们发现,"正是在街头文学被[警察]精力十足地追逐时,学者欢天喜地地把他们的注意力转向通俗的书籍和内容"(123)。德塞尔托认为,知识"依旧和赋予它以权威的权力联系在一起"(121)。但是学术编目和政治审查制度结合在一起只是向大众文化致意的各种战略性操作中的一种。另一种是某种类型的"热爱乡村"(rusticophilia),这种方法"断定它把它对象化和理想化的那个现实的压制性"(121)。

这就是某种异国情调,它一边颂扬,一边抹煞——它把通俗报刊的对话性实践转变成了独白。德塞尔托、朱利亚和雷韦尔的论文考查了18和19世纪中的某些历史时刻,在那些时刻,通俗文化同时既被研究又受到压制,他们指出,更近的历史实践延续了这种压制。他们发现了一门"被消灭了的东西的地理学":

> 由于超越了方法和内容的问题之列,超越了它所说出的东西,一项工作的衡量标准是使之保持沉默的东西。我们一定会说,科学研究——毫无疑问,还有这些科学研究使之突出出来的各项工作——包括范围广阔而令人奇怪的沉默的扩张。这些空白的地方勾勒出了被遗忘之物的地理学。
>
> (131)

这种压制的实践并不意味着把日常斩草除根,使之万劫不复了。正如上述引文所指出的,某种意指性的残余物仍旧保留着——即使它仅仅被估量为在压制它的那种行为之中的缺席。我们必须记住,战术并不是在战略性操作"之外"的某些推断之中发现的。需要有一种截然不同的关注形式,它能够倾听沉默,以及把档案之中的各种裂沟看作是积极的符号。

第八章 米歇尔·德塞尔托的日常生活的诗学

在《日常生活的实践》中一段令人难以忘怀的文章中,德塞尔托召唤一种在同一个时刻既在档案中缺席又在档案中在场的日常:

> 它是命中注定如此的吗?我还记得佛蒙特的不可思议的谢尔本博物馆,在那里的一个重建的小乡村中有35间屋子,里面充满了19世纪日常生活中的所有符号、工具和产品;每一样东西,从烹饪器皿和制药用的物品到编织的工具、厕所里的物什以及儿童的玩具,都可以在那里找到,应有尽有。这个陈列包括无以数计的家庭用品,有的光鲜如新,有的已经变形了,还有的由于长期使用而更加美丽;每一个地方都还有灵巧的手和劳动着的或病态的身体的痕迹,就这些痕迹而言,这些物件组成了循环往复的日常,组成了其足迹无所不在的缺席者的令人遐想联翩的在场。至少,这个充满了各种被弃之山野而又被捡回来的东西的小乡村借助这些东西引发人们对一百个过去的或者可能的乡村的已经条理化的喃喃自语加以关注,而且,通过利用这些叠盖在一起的踪迹,我们开始梦想各种存在的数不清的组合。
>
> (1984:21)

尽管这些使用的活动消散难觅,但是它们留下来的印迹却没有缺省。这些符号("缺席者的在场")对于那些准备就绪想要"梦想各种存在者的数不清的组合"的人而言,恰恰是听得见的。

德塞尔托的"日常生活"的规划不仅仅是在哀悼,哀悼即使是显示日常也成为不可能的了。它的一部分权力在于,它持续不断地召唤作为一种理论与实践的可能性的日常。但是,它确确实实召唤出来的日常从来都没有对于简单的显示纯粹"敞开"过:日常生活中的地下的、盲目的和含糊不清的实践是一个完全不同于纯粹可见性或者战略性编目的领域的领域。通过考查日常借助于建构新档案(例如民族博物馆)而被召唤的方式,以及通过考查德塞尔托的普通诗学,我们可以看到一种实践,这种实践坚持显示日常的活动中的各种思辨的可能性,即使是在最不合适的环境中。为了更清晰地看到这一点,我必须更加明确地阐明我已经以隐含的方式论证过的东西:在日常生活的战术形式和战略形式之间的各种关系正在被设想为某种类似于在弗洛伊德的精神分析中的无意识"模型"和意识"模型"之间的关系的东西。我已经强调过,战术依赖于与那些占统治地位的时间性不同的时间性,这类似于对于现在中的过去(或者诸过去)的延续所作的精神分析中的断定。对于日常生活的局部解剖图和战略与战术的形式方面的类似理解而言,处于精神分析核心地位的另外两个相关的命题是至关重要的。第一个命题是,意识不可能完全消除无意识。弗洛伊德所举的动作倒错的例子(口误、动机失调等等)都是无意识把自身强加于日常意识之上的证据。事实上,整个精神分析可以看作是在无意识材料的症候式爆发压迫普通意识时对这些爆发的解释和处理:迷恋、重复、记忆中的梦、升华——更不必说神经和心理当中各种普通的和异乎寻常的例子中的数量巨大的症候(例如,弗洛伊德1977)。

第二个并且是与此相关的命题是,在意识中从来不存在直接

第八章 米歇尔·德塞尔托的日常生活的诗学 273

接触到无意识的可能性:它从来就不会呈报它自身,但是它总是以某种晦暗的、迂回的方式(例如,做梦和神经质征候)刻印自身。让·拉普朗什和让-贝特朗·蓬塔利斯告诉我们,无意识的能量"想方设法要重新进入意识当中并且重新开始活动(被压制的东西的返回),但是在经历了审查制度的扭曲之后,它们只能在各种妥协的结构中利用前意识系统"(拉普朗什和蓬塔利斯 1983:474)。那么,一方面,我们有各种无意识的能量,它们巧妙地穿上各式各样的伪装,操纵起各种不同的阴谋诡计,发动起一系列的攻击,等等。另一方面,我们有审查制度,压制、修正和防御。

这种用来理解战略和战术的各种实践的"模型"是非常有用的,它的有用性在隐喻的层面上昭然若揭:德塞尔托设想着某种与日常中发生的事情相类似的东西。日常生活的战术的方面持续不断地在战略中突然爆发(作为阴谋诡计、指责和创造性的集合);它不能被简单粗暴地一笔勾销或者书写穷尽。与此相似,战术性的东西也不可能以某种直接的或者说不成问题的方式得到关注:战术的形式抵制编目和收集的方式,这些方式是档案工作中大家都很熟悉的要项。战略性的档案工作,德塞尔托会证明,是一种审查的行为,是阐释性防御的行为,是妥协的行为。因此,德塞尔托的工作的艰巨任务就是提供一种档案实践,这种实践允许那种"战术性的"材料大量繁衍,能够"倾听"日常并且在那里听到被压制的行为的各种故事。

精神分析并不能轻而易举地被转译成其他的情境,尽管德塞尔托频频提到弗洛伊德,他并没有提供任何可以算作是把精神分析系统地应用于日常当中的东西。一方面,精神分析并不能轻易地为德塞尔托想要给出的"无主体"的叙述提供工具、设备。另一方面,日常并不促进那些有利于翻译对于精神分析(作为神经病的或者精神病的日常)而言具有核心意义的诊断机制的环境。也许我们可以简单地说,德塞尔托劫持了精神分析的形式而没有强调它的内容。我要论证的是,精神分析的形式对于理解德塞尔托的工作而言是至关重要的,尽管它只不过是允许我们想出一条办法,走出对于战略和战术的局部解剖图的纯粹物理的理解:和意识和无意识一样,战略和战术是同时在"同一个屋檐下"(姑且这么说)发生的。尽管弗洛伊德是在利用不同的模型(神经病学的、经济学的等等)和创造性的类比(例如,儿童的写字玩具)来与如何关注精神分析的主体的局部解剖图这个问题作斗争,但是我们把自己限制在来自弗洛伊德的"第二个局部解剖图"的一个直觉中,在这个局部解剖图中,"诸体系被描画为相对独立自主的个人之中的诸人"(拉普朗什和蓬塔利斯1983:452)。这样一幅局部解剖图描绘了两种截然不同的记录器(分裂的和相对独立自主的),尽管在大多数情形之中,双方几乎都不能辨认出对方,但是他们又在大部分时间里在一起"勉强共处"(姑且这么说)。在德塞尔托依照"他者性"(otherness)来描述战略和战术之间的关系时,他所坚持强调的正是两个世界之间各种彻底的形式上的差别。他写道,战略"就是一种在受到他者的各种不可见的权力蛊惑的那个世界中划定一个人的处所的努力"(1984:36)。战术"在他者的处所中偷偷现身"(xix);它的空间"就是他者的处所"(37)。

《日常生活的实践》跨越了另一个"非对抗性的二元性"而发生作用,这种二元性以隐喻的方式继续塑造各种战略性的和战术性的运作。"说"和"写"的隐喻对于理解档案(它的各种局限性和可能性)而言是非常重要的。声音("人民"的"声音"),在德塞尔托看来,在一种书写的经济学(写作)中被战略性地重新塑造了。德塞尔托并不是用"书写的经济学"来指代写作一般,而是指某种特殊的书写的显示(例如,对于各种消费实践的统计分析[1984:34]),在这种隐喻的意义上,写作是战略性的。赫雷米·阿亨对于各种类型的"写作"技术——它们可以算作是"书写的经济学"的一部分——作了一个值得称道的叙述:"例如,这些技术包含记录、誊抄、显示、储存和标准化等操作,还有信息的宣传和散布等操作"(阿亨1995:53)。尽管德塞尔托有时写作起来似乎所有的书写都是"法律"的铭刻,但是,这必须通过与对语言实践的隐喻理解才能理解,通过把诸语言实践理解为与各种战略的和战术的形式相关的社会技术才能理解。倘若对于这种划分作过分拘泥于字面的理解,就会假定,父母亲"坐直"的命令就会落入口头语的范围,而儿童的乱涂乱画的书写就会落入"书写经济学"的范围。

德塞尔托的工作中的口头性是通过他关于宗教史和人种学早期形式方面的研究而被赋予了历史的深度。德塞尔托的历史工作围绕着以各种形式出现的口头性而展开:异端关于各种鬼迷心窍的和宗教的神秘的言说(德塞尔托 1992:2000);对各种大众言说形式的管理(方言、土语)(德塞尔托等 1975);口头的形式"拥有"早期人种学家的著述的方式(德塞尔托 1988:209—243)。在两卷本的《日常生活的实践》当中,德塞尔托用"言语"将隐含的方式与他的工作联系在一起,但是也引发了"言语的捕获",他在 1968 年 5 月曾亲眼看到言语的捕获的出现和被重新捕获。在 1960 年代和

1970年代法国思想文化环境中,"言语"也引起了特殊的共鸣。例如,朱莉娅·克里斯蒂娃的《诗歌语言的革命》就叙述了一种前隐喻的或者前符号的语言,它可以被看作是"仅仅类似于声音的或者动力学的节奏"(克里斯蒂娃 1984:26)。在克里斯蒂娃看来,这些节奏可以在诸如斯特凡娜·马拉美的先锋主义诗人的写作中找到。另一个更接近德塞尔托的例子是精神分析学家雅克·拉康,他以他具有个人特色的言说风格而闻名于世,德塞尔托把他描述为一个"言说的身体":"咳嗽,轻轻地嘟囔着,清嗓子——就像在发音过程中的文身[原文如此]——打断了话语的链条并且暗示出它们'为了他者'而生存的全部秘密"(德塞尔托 1986:50)。这样的语言实践可以看作是提供了一种特权,可以优先利用赋予意义的某些更为身体的和更受压制的方面。在德塞尔托看来,正如在克里斯蒂娃看来,"说话的声音"不仅可以在实际的言语中找到:"通过变成模棱两可的深度——在这种深度中,不可被还原为一个意义的声音四处打转——文学的文本发生了变更"(德塞尔托 1984:162)。

"言语行为"的这种目录的目的无非是要暗示"言语"、"声音"和"口头性"等术语对德塞尔托所具有的密度,以及口头性潜在地使档案超越到任何直接的言语的经验例证的观念范围之外。在写作和言说之间的非对抗的划分并不是没有问题的。首先,它很容易放在由战略和战术所提供的形式逻辑的范围之内来理解。例如,在描述诸媒体形式是如何被看作"书写经济学"(即使它们呈现出口头的形式)的一部分时,德塞尔托论述了"人民的声音"是如何以每一种可想象的方式被"记录下来",被标准化,以及变成到处都可以看见的,但是只是在它已经被修剪(在我们"剪辑一份录音"

第八章 米歇尔·德塞尔托的日常生活的诗学

时)以及因此而被广播、电视或者留声机播放的时候,以及在被"传播技术"加工处理的时候(1984:132)。如果传媒形式可以被看作是倾向于战略性的,那么言语中的战术形式就可以看作是这种传达的第一诱发因。德塞尔托似乎要指称的东西是一整套的不同的实践,而这些实践又可以看作是对言语的加工处理:从对"脏话"的审查,或者是对说话的人和时间的控制,到通过声音生产(消除喀嚓、呼哧呼哧、咕噜咕噜等声音)而用电子设备使语言平缓、流畅(保持平衡)。

令人滋生更多困惑的是言语和写作之间的局部解剖图关系。德塞尔托关于"声音"和"写作"的二元性的处理似乎是自相矛盾的。一方面,声音似乎并不代表书写体系之外的一个体系:"这些声音再也不能被听见,除非是在它们发生在其中的那些书写体系的内部。它们四处移动,就像一群舞者,悄无声息地进入他者的领地"(1984:131)。在德塞尔托看来,这是由于大众传播的历史环境,在其中,"大众传媒"(电视机、收音机等等)提供了一套强有力的例证。其他一些例子包括通过大众教育而形成的语言的组织化、秩序化(例如,标准英语),这种秩序化可以看作是把语言去身体化。这种语言实践的历史性饱和状态由于各种战略形式而最终导致这样一种处境,在这种情境中,根本不存在什么"纯粹的"声音,因为它总是被一个体系(无论是社会的,家庭的,还是其他的)所决定并且通过"一种接受它的方式而被编纂在一起"(132)。通过这种方式来看,"声音"(或者至少是它的战术性方面)就等同于"身体的言语":一种"疯狂而和谐的结合"永远不可能是"纯粹的",但是只能"作为一个印迹或者踪迹,身体的影响或者换喻而巧妙地进入文本"(155)。但是,德塞尔托还把"声音"设想为处于书写体系之外的东西的基本特征:"人们在其中言说的那个处所是处于书写事业之外的。讲话发生在陈述的体系在其中被构成的那个处所之外"(158)。无论德塞尔托是否已经移向了另一种隐喻模式(例如,从历史的到现象学的),这些不连续性都是令人困惑的。在把"疯狂的"声音理解为书写所不能管理的言语时,德塞尔托的论证似乎指出了,声音不可能在这两者之中的任意一种中驻足:

> "疯狂"这个名称既创造了又定义了书写经济学把它放置在它自身之外的那个东西。此外,它还直接被赋予它的本质的谓项:疯狂是过渡性质的,它(通过污迹、错失等等)标明自己。但是它并不书写自身。它改变了一个处所(它在捣乱),但是它并没有建立一个处所。
>
> (1984:155)

这些都是难以渡过的水域,德塞尔托的论证的抽象、冗长并没有把严格的前后一贯性作为标准。从字面的意思看来,考察档案时,这种自相矛盾的状况的确提出了一些非常严肃的问题。一方面,我们有可能使档案至少承载生活的战术性方面的足迹;另一方面,口头性在写作之中根本就难以想象。最终,德塞尔托把显示"文本"之中的"声音"的可能性放置于优先的地位,这在一定程度上是因为建构日常生活的实践的普通诗学这个规划本身就是专心致志于倾听、刻印和描述等实践的。德塞尔托的精神分析的局部解剖图允许口头性同时既在内部,又在外部,允许它被压制和被审

第八章 米歇尔·德塞尔托的日常生活的诗学

查以及显现为一种症候(一种印迹、踪迹)。日常的人种学家,例如精神分析学家,从事一种倾听的实践。

倾听和刻印这种积极的实践在《日常生活的实践》第二卷中得到了生动的证明。在吕斯·贾尔关于烹饪的叙述中,"言语档案"被赋予了优先权,这只是因为它们能显示在贾尔"自己的"写作实践中不能被显示出来的东西。贾尔的"下厨烹饪"和马约尔的"活着"构成的人种学叙述把从非正式的访谈中引出的关于声音的描述和引用编织在一起,它们二者都包括一个独立的部分,这个部分组成了这些对话之一的"完整的"抄本。吕斯·贾尔讨论了由玛丽·费里埃为了烹饪规划而完成的这些访谈的本性:

> 他们的目标既不是记录观点的频率,也不是要构成一个有代表性的统计样本,毋宁是允许我们倾听妇女的声音;她们谈论她们下厨烹饪的方式,组织这项工作的方式,生活和体验的方式——这为我们提供了一种知道她们自己的语言,自己的语词,甚至是她们声音中的变音,她们言语的节奏的方式。这些采访的目的不是要拣选出某些具有奠基意义的意象,也不是要揭示无意识的根源,也不是要定义和划分各种态度的种类。它们的唯一意图是倾听妇女说话:谈论那些普遍认为没有得到关注的活动。
>
> (德塞尔托等 1998:159—160)

正是在这种"倾听妇女说话"的尝试中,他们作出决定把"未加砍削"的抄本都收容在内。这并不意味着,那些被更加彻底地织入文本之中的声音要同下面这种观点妥协,即它们的口头性丢失了,或者说,那些"未加砍削"的抄本是"独立"于战略性形式的:"声音的引用在日常的散文式的平淡中表明它们自身,而日常的散文式的平淡能够产生某种它们的效果——以陈述和实践的形式"(德塞尔托 1984:164)。在贾尔的文本中,"受访者"的声音并不接受一个严厉的衡量标准的审查。得到强调、坚持的是声音的难以驾御:

> 这些声音——它们的面孔对我们来说依旧是未知的——组成了旋律优美的复调音乐。它们是歧异的、活生生的声音,它们表示赞成它们自己,为它们自己而感动,记得它们自己;这些声音表示遗憾,回答,并且自相矛盾。它们是只用日常的语词谈论日常实践的声音,谈论人的生活和事情的声音。唯有各种声音而已。
>
> (德塞尔托等 1998:161)

言语和姿势的节奏、韵律以及疯狂而和谐的组合在对于通常的人种学实践的战术性颠覆中被置于最突出的地位。组成了马约尔和贾尔的规划的素材与被涵括进其他社会学和人种学文本的素材并不是截然不同的,但是变得不同的是作者和这些素材之间的关系:贾尔的声音一开始就呈现出一种独一性(而不是一般性),开始听起来像是文本中"多个声音的一个",而不是战略性的"主声音"(master-voice)。《厨房·妇女·民族》中的声音被想象为与她自己的声音同时并排响起,它不是要给其他的声音一个框架,而是要为它们提供某种"和谐的曲调"。

第八章　米歇尔·德塞尔托的日常生活的诗学

想要建立起"复调的"(多重声音的)文本的尝试提出了一种写作和研究实践,这种实践在内容和类型上都包括各种"艺术的"形式。我们可以从下面这一点当中看出《日常生活的实践》(第一卷)中的复调,即它从各种思想资源——游戏和故事,同样还有历史学的和社会学的叙述——中"引用"了数量庞大的"引文",与其说它可以被解读为关于日常生活的首尾一致和演绎性的论证,不如说它更容易被解读为小说形式的论证。德塞尔托的实践提供了一种档案实践,它以异质的资源为基础,但又不把这些资源还原成为理论论证的图解,而是用这些资源提供和诱发理论。在面对数量庞大、不可管理的档案时(小说、人种学、社会学、警署报告、采访、对话、日记、报纸等等),日常生活的研究者面临着一种要求,要求在战术可能发生的地方发现某些能够胜任听见战术的"倾听"方式。这两种野心(生产关于日常的档案和使既存的档案"日常化")合而为一了:倾听日常生活中的喃喃自语的实践。米歇尔·德塞尔托的日常生活的普通诗学的目的在于提供做这件事情(在档案中)操作的各种方式,至少在于开始倾听日常生活的实践。它的得失成败应该从这些方面来评判。

把日常放置到显著位置上

德塞尔托的日常生活的普通诗学显示了一种隐含在生产"一门关于独一性的科学"的欲望之中的紧张关系(1984:ix):一方面,这样一门科学的一般性,另一方面是实际情况的特殊性。这种情况没有什么新异之处,它把德塞尔托与席美尔、本雅明和弗洛伊德之俦联系在一起。在最为具体、特殊的环境之中发现可理解和可分析的文化实践中的可一般化的意义的问题也就是对文化进行关注的问题。精神分析的例子又一次派上了用场。弗洛伊德对于梦的理解背离了传统,因为它拒绝"把梦当作某种密码来处理,在这种密码中,每一种符号都可以依照一套固定的秘诀转译成具有一个已知的意义的另一种符号"(弗洛伊德 1976:171)。弗洛伊德认为,"组成一个梦的所有材料都以某种方式来源于经验,也就是说,这些素材已经在梦中被再生产出来和记起"(69),他坚持认为,只有通过对做梦者的具体的历史的关注才可以复原它的意义。通过这种方式,弗洛伊德拒绝生产关于各种梦的一个一般性阐释(除了他的书的标题)。弗洛伊德关于梦的理论是一个由做梦者的环境的特殊性所决定的阐释理论。它也是一门"关于独一者的科学"。弗洛伊德用来代替关于梦的一般阐释的是对于使梦的阐释得以可能的各种条件的研究。在面对梦的意义的特殊性时,弗洛伊德生产了一种关于梦的普通诗学。通过这种普通诗学,梦可以被放在与一系列操作与功能(缩聚、换位、修正、偿愿等等)的关系中来理解,而正是这种普通诗学使它成为一门"关于独一者的科学"。它提供了使独一性成为可理解之物的可能性条件;它提供了把梦当作独一者来认识的工具和关注它的形式上的普遍性的方式。换句话说,弗洛伊德的兴趣是要发现做梦的特殊逻辑,正如令德塞尔托感兴趣的是发现日常实践的特殊逻辑。

日常生活的普通诗学是一门关于独一者的科学,这是因为它允许对于"把日常的追求和具体的环境联系在一起的各种关系"作区分(德塞尔托 1984:ix)。德塞尔托把日常生活理论化的规划试

第八章 米歇尔·德塞尔托的日常生活的诗学

图为理解这些关系做一个奠基性的工作。但是我们不应该认为，这项规划可以在德塞尔托的有生之年完成，或者它是一项能够不费吹灰之力、轻而易举地完成的规划。在两卷本的《日常生活的实践》付梓之后，德塞尔托和贾尔仍然写道，

> 我们对于普通的实践当中至关重要的操作类型、它们的记录以及它们的组合等方面的知识都极其贫乏，因为我们的分析、制作模型和形式化的工具都是为了别的对象和别的目的而量身定制的。基本的分析工作仍有待我们去完成，这种工作不得不围绕着把各种类型的操作和记录巧妙地组合为一个集合而展开，就在此时此地，这个集合筹划并且激活了一种应对措施，而这种应对措施是与某一个情境、某些环境、具体的演员相关联的独一的行为。

（德塞尔托和贾尔 1998：256）

在它逐渐对日常进行评价或者作出阐释时，德塞尔托的工作应该可以充当一种预防措施：它就好比是弗洛伊德那里的那套固定的秘诀，它能够解开将会遭到拒绝的日常要求的谜团。想要产生一个由各种微不足道的颠覆组成的目录（撕破的牛仔裤、踩滑板等等）的欲望必需被某种形式的关注所代替，这种关注形式就使得发明一种"工具包"——这种工具包使日常能够被听见，但是不是作为背景噪音，而是作为被凸显出来的声音——成为必要。或者，毋宁说，必需的东西是能够观察复调的日常的不同的显示的"工具包"。这种独特性，日常文化的这种此时此地性，以不同的方式有

助于勾勒出一种具有雄心壮志的语言,这种语言使日常生气勃勃,把它从一种不作任何区分的审查中拯救出来。德塞尔托提供的语言可以看作是一系列流动的而且是有意识地不稳定的范畴(空间和处所、战术和战略、言说和写作,等等)。但是,这些语言工具也是集聚在一起的各种激情的符号——"模糊不清"、"冥顽不化"、"偷猎"、"阴谋诡计"、"献媚"等等——这些符号指向那些一旦日常变成凸显之物就簇拥群集、剧烈增加的实践。

把《日常生活的实践》以及与之相关的文本看作是设立一个与政治行为领域相关的立场,这就既忘记了这项规划的谦逊的态度,也忘记了它的雄心壮志。德塞尔托认为战术性活动对于日常生活而言是本质的活动,它们是一系列侥幸成功的创造性的时刻(最大限度地利用各种事物)和许许多多冥顽不化的坚持(过去、身体、无意识)的混合物。以描述日常生活的尝试为基础来设想一种转型的政治,这是受到限制的。为了竭力避免把德塞尔托的诗学误认为是文化实践的政治,我已经强调过"战术性"生活的那些方面,它们不可能因为一种"乐观的"文化政治而被轻而易举地恢复元气。在这样做时,我已经故意不充分地展示工作的某些方面——这些方面确实颂扬日常生活中某些相反的特征——而提出了某些干涉与转型的形式。德塞尔托把日常置于突出地位的规划可以被理解为日常生活的现象学,它把发现日常实践中起作用的特殊逻辑的可能性当作它的前提条件。在这里,要求那些紧随其后的人具有一种精细而富于想象力的情感的,正是一项野心勃勃的规划。但是,在它逐渐指出实际发生的社会和文化变迁时,在这里也还存在着一种起作用的根本的谦逊。德塞尔托的实践从来都没有单纯地限制于为日常提供理论的关注之内。作为一个公众知识分子,他持之以恒地在文化政治领域与政府机构携手合作,共谋大计。但是,如果这就是我们所期望能够发现一种朝向日常生活的更加果断的"政治"定向的地方,那么,德塞尔托会又一次使我们的期望落空。处在这项规划核心地位的是对于以引导"人民"走向解放甚或更好的状况的先驱者的名义发表演讲的彻底拒绝。从理论上说,德塞尔托把他的信仰系缚在日常生活的强韧的他者性上。他的规划的雄心壮志在于发现把他者性凸显出来的诸方式。他通达文化政策的道路的谦逊态度是由一个类似的欲望决定的。就其本身而言,日常生活的"政治"是彻头彻尾地早熟的。因此,他的文化政策就是纯粹以凸显日常为定向的。只有在日常被允许形成之后,某种类似于日常的政治的东西才变成可能的。

在德塞尔托看来,"对于一个社会的管理在它的中央留下了一个巨大的'残余物'"(1997b:134)。这种残余物,"建筑的蓝图上的被捂住的声音的衰退和流动"(134),就是德塞尔托想要看着它占据中心舞台的文化。这种文化以多种不同的方式显现自身。"与坍塌了的或者废弃了的体系相关"的残余物的实践("某些姿态、某些对象、表述、生日和香水")充当了"日常活动的文本中的"中断(1997a:172)。但是,和这些划时代的剩余物相伴而行的,是一种富于创造性的正在形成的文化,在1970年代的法国,德塞尔托认为这种文化缺乏一种表象形式:

> 被边缘化的生活变得越来越模糊不清,但是,在我们的表象系统中这种生活并没有夺路而逃。乡村地区和城市——不

仅仅是工人联合会或大学——都挤满了沉默的主体。这并不是因为他们缺乏理念和标准！但是他们所深信的再也不是从属关系。

(1997a:9)

上述引文所描述的是这样一种文化,它在"民主"资本主义的各种文化形式内部(包括,或许尤其要包括,它们的对立形式)不可能得到表达。在一份为法国文化部而准备的并且于1983年以《交往的庸常》为题发表的报告中,吕斯·贾尔和米歇尔·德塞尔托把关于可能性的政治的描述和具体的介绍结合在一起。这份报告并没有提出一种"革命的"或者"对立的"政治形式;相反,它提出了一系列谦虚的和"日常的"建设。在和这份报告同时发表的一篇文章(很显然,它是这份报告的"一部分")中,他们提到了一个似乎很生动,又很"普通的"例子:

> 在一个走向衰退的工业区,洛林地区的一个地方广播电台确立了一种现场播音的倾向,每一个人都能够通过走进演播室或者打入电话而利用电波……这个实验充当了一种启示或者一种刺激:某个人不胜惊讶地发现,与他或她一起工作的人偷偷地在写诗,而另外一个人则坦承是一个业余画家……一个因这种经验而激动得不知所措的钢铁工人对此作出了一个漂亮的概括:"在那里,在广播中,你有可能说话了,你可以对你自己说点什么,而且你想要说这些。你有可能把这些话送到千家万户,很快,听众变成了演员,他或她不可避免地会

第八章 米歇尔·德塞尔托的日常生活的诗学

回复你一些话……这是对于生活的一种反省——生活就是某种无序状态,自由是某种类型的无序状态。"他的结语更让人瞠目结舌:"现在,在我心中掠过一丝灵感,我想要写一个'我'字,写在所有东西上面,再也没有人可以阻止我做什么了。我想要这样做。"

(德塞尔托和贾尔 1998:255)

如果提倡这样的言语事件是日常生活的政治的话,那么它并不关涉到牢牢记住某些目的,而是关涉到生产各种开端。这种既谦恭有礼而又雄心壮志的日常政治与民意调查的规划以及"代自己立言"的可能性联系在了一起(上面提到的电台节目叫"听听你自己的声音")。正在形成的日常生活的文化政治是这样的一种政治,它既窃取日常中存在的各种能量,又使用它们来改变日常。这样一种"政治"(如果它是一种政治的话)并不提供答案,它也不竭力颠覆压制。这是一种启发式的、实验性的政治,它信任作为改变它自己的工具的日常。

注 释

① 在德塞尔托的大部分工作中,对于"性别"的"不关心"十分明显。因此,吕斯·贾尔对于这项规划的贡献("下厨烹饪")可以看作既是对这项规划的介入,又是对于这种不关心的一定程度上的纠正。

第九章　后记：日常生活与文化研究的未来

在民意调查、本雅明、席美尔、超现实主义、列斐伏尔和德塞尔托的工作中，日常显示为一系列使把"现代性"当作一直向前推进的叙事成为不可能的时间性。从一开始，日常的现代性看起来就有点像把不同的时间和空间缀合在一起的产物。我在本书开篇之际就草拟了一种关于现代性的描述，它把现代性解释为一幅自相矛盾的日常的图景，它既百无聊赖、了无生趣，又神神秘秘、玄妙莫测，既令人心烦意乱，又千篇一律。我们讨论过的各种日常生活的理论扩展和加深了这种模棱两可的感觉。作为贫困和压制的日常与那种在文化上丰富多彩而又由于节日的力量而增添了活力的日常相互竞争。在这里，对于任何一个想要仅仅是以颂扬或者谴责为"目的"的人来说，都不存在心安理得的状态。

我们已经从20世纪的开端走向了它的结束，就文化理论而言，日常走入了关注的焦点复又走出。其中的原因毫无疑问与文化生活之间有着错综复杂的关系：例如，我们已经看到，在诸如1968年5月这样发生社会和文化危机的时刻，日常被衬托得异常鲜明、突出。但是，日常的生气勃勃并不仅仅与社会的事件相关；它还会由于把日常从顺从中拯救出来的意愿、斗争而获得生气。

就文化理论而言,使日常变得生气勃勃的问题也就是如何关注社会的问题。自席美尔以来,这个问题(至少在我的解释中)已经使形式、安排、审美程序等观念处于非常突出的位置,无论是以明确的方式还是以隐绰未彰的方式。日常使得活生生的文化的特殊性变得无法回避了。但是除非这有可能导致无休无止的编目、无限的发明创造,否则,我们肯定会发现,诸形式会使这种具体性变成可辨认的、有意义的和纯粹生产性的。本书已经叙述过的传统为"注册未注册之物"提供了一系列的美学:①揭示具体中的一般的辩证方法;把互不相干的素材并置于一起以产生爆炸效应;相互关联的现象的生产性的聚合;关于活生生的独一性的普通诗学。也许,日常只是文化理论赋予某种形式的关注的一个名称,这种关注形式试图使社会生活的异质性充满生气,这个名称是在不可能的歧异性中发现意义的那个活动的名称。

国际框架中的日常生活理论

我在这里考察过的日常生活必须被承认为一种国际框架之中的操作。应该非常清楚的是,这并没有赋予它以全球的真理;它离全球的真理还很遥远。我考察过的这个工作既和特定的地理又和特定的历史联系在一起。但是,这些地理不仅仅是以被当作离心的民族文化传统的东西为线索来把握的。例如,列斐伏尔就非常明显地把战后法国的日常生活和去殖民化的时刻联系在一起,把它和他将之当作某一种形式的新殖民主义和殖民主义的重新塑形联系在一起。在克里斯廷·罗斯的"列斐伏尔式的"著作《高速轿车,干净的身体:去殖民化和法国文化的重新安排》中,回荡着法国民族文化的日常生活与这些更加全球性质的考虑的关系。在关于1950年代法国(为洗衣机、电冰箱、擦亮粉等物而做的)"卫生"广告的令人神魂颠倒的讨论中,罗斯拈出了一系列与操持家务相关的比喻,他也把它们用来指阿尔及利亚战争(罗斯 1995:71—122)。操持家务,作为一个大家都熟悉的、家庭内部的日常王国,回荡着与法国努力"管理家务"(使它的殖民地保持"秩序")的尝试的同样的语言。从"拷打"跳跃到"洗发"(108),坚持这种关系的历史实在性,暗示了与玛尔塔·罗斯勒尔的合成照片相类似的历史学实践,那些合成照片把越南战争嵌入富有的、西方的、"五彩缤纷"的家庭(图11)。被冠之以"把战争带回家"的名目的罗斯勒尔的合成照片系列呼吁我们阅读发生在西方日常生活的家庭环境中的新殖民战争中的各种暴行。日常的这样一种定向强调对于全球结构诸多方面内部的商品文化进行解读,例如,安妮·麦克林托克把"日常的"因循守旧的商品(肥皂、牙膏、饼干等等)解读为对于殖民态度中的复杂的欲望和恐惧的注册(麦克林托克 1995)。

在最近出版的一本题为《历史的不安:现代性、文化实践和日常生活的问题》的书中,哈里·哈鲁图尼安提出了一系列非常重要的观点,这些观点指出了坚持日常生活的跨文化塑形所取得的累累硕果。一方面,日常允许对于"现代性"在不同的地理背景当中表述自身的方式有千类万别的和复杂的解释(他反复提到的参照点是两次世界大战之间的日本)。在这一方面,现代性是资本主义取得突飞猛进的成功的全球条件。但是,日常生活变成了全球性的文化经验,这种经验不仅从来就不能等同于似乎是资本主义的

第九章 后记:日常生活与文化研究的未来 291

图11 《红色带状厨房》,选自"把战争带回家:美丽的家"——玛尔塔·罗斯勒尔的合成照片系列(1967—1972年)。艺术家惠允使用

同质化的野心的东西。就其自身而言,日常生活变成了文化侥幸残存和文化竞争的竞技场,在现代的领土上重新塑造某些特殊的传统的竞技场。用哈鲁图尼安的话来说就是:

如果现代性被资本主义的欲望机器驱使着,承诺在所有地方设置它的生产和消费的体制,那么,充当现在的最小程度的统一,标志着活生生的经验和再生产水平的日常,事实上就会通过过去的中介作用来应对同质性的强行要求,而过去的诸中介作用与新的现在之间常常处于一种紧张的、通常是敌对的关系之中。

(哈鲁图尼安 2000:63)

正是因为把现代性的全球性的一般性和区域的和历史的连续性与不连续性的具体性聚合在一起,日常才被看作是就现代性的跨文化的研究而言的尤其适宜的视野。在哈鲁图尼安看来,它允许在跨文化中使用"并不是完全同一"的度量衡。换句话说,对于日常生活的关注将在国际的和国内的规模上(例如,乡村和城市的共同体中的不同日常)坚持现代性的不均质的经验。

哈鲁图尼安的《历史的不安》主要是一本理论著作。他所考察的某些理论家中有几个和我在这里所考察的理论家相同(具体是指列斐伏尔、本雅明和席美尔)。但是哈鲁图尼安还提到一些活跃在 1930 年代的日本知识分子,他们坚持哲学应该变成"日常的"。哈鲁图尼安告诉我们,诸如户坂润等哲学家的著述在某些非常重要的方面是列斐伏尔的思想的滥觞。但是在操英语的文化研究中,我们只知道列斐伏尔的大名,至于户坂润则是闻所未闻。这个例子当然需要翻几番并推扩到全球的范围。"非西方的"文化理论依旧没有浮出水面。如果日常生活研究的事业是在寻求隐而不彰

第九章 后记:日常生活与文化研究的未来

者或者遭到忽视者的过程中进行的,那么,这项规划应该应用于它的理论资源中,也应该同等程度地应用于它所追求的文化实践当中。在这个意义上,日常文化理论想要采取的一个方向就会是地理学的:把日常放置到理论与实践的国际框架之内。

正如我们已经看到的,日常不能被纯粹地还原为物质文化的赋义行为或者民族文化的基本特征。日常,在某些非常重要而又具有挑战意义的方面(尤其是在德塞尔托的工作中),大致相当于文化生活的密度以及它拒绝被看作是"民族生活"的东西的参数包含在内。这并不意味着,民族文化的观念不再重要了,只是说,它们不是日常文化研究的终极点。在很多方面,民族的观念都将是一个基地,日常的研究千方百计地重新为这个基地编码并使之多元化。就此而言,一种通达日常生活的跨文化的道路可能不是从可知的或者可鉴别的文化差异的视角出发,而是(也许这是最近更有争议性的)从一种对日常生活而言的共通的、全球性的"不可见"的感觉出发。因此,试图凸显出日常的窃窃私语声的努力就可能(正如在德塞尔托的工作中的那样)在巴西的农民文化和法国的北非工厂工人之间建立起联系(德塞尔托 1984:15—17)。这并不是指出日常的全球性的同一性,而是要规划跨越各种具体的社会-文化情境的邻近关系。

最后,我认为,如果对于日常的跨文化注意会使作为本书的主题的那种具有不确定的精神的东西保持鲜活性,那么,也许它可以提供一次机会以重新设想文化研究。换句话说,它可能有助于以想象的方式给文化研究灌注生机。采纳这些方法中具有独创性的某些方面,以及以某种更为国际的方式推广"日常生活理论",在我看来,是值得我们去努力的雄心壮志。

注 释

① 感谢斯蒂芬·克鲁卡斯提供这个公式化的表述。

参考书目

Adam, Barbara (1995) *Timewatch: The Social Analysis of Time*, Cambridge: Polity Press.
Ades, Dawn (1986a) 'Photography and the Surrealist Text', in Rosalind Krauss and Jane Livingston, *L'Amour Fou: Photography and Surrealism*, London: Arts Council of Great Britain, pp. 153–89.
—— (1986b) *Photomontage*, London: Thames & Hudson.
Adler, Kathleen (1989) 'The Suburban, the Modern and "Une Dame de Passy"', *The Oxford Art Journal*, 12.1: 3–13.
Adorno, Theodor (1980) 'Letters to Walter Benjamin' [1935–8], translated by Harry Zohn, in Theodor Adorno, Walter Benjamin, Ernst Bloch, Bertolt Brecht and Georg Lukács, *Aesthetics and Politics*, London: Verso, pp. 110–33.
—— (1992) *Notes to Literature: Volume II*, New York: Columbia University Press.
Adorno, Theodor, Benjamin, Walter, Bloch, Ernst, Brecht, Bertolt and Lukács, Georg (1980) *Aesthetics and Politics*, London: Verso.
Ahearne, Jeremy (1995) *Michel de Certeau: Interpretation and its Other*, Cambridge: Polity Press.
Anderson, Perry (1979) *Considerations of Western Marxism*, London: Verso.
—— (1992a) *A Zone of Engagement*, London: Verso.
—— (1992b) 'Components of a National Culture' [1968], in Perry Anderson, *English Questions*, London: Verso, pp. 48–104.
Aragon, Louis (1987) *Paris Peasant* [1926], translated by Simon Watson Taylor, London: Picador.
Ardagh, John (1977) *The New France: A Society in Transition 1945–1977*, Harmondsworth: Penguin.

Axelrod, Charles D. (1994) 'Towards an Appreciation of Simmel's Fragmentary Style' [1977], in David Frisby, ed. *Georg Simmel: Critical Assessments*, 3 vols., London and New York: Routledge, section 5, number 41: 32–45.

Bakhtin, Mikhail (1984) *Rabelais and his World*, translated by Hélène Iswolsky, Bloomington: Indiana University Press.

Barthes, Roland (1973) *Mythologies* [1957], translated by Annette Lavers, London: Granada.

—— (1983) *The Fashion System* [first published in 1967 as *Le système de la mode*], translated by Matthew Ward and Richard Howard, Berkeley, Los Angeles and London: University of California Press.

Bataille, Georges (1985) *Visions of Excess: Selected Writing 1927–1939*, translated by Allan Stoekl, Manchester: Manchester University Press.

—— (1991) *The Accursed Share: Volume I*, translated by Robert Hurley, New York: Zone Books.

Bataille, Georges, Leiris, Michel, Grialue, Marcel *et al.* (1995) *Encyclopaedia Acephalica*, translated by Iain White, Dominic Faccini, Annette Michelson *et al.*, London: Atlas.

Battersby, Christine (1991) 'Situating the Aesthetic: A Feminist Defence', in Andrew Benjamin and Peter Osborne, eds., *Thinking Art: Beyond Traditional Aesthetics*, London: ICA, pp. 31–43.

Baudelaire, Charles (1964) *The Painter of Modern Life and Other Essays*, translated by Jonathan Mayne, New York: Da Capo.

Bauman, Zygmunt (1989) *Modernity and the Holocaust*, Cambridge: Polity Press.

Benedict, Ruth (1989) *Patterns of Culture* [1934], Boston: Houghton Mifflin.

Benjamin, Andrew (1989) 'Traditions and Experience: Walter Benjamin's "On Some Motifs in Baudelaire"', in Andrew Benjamin, ed. *The Problems of Modernity: Adorno and Benjamin*, London and New York: Routledge, pp. 122–40.

Benjamin, Andrew and Osborne, Peter, eds. (1991) *Thinking Art: Beyond Traditional Aesthetics*, London: ICA.

—— (1994) *Walter Benjamin's Philosophy: Destruction and Experience*, London and New York: Routledge.

Benjamin, Walter (1982) *Illuminations*, translated by Harry Zohn, London: Fontana.

—— (1983a) *Charles Baudelaire: A Lyric Poet in the Era of High Capitalism*, translated by Harry Zohn, London: Verso.

—— (1983b) *Understanding Brecht*, translated by Anna Bostock, London: Verso.

—— (1985) *One Way Street and Other Writings*, translated by Edmund Jephcott and Kingsley Shorter, London: Verso.

—— (1989) 'Konvolut N: Re the Theory of Knowledge, Theory of Progress', in Gary Smith, ed. *Benjamin: Philosophy, Aesthetics, History*, Chicago: The University of Chicago Press, pp. 43–83.

—— (1998) 'An outsider attracts attention' in Siegfried Kracauer, *The Salaried Masses: Duty and Distraction in Weimar Germany*, translated by Quintin Hoare, London: pp 109–114.

—— (1999) *The Arcades Project*, translated by Howard Eiland and Kevin McLaughlin, Cambridge, Mass.: Harvard University Press.
Bennett, Tony (1998) *Culture: A Reformer's Science*, London: Sage.
Bentley, Nancy (1995) *The Ethnography of Manners: Hawthorne, James and Wharton*, Cambridge: Cambridge University Press.
Berman, Marshall (1983) *All That is Solid Melts into Air: The Experience of Modernity*, London: Verso.
Biernacki, Richard (1994) 'Time Cents: The Monetization of the Workday in Comparative Perspective', in Roger Friedaland and Deirdre Boden, eds. *NowHere: Space, Time and Modernity*, Berkeley: University of California Press, pp. 61–94.
Blanchot, Maurice (1981) *The Gaze of Orpheus and other Literary Essays*, translated by Lydia Davis, New York: Station Hill.
—— (1987) 'Everyday Speech' [1959], translated by Susan Hanson, *Yale French Studies*, 73: 12–20.
Bloch, Ernst (1989) *The Utopian Function of Art and Literature: Selected Essays*, translated by Jack Zipes and Frank Mecklenburg, Cambridge, Mass.: The MIT Press.
Boym, Svetlana (1994) *Common Places: Mythologies of Everyday Life in Russia*, Cambridge, Mass.: Harvard University Press.
Brecht, Bertolt (1980) 'Against Georg Lukács', translated by Stuart Hood, in Theodor Adorno, Walter Benjamin, Ernst Bloch, Bertolt Brecht and Georg Lukács, *Aesthetics and Politics*, London: Verso, pp. 68–85.
Breton, André (1924) 'Manifesto of Surrealism', reprinted in Breton (1972a).
—— (1935) 'Speech to the Congress of Writers', reprinted in Breton (1972a).
—— (1960) *Nadja* [1928], translated by Richard Howard, New York: Grove Press.
—— (1972a) *Manifestoes of Surrealism*, translated by Richard Seaver and Helen R. Lane, Ann Arbor: University of Michigan Press.
—— (1972b) *Surrealism and Painting*, translated by Simon Watson Taylor, New York: Harper & Row.
Brodersen, Momme (1996) *Walter Benjamin: A Biography*, London: Verso.
Buchanan, Ian (1997) 'De Certeau and Cultural Studies', *New Formations*, 31: 175–88.
—— (2000) *Michel de Certeau: Cultural Theorist*, London, Thousand Oaks, New Delhi: Sage.
Buck-Morss, Susan (1986) 'The Flaneur, the Sandwichman and the Whore: The Politics of Loitering', *New German Critique*, 39: 99–140.
—— (1989) *The Dialectics of Seeing: Walter Benjamin and the Arcades Project*, Cambridge, Mass.: The MIT Press.
Bürger, Peter (1984) *Theory of the Avant-Garde*, translated by Michael Shaw, Manchester: Manchester University Press.
—— (1991) 'Aporias of Modern Aesthetics', in Andrew Benjamin and Peter Osborne, eds. *Thinking Art: Beyond Traditional Aesthetics*, London: ICA, pp. 3–15.

Burke, Peter (1994) *Popular Culture in Early Modern Europe*, Aldershot: Scholar Press.

Caillois, Roger (1959) *Man and the Sacred*, translated by Meyer Barash, Glencoe, Ill.: Free Press.

Calder, Angus and Sheridan, Dorothy, eds. (1985) *Speak for Yourself: A Mass-Observation Anthology 1937–1949*, Oxford: Oxford University Press.

Chafe, William H. (1986) *The Unfinished Journey: America Since World War II*, Oxford: Oxford University Press.

Chaney, David and Pickering, Michael (1986) 'Authorship in Documentary: Sociology as an Art Form in Mass-Observation', in John Corner, ed. *Documentary and the Mass Media*, London: Edward Arnold.

Chtcheglov, Ivan (1981) 'Formulary for a New Urbanism' [1953], in Knabb (1981), pp. 1–4.

Clark, T. J. (1985) *The Painting of Modern Life: Paris in the Art of Manet and his Followers*, London: Thames & Hudson.

Clarke, John, Critcher, Chas and Johnson, Richard, eds. (1979) *Working Class Culture: Studies in History and Theory*, London: Hutchinson.

Clifford, James (1986) 'Introduction: Partial Truths' in James Clifford and George E. Marcus, eds. *Writing Culture: The Poetics and Politics of Ethnography*, Berkeley: University of California Press, pp. 1–26.

—— (1988) *The Predicament of Culture: Twentieth-Century Ethnography, Literature, and Art*, Cambridge, Mass.: Harvard University Press.

Clifford, James and Marcus, George E. eds. (1986) *Writing Culture: The Poetics and Politics of Ethnography*, Berkeley: University of California Press.

Cohen, Margaret (1993) *Profane Illumination: Walter Benjamin and the Paris of Surrealist Revolution*, Berkeley: University of California Press.

Coombes, Annie E. (1994) *Reinventing Africa: Museums, Material Culture and Popular Imagination*, New Haven: Yale University Press.

Cowan, Ruth Schwartz (1989) *More Work For Mother: The Ironies of Household Technology from the Open Hearth to the Microwave*, London: Free Association Books.

Crow, Thomas (1985) 'Modernism and Mass Culture in the Visual Arts', in Francis Frascina, ed. *Pollock and After: The Critical Debate*, London: Harper & Row, pp. 233–66.

Davis, Murray S. (1994) 'Georg Simmel and the Aesthetics of Social Reality' [1968], in David Frisby ed. *Georg Simmel: Critical Assessments*, 3 vols., London: Routledge, section 5, number 42, pp. 46–60.

Davis, Natalie Z. (1987) *Society and Culture in Early Modern France*, Cambridge: Polity Press.

de Certeau, Michel (1984) *The Practice of Everyday Life* [1980], translated by Steven Rendall, Berkeley: University of California Press.

—— (1986) *Heterologies: Discourse on the Other*, translated by Brian Massumi, Manchester: Manchester University Press.

—— (1988) *The Writing of History* [1975], translated by Tom Conley, New York: Columbia University Press.

—— (1992) *The Mystic Fable: Volume I – the Sixteenth and Seventeenth Centuries*, translated by Michael B. Smith, Chicago: University of Chicago Press.
—— (1997a) *The Capture of Speech and Other Political Writings*, translated by Tom Conley, Minneapolis: University of Minnesota Press.
—— (1997b) *Culture in the Plural* [1974], translated by Tom Conley, Minneapolis: University of Minnesota Press.
—— (2000) *The Possession at Loudun* [1970], translated by Michael B. Smith, Chicago: University of Chicago Press.
de Certeau, Michel and Giard, Luce (1998) 'A Practical Science of the Singular' [1983], in Michel de Certeau *et al.* (1998), pp. 251–6.
de Certeau, Michel, Giard, Luce and Mayol, Pierre (1998) *The Practice of Everyday Life, Volume II: Living Cooking* [1980], translated by Timothy J. Tomasik, Minneapolis: University of Minnesota Press.
de Certeau, Michel, Julia, Dominique and Revel, Jacques (1975) *Une politique de la langue: la Révolution française et les patois: l'enquête de Grégoire*, Paris: Gallimard.
—— (1986) 'The Beauty of the Dead: Nisard' [1974], in Michel de Certeau, *Heterologies: Discourse on the Other*, translated by Brian Massumi, Manchester: Manchester University Press, pp. 119–36.
de Man, Paul (1986) *The Resistance to Theory*, Manchester: Manchester University Press.
Debord, Guy (1981a) 'Introduction to a Critique of Urban Geography' [1955], in Knabb (1981), pp. 5–8.
—— (1981b) 'Perspectives for Conscious Alterations in Everyday Life' [1961], in Knabb (1981), pp. 68–75.
—— (1981c) 'Situationist Theses on Traffic' [1959], in Knabb (1981), pp. 56–8.
—— (1981d) 'Theory of the Dérive' [1958], in Knabb (1981), pp. 50–4.
—— (1983) *Society of the Spectacle* [1967], Detroit: Black & Red.
Debord, Guy and Wolman, Gil J. (1981) 'Methods of Detournement' [1956], in Knabb (1981), pp. 8–14.
Dentith, Simon (1995) *Bakhtinian Thought: An Introductory Reader*, London and New York: Routledge.
Devereaux, Leslie and Hillman, Roger, eds. (1995) *Fields of Vision: Essays in Film Studies, Visual Anthropology and Photography*, Berkeley: University of California Press.
Donzelot, Jacques (1980) *The Policing of Families: Welfare versus the State*, translated by Robert Hurley, London: Hutchinson.
Doyle, Arthur Conan (1993) *The Adventures of Sherlock Holmes*, London: The Folio Society.
—— (1995) *Sherlock Holmes: Four Great Novels*, Bristol: Parragon Book Services.
Durkheim, Emile (1995) *The Elementary Forms of Religious Life* [1912], translated by Karen E. Fields, New York: Free Press.
Eagleton, Terry (1986) *Against the Grain: Selected Essays*, London: Verso.
—— (1990) *The Ideology of the Aesthetic*, Oxford: Blackwell.

Edwards, Stephen (1984) 'Disastrous Documents', *Ten-8* 15: 12–23.
Evans, Jessica (1997) 'Introduction to "Nation, Mandate, Memory"', in Jessica Evans, ed. *The Camerawork Essays: Context and Meaning in Photography*, London: Rivers Oram Press, pp. 145–7.
Featherstone, Mike (1992) 'Postmodernism and the Aestheticization of Everyday Life', in Scott Lash and Jonathan Friedman, eds. *Modernity and Identity*, Oxford: Blackwell, pp. 265–90.
—— (1995) *Undoing Culture: Globalization, Postmodernism and Identity*, London: Sage.
Felski, Rita (1995) *The Gender of Modernity*, Cambridge, Mass.: Harvard University Press.
Ferguson, Harvie (1996) *The Lure of Dreams: Sigmund Freud and the Construction of Modernity*, London and New York: Routledge.
Fisera, Vladimir, ed. (1978) *Writing on the Wall – France, May 1968: A Documentary Anthology*, London: Alison & Busby.
Fiske, John (1986) *Understanding Popular Culture*, London: Routledge.
—— (1992) 'Cultural Studies and the Culture of Everyday Life', in Lawrence Grossberg, Cary Nelson and Paula Treichler, eds. *Cultural Studies*, London and New York: Routledge, pp. 154–73.
Foster, Hal (1993) *Compulsive Beauty*, Cambridge, Mass: The MIT Press.
Foucault, Michel (1970) *The Order of Things: An Archaeology of the Human Sciences* [first published in 1966 as *Les mots et les choses*], London: Tavistock.
—— (1982) *Discipline and Punish: The Birth of the Prison*, translated by Alan Sheridan, Harmondsworth: Penguin.
—— (1984) *The History of Sexuality. Volume I: An Introduction*, translated by Robert Hurley, Harmondsworth: Penguin.
Freud, Sigmund (1973) *Introductory Lectures on Psychoanalysis* [1916–17], translated by James Strachey, Harmondsworth: Penguin.
—— (1975) *The Psychopathology of Everyday Life* [1901], translated by Alan Tyson, Harmondsworth: Penguin.
—— (1976) *The Interpretation of Dreams* [1900], translated by James Strachey, Harmondsworth: Penguin.
—— (1977) *Case Histories 1: 'Dora' and 'Little Hans' – Pelican Freud Library, Volume VIII* [1905], translated by Alix and James Strachey, Harmondsworth: Penguin.
Friedan, Betty (1965) *The Feminine Mystique*, Harmondsworth: Penguin.
Frisby, David (1984) *Georg Simmel*, London: Methuen.
—— (1985) *Fragments of Modernity: Theories of Modernity in the Work of Simmel, Kracauer and Benjamin*, Cambridge: Polity Press.
—— (1992a) *Simmel and Since: Essays on Georg Simmel's Social Theory*, London and New York: Routledge.
—— (1992b) *Sociological Impressionism: A Reassessment of Georg Simmel's Social Theory*, London and New York: Routledge. First published 1981.

Gardiner, Michael E. (2000) *Critiques of Everyday Life*. London and New York: Routledge.
Geist, Johann (1983) *Arcades: The History of a Building Type*, translated by Jane O. Newman and John H. Smith, Cambridge, Mass.: The MIT Press.
Gersham, Herbert S. (1974) *The Surrealist Revolution in France*, Ann Arbor: University of Michigan Press.
Giedion, Siegfried (1969) *Mechanization takes Command: A Contribution to Anonymous History*, New York: Norton.
Greenhalgh, Paul (1988) *Ephemeral Vistas: The Expositions Universelles, Great Exhibitions and World's Fairs, 1851–1939*, Manchester: Manchester University Press.
Hamper, Ben (1992) *Rivethead: Tales from the Assembly Line*, London: Fourth Estate.
Hargreaves, Alec G. (1995) *Immigration, 'Race' and Ethnicity in Contemporary France*, London and New York: Routledge.
Harootunian, Harry (2000) *History's Disquiet: Modernity, Cultural Practice, and the Question of Everyday Life*, New York: Columbia University Press.
Harrison, Charles and Orton, Fred, eds. (1984) *Modernism, Criticism, Realism*, London: Harper & Row.
Harrisson, Tom (1937) *Savage Civilisation*, London: Victor Gollancz.
—— (1938) 'Public Busybody No. 1', *Daily Mirror*, 6 December: 14.
—— (1940a) 'M.O.I. Defended', *Picture Post*, 10 August: 31.
—— (1940b) 'What is Public Opinion?' *Political Quarterly*, 11: 368–83.
—— (1942) 'Notes on Class Consciousness and Class Unconsciousness', *Sociological Review*, 34.3–4: 147–64.
—— (1947) 'Introduction', in Bob Willcock, 'Polls Apart', unpublished survey of Mass-Observation.
—— (1970) 'Introduction', in Mass-Observation, *The Pub and the People* (first published 1943), Welwyn Garden City: Seven Dials Press.
—— (1976) *Living through the Blitz*, London: Collins.
Harrisson, Tom, Jennings, Humphrey and Madge, Charles (1937) 'Anthropology at Home', *The New Statesman and Nation*, 30 January: 155.
Harvey, David (1989) *The Condition of Postmodernity*, Oxford: Blackwell.
Haxthausen, Charles W. and Suhr, Heirdrun, eds. (1990) *Berlin: Culture and Metropolis*, Minneapolis: University of Minnesota Press.
Hodgkinson, Anthony W. and Sheratsky, Rodney E. (1982) *Humphrey Jennings: More than a Maker of Films*, London: University Press of New England.
Hollier, Denis, ed. (1988) *The College of Sociology 1937–39*, translated by Betsy Wing, Minneapolis: University of Minnesota Press.
—— (1989) *Against Architecture: The Writings of George Bataille*, translated by Betsy Wing, Cambridge, Mass.: The MIT Press.
—— (1992) 'The Use-Value of the Impossible', translated by Liesl Ollman, *October*, 60: 3–24.
—— (1997) *Absent Without Leave: French Literature Under the Threat of War*, translated by Catherine Porter, Cambridge, Mass.: Harvard University Press.

Huyssen, Andreas (1986) *After the Great Divide: Modernism, Mass Culture and Postmodernism*, Basingstoke: Macmillan.
Jacknis, Ira (1985) 'Frank Boas and Exhibits: On the Limitations of the Museum Method of Anthropology', in George W. Stocking, Jr., ed. *Objects and Others: Essays on Museums and Material Culture*, Madison: The University of Wisconsin Press.
Jackson, Kevin, ed. (1993) *The Humphrey Jennings Film Reader*, Manchester: Carcanet Press.
Jackson, Peter (1992) *Maps of Meaning: An Introduction to Cultural Geography*, London and New York: Routledge.
Jameson, Fredric (1991) *Postmodernism, or the Cultural Logic of Late Capitalism*, London: Verso.
Jay, Martin (1984) *Marxism and Totality: The Adventures of a Concept from Lukács to Habermas*, Cambridge: Polity Press.
Jeffrey, Tom (1978) *Mass-Observation: A Short History*, Occasional Paper, Centre for Contemporary Cultural Studies, The University of Birmingham.
Jennings, Humphrey (1993) 'Surrealism' [1936], in Kevin Jackson, ed. *The Humphrey Jennings Film Reader*, Manchester: Carcanet Press, pp. 219–21.
—— (1995) *Pandaemonium: The Coming of the Machine as seen by Contemporary Observers*, edited by Mary-Lou Jennings and Charles Madge, Basingstoke: Macmillan.
Jennings, Mary-Lou, ed. (1982) *Humphrey Jennings: Film-Maker, Painter, Poet*, London: BFI.
Jones, Karen and Williamson, Kevin (1979) 'The Birth of the Schoolroom', *Ideology and Consciousness*, 6: 59–110.
Kafka, Franz (1994) *The Trial* [1925], Harmondsworth: Penguin.
—— (1997) *The Castle* [1926], Harmondsworth: Penguin.
Kaplan, Alice and Ross, Kristin, eds. (1983) *Everyday Life*, special issue of *Yale French Studies*, 73.
Kelly, Michael (1982) *Modern French Marxism*, Oxford: Blackwell.
Kern, Steven (1983) *The Culture of Time and Space 1880–1918*, Cambridge, Mass.: Harvard University Press.
Knabb, Ken, ed. (1981) *Situationist International Anthology*, Berkeley: Bureau of Public Secrets.
Kofman, Eleonore and Lebas, Elizabeth (1996) 'Last in Transposition – Time, Space and the City', in Henri Lefebvre, *Writings on Cities*, translated and edited by Eleonore Kofman and Elizabeth Lebas, Oxford: Blackwell, pp. 3–60.
Kojève, Alexandre (1969) *Introduction to the Reading of Hegel*, translated by James H. Nicols, Jr., New York: Basic Books.
Kracauer, Siegfried (1995) *The Mass Ornament: Weimar Essays*, translated by Thomas Y. Levin, Cambridge, Mass.: Harvard University Press.
—— (1998) *The Salaried Masses: Duty and Distraction in Weimar Germany*, translated by Quintin Hoare, London: Verso.
Kramarae, Cheris, ed. (1988) *Technology and Women's Voices: Keeping in Touch*, London: Routledge & Kegan Paul.

Krauss, Rosalind (1987) *The Originality of the Avant-Garde and Other Modernist Myths*, Cambridge, Mass.: The MIT Press.
Krauss, Rosalind and Livingston, Jane (1986) *L'Amour Fou: Photography and Surrealism*, London: Arts Council of Great Britain.
Kristeva, Julia (1984) *The Revolution in Poetic Language*, translated by Margaret Waller, New York: Columbia University Press.
Kuisel, Richard (1993) *Seducing the French: The Dilemma of Americanization*, Berkeley, Los Angeles and London: University of California Press.
Langbauer, Laurie (1992) 'Cultural Studies and the Politics of the Everyday', *Diacritics*, 22.1: 47–65.
—— (1993) 'The City, the Everyday, and Boredom: The Case of Sherlock Holmes', *differences*, 5.3: 80–120.
—— (1999) *Novels of Everyday Life: The Series in English Fiction 1850–1930*, Ithaca and London: Cornell University Press.
Laplanche, Jean and Pontalis, Jean-Bertrand (1983) *The Language of Psycho-analysis*, translated by Donald Nicholson-Smith, London: Hogarth Press.
Lash, Scott and Friedman, Jonathan, eds. (1992) *Modernity and Identity*, Oxford: Blackwell.
Lefebvre, Henri (1955) *Rabelais*, Paris: Les Editeurs Français Réunis.
—— (1962) *La Vallée de Campan – étude de sociologie rurale*, Paris: Presses Universitaires de France.
—— (1968a) *Dialectical Materialism* [1940], translated by John Sturrock, London: Jonathan Cape.
—— (1968b) *The Sociology of Marx*, translated by Norbert Gutterman, Harmondsworth: Penguin.
—— (1969) *The Explosion: Marxism and the French Revolution*, translated by Alfred Ehrenfeld, London: Monthly Review Press.
—— (1975) *Les temps des méprises*, Paris: Stock.
—— (1984) *Everyday Life in the Modern World* [1968], translated by Sacha Rabinovitch, New Brunswick: Transaction Publishers.
—— (1987) 'The Everyday and Everydayness', *Yale French Studies* 73: 7–11.
—— (1988) 'Towards a Leftist Cultural Politics', in Cary Nelson and Lawrence Grossberg, eds. *Marxism and the Interpretation of Culture*, Chicago: University of Illinois Press, pp. 75–88.
—— (1991a) *Critique of Everyday Life: Volume I* [1947/1958], translated by John Moore, London: Verso.
—— (1991b) *The Production of Space* [1974], translated by Donald Nicholson-Smith, Oxford: Blackwell.
—— (1995) *Introduction to Modernity* [1962], translated by John Moore, London: Verso.
—— (1996) *Writings on Cities*, translated and edited by Eleonore Kofman and Elizabeth Lebas, Oxford: Blackwell.
Leiris, Michel (1934) *L'Afrique fantôme*, Paris: Gallimard.

—— (1989) *Brisées: Broken Branches*, translated by Lydia Davis, San Francisco: North Point Press.

—— (1991) *Scratches: Rules of the Game – Volume I* [1948], translated by Lydia Davis, Baltimore: The Johns Hopkins University Press.

—— (1992) *Manhood: A Journey from Childhood into the Fierce Order of Virility* [1939], translated by Richard Howard, Chicago: University of Chicago Press.

—— (1997) *Scraps: Rules of the Game – Volume II* [1955], translated by Lydia Davis, Baltimore: The Johns Hopkins University Press.

Le Roy Ladurie, Emmanuel (1980) *Carnival: A People's Uprising at Romans 1579–1580*, translated by Mary Feeney, London: Scolar Press.

Levine, Donald N. (1989) 'Simmel as a Resource for Sociological Metatheory', *Social Theory*, 7: 161–74.

Lewis, Helena (1988) *Dada Turns Red: The Politics of Surrealism*, Edinburgh: Edinburgh University Press.

Linhart, Robert (1981) *The Assembly Line*, translated by Margaret Crosland, London: John Calder.

Lukács, Georg (1991) 'Memories of Georg Simmel', translated by Margaret Cerullo, *Theory, Culture and Society*, 8.3: 145–50.

Lynd, Robert S. and Lynd, Helen Merrel (1929) *Middletown: A Study in Modern American Culture*, New York: Harvest.

McClintock, Anne (1995) *Imperial Leather: Race, Gender and Sexuality in the Colonial Contest*, London and New York: Routledge.

MacIntyre, Alasdair (1984) 'The Idea of a Social Science' [1967], in Charles Harrison and Fred Orton, eds. *Modernism, Criticism, Realism*, London: Harper & Row, pp. 214–27.

Madge, Charles (1933) 'Surrealism for the English', *New Verse*, 6: 14–18.

—— (1934) 'The Meaning of Surrealism', *New Verse*, 10: 13–15.

—— (1937a) 'Anthropology at Home', *The New Statesman and Nation*, 2 January: 12.

—— (1937b) 'Press, Radio, and Social Consciousness', in C. Day Lewis, ed. *The Mind in Chains: Socialism and the Cultural Revolution*, London: Frederick Muller, pp. 147–63.

—— (1976) 'The Birth of Mass-Observation', *Times Literary Supplement*, 5 November: 1395.

Malinowski, Bronislaw (1922) *Argonauts of the Western Pacific*, London: Routledge.

—— (1938) 'A Nation-Wide Intelligence Service', in Mass-Observation, *First Year's Work 1937–38*, edited by Charles Madge and Tom Harrisson, London: Lindsay Drummond, pp. 83–121.

Marcus, Laura and Nead, Lynda, eds. (1993) *The Actuality of Walter Benjamin*, special issue of *New Formations*, 20.

Marcuse, Herbert (1972) *Negations: Essays in Critical Theory*, translated by Jeremy J. Shapiro, Harmondsworth: Penguin.

Marx, Karl (1968) *The Eighteenth Brumaire of Louis Bonaparte* [1852], in Karl Marx and Friedrich Engels, *Selected Works – In One Volume*, London: Lawrence & Wishart, pp. 96–179.

—— (1976) *Capital: A Critique of Political Economy – Volume I* [1867], translated by Ben Fowkes, Harmondsworth: Penguin.

—— (1977) *Economic and Philosophical Manuscripts of 1844*, London: Lawrence & Wishart.

Marx, Karl and Engels, Friedrich (1968) *Selected Works – In One Volume*, London: Lawrence & Wishart.

—— (1973) *Manifesto of the Communist Party* [1848], Beijing: Foreign Language Press.

Mass-Observation (1937a) *Mass-Observation*, introduction by Julian Huxley, London: Fredrick Muller.

—— (1937b) *May 12th Mass-Observation Day Surveys*, edited by Humphrey Jennings and Charles Madge, London: Faber & Faber.

—— (1937c) 'Poetic Description and Mass-Observation', *New Verse*, 24: 1–6.

—— (1937d) 'They Speak For Themselves: Mass-Observation and Social Narrative', *Life and Letters*, 17: 37–42.

—— (1938) *First Year's Work 1937–38*, edited by Charles Madge and Tom Harrisson, London: Lindsay Drummond.

—— (1939) *Britain*, Harmondsworth: Penguin.

—— (1943) *The Pub and the People: A Worktown Study*, London: Gollancz.

—— (1982) 'A Note on Images', in Mary-Lou Jennings, ed. *Humphrey Jennings: Film-Maker, Painter, Poet*, London: BFI.

—— (1983) *The Tom Harrisson, Mass-Observation Archive: File Reports, Series: 1937–1949*, Brighton: Harvester Press Microform Publications.

Mayhew, Henry (1967) *London Labor and the London Poor*, 4 vols. [1861–2], London: Frank Cass.

Mercer, Neil (1989) 'Mass-Observation 1937–40: The Range of Research Methods', *Working Papers in Applied Social Research*, 16, Manchester: University of Manchester.

Morris, Meaghan (1990) 'Banality in Cultural Studies', in Patricia Mellencamp, ed. *Logics of Television: Essays in Cultural Criticism*, Bloomington and Indianapolis: Indiana University Press, pp. 14–43.

—— (1998) *Too Soon, Too Late: History in Popular Culture*, Bloomington and Indianapolis: Indiana University Press.

Mulford, Jeremy, ed. (1982) *Worktown People: Photographs from Northern England 1937–38*, Bristol: Falling Wall Press.

Müller, Lothar (1990) 'The Beauty of the Metropolis: Toward an Aesthetic Urbanism in Turn-of-the-Century Berlin', in Charles W. Haxthausen and Heirdrun Suhr, eds. *Berlin: Culture and Metropolis*, Minneapolis: University of Minnesota Press, pp. 37–57.

Nadeau, Maurice (1987) *The History of Surrealism*, translated by Richard Howard, London: Plantin Publishers.

Nelson, Cary and Grossberg, Lawrence, eds. (1988) *Marxism and the Interpretation of Culture*, Chicago: University of Illinois Press.
Niethammer, Lutz (1992) *Posthistoire: Has History come to an End?* translated by Patrick Camiller, London: Verso.
Orwell, George (1962) *The Road to Wigan Pier*, Harmondsworth: Penguin.
Osborne, Peter (1995) *The Politics of Time: Modernity and Avant-Garde*, London: Verso.
Petro, Patrice (1993) 'After Shock/Between Boredom and History', *Discourse: Journal of Theoretical Studies in Media and Culture*, 16.2: 77–99.
Pickering, Michael and Chaney, David (1986) 'Democracy and Communication: Mass-Observation 1937–1943', *Journal of Communication*, 36.1: 41–56.
Picton, Tom (1978) 'A Very Public Espionage', *Camerawork*, 11: 2.
Plant, Sadie (1992) *The Most Radical Gesture: The Situationist International in a Postmodern Age*, London and New York: Routledge.
Pollock, Griselda (1988) 'Modernity and the Spaces of Femininity', in Griselda Pollock, *Vision and Difference: Femininity, Feminism and the Histories of Art*, London and New York: Routledge, pp. 50–90.
Poster, Mark (1976) *Existential Marxism in Postwar France: Sartre to Althusser*, Princeton: Princeton University Press.
—— (1997) *Cultural History and Postmodernity: Disciplinary Readings and Challenges*, New York: Columbia University Press.
Pred, Allan (1995) *Recognizing European Modernities: A Montage of the Present*, London and New York: Routledge.
Raine, Kathleen (1967) *Defending Ancient Springs*, London: Oxford University Press.
Rammstedt, Otthein (1991) 'On Simmel's Aesthetics: Argumentation in the Journal *Jugend*, 1897–1906', *Theory, Culture and Society*, 8.3: 125–44.
Ray, Paul C. (1971) *The Surrealist Movement in England*, Ithaca: Cornell University Press.
Reader, Keith A. (1987) *Intellectuals and the Left in France Since 1968*, Basingstoke: Macmillan.
—— (with Khursheed Wadia) (1993) *The May 1968 Events in France: Reproductions and Interpretations*, Basingstoke: Macmillan.
Rigby, Brian (1991) *Popular Culture in Modern France: A Study of Cultural Discourse*, London and New York: Routledge.
Ross, Kristin (1988) *The Emergence of Social Space: Rimbaud and the Paris Commune*, Minneapolis: University of Minnesota Press.
—— (1995) *Fast Cars, Clean Bodies: Decolonization and the Reordering of French Culture*, Cambridge, Mass.: The MIT Press.
—— (1997a) 'French Quotidian' in Lynn Gumpert, ed. *The Art of the Everyday: The Quotidian in Postwar French Culture*, New York: New York University Press, pp. 19–29.
—— (1997b) 'Lefebvre on the Situationists: An Interview', *October*, 79: 69–83.
Sadler, Simon (1998) *The Situationist City*, Cambridge, Mass.: The MIT Press.

Sandberg, Mark B. (1995) 'Effigy and Narrative: Looking into the Nineteenth-Century Folk Museum', in Leo Charney and Vanessa R. Schwartz, eds. *Cinema and the Invention of Modern Life*, Berkeley: University of California Press.

Scannell, Paddy and Cardiff, David (1991) *A Social History of Broadcasting – Volume I: 1922–1939, Serving the Nation*, Oxford: Blackwell.

Schivelbusch, Wolfgang (1977) *The Railway Journey: The Industrialization of Time and Space in the 19th Century*, New York: Berg.

Schor, Naomi (1992) 'Cartes Postales: Representing Paris 1900', *Critical Inquiry*, 18: 188–241.

Shields, Rob (1999) *Lefebvre, Love and Struggle: Spatial Dialectics*, London and New York: Routledge.

Sieburth, Richard (1989) 'Benjamin the Scrivener', in Gary Smith, ed. *Benjamin: Philosophy, Aesthetics, History*, Chicago: University of Chicago Press, pp. 13–37.

Simmel, Georg (1968) *The Conflict in Modern Culture and Other Essays*, translated by K. Peter Etzkorn, New York: Teachers College Press.

—— (1971) *On Individuality and Social Forms*, edited by Donald N. Levine, Chicago: University of Chicago Press.

—— (1990) *The Philosophy of Money* [1900/1907], translated by Tom Bottomore and David Frisby, London and New York: Routledge.

—— (1991) 'The Berlin Trade Exhibition' [1896], *Theory, Culture and Society*, 8.3: 119–23.

—— (1997) *Simmel on Culture*, edited by David Frisby and Mike Featherstone, London: Sage.

Situationist International (1966) 'On the Poverty of Student Life' (1966), in Knabb (1981), pp. 319–37.

Smith, Gary, ed. (1989) *Benjamin: Philosophy, Aesthetics, History*, Chicago: University of Chicago Press.

Smith, Woodruff D. (1991) *Politics and the Sciences of Culture in Germany 1840–1920*, Oxford: Oxford University Press.

Soja, Edward W. (1989) *Postmodern Geographies: The Reassertion of Space in Critical Social Theory*, London: Verso.

—— (1996) *ThirdSpace: Journeys to Los Angeles and Other Real-and-Imagined Places*, Oxford: Blackwell.

Spacks, Patricia Meyer (1995) *Boredom: The Literary History of a State of Mind*, Chicago: University of Chicago Press.

Spender, Humphrey (1982) 'Interview', in Jeremy Mulford, ed. *Worktown People: Photographs from Northern England 1937–38*, Bristol: Falling Wall Press, pp. 11–24.

Stam, Robert (1989) *Subversive Pleasure: Bakhtin, Cultural Criticism, and Film*, Baltimore: The Johns Hopkins University Press.

Stanley, Liz (1990) 'The Archeology of a 1930s Mass-Observation Project', *Sociology: Occasional Paper 27*, Manchester: University of Manchester.

Stanton, Gareth (1997) 'In Defence of Savage Civilisation: Tom Harrisson, Cultural Studies and Anthropology', in Stephen Nugent and Cris Shore, eds. *Anthropology and Cultural Studies*, London: Pluto Press, pp. 11–33.

Stewart, Susan (1993) *On Longing: Narratives of the Miniature, the Gigantic, the Souvenir, the Collection*, Durham, NC and London: Duke University Press.

Stocking, George W. Jr., ed. (1985) *Objects and Others: Essays on Museums and Material Culture*, Madison: University of Wisconsin Press.

—— (1987) *Victorian Anthropology*, New York: The Free Press.

—— (1996) *After Tylor: British Social Anthropology 1888–1951*, London: Athlone Press.

Summerfield, Penny (1985) 'Mass-Observation: Social Research or Social Movement?', *Journal of Contemporary History*, 20: 439–52.

Sussman, Elisabeth, ed. (1991) *On the Passage of a Few People through a Rather Brief Moment in Time: The Situationist International 1957–1972*, Boston: ICA.

Tagg, John (1992) *Grounds of Dispute: Art History, Cultural Politics and the Discursive Field*, Basingstoke: Macmillan.

Taylor, John (1994) *A Dream of England: Landscape, Photography and the Tourist's Imagination*, Manchester: Manchester University Press.

Thompson, E. P. (1985) 'Imagination Power – Review of Pandaemonium by Humphrey Jennings', *New Society*, 25 October: 164–5.

—— (1993) *Customs in Common*, Harmondsworth: Penguin.

Thompson, Kenneth (1982) *Emile Durkheim*, London: Tavistock.

Torgovnick, Marianna (1990) *Gone Primitive: Savage Intellects, Modern Lives*, Chicago: University of Chicago Press.

Trebitsch, Michel (1991) 'Preface', in Henri Lefebvre, *Critique of Everyday Life: Volume I*, translated by John Moore, London: Verso, pp. ix–xxviii.

Ulmer, Gregory L. (1985) 'The Object of Post-Criticism', in Hal Foster, ed. *Postmodern Culture*, London: Pluto Press, pp. 83–110.

Vidler, Anthony (1991) 'Agoraphobia: Spatial Estrangement in Georg Simmel and Siegfried Kracauer', *New German Critique*, 54: 31–45.

Viénet, René (1992) *Enragés and Situationists in the Occupation Movement, France, May '68*, New York: Automedia.

Waldberg, Patrick (1997) *Surrealism*, London: Thames & Hudson.

Watson, Sophie and Gibson, Katherine, eds. (1995) *Postmodern Cities and Spaces*, Oxford: Blackwell.

Weber, Max (1991) *The Protestant Ethic and the Spirit of Capitalism* [1904–5], translated by Talcott Parsons, London: HarperCollins.

Williams, Raymond (1977) *Marxism and Literature*, Oxford: Oxford University Press.

Williams, Rosalind H. (1982) *Dream Worlds: Mass Consumption in Late Nineteenth-Century France*, Berkeley: University of California Press.

Wilson, Elizabeth (1995) 'The Invisible Flâneur', in Sophie Watson and Katherine Gibson, eds. *Postmodern Cities and Spaces*, Oxford: Blackwell, pp. 59–79.

Wohlfarth, Irving (1986) 'Et Cetera? The Historian as Chiffonnier', in *New German Critique*, 39: 143–68.

Wolff, Janet (1989) 'The Invisible Flâneuse: Women and the Literature of Modernity', in Andrew Benjamin, ed. *The Problems of Modernity: Adorno and Benjamin*, London and New York: Routledge, pp. 141–56.

Wolin, Richard (1989) 'Experience and Materialism in Benjamin's *Passagenwerk*', in Gary Smith, ed. *Benjamin: Philosophy, Aesthetics, History*, Chicago: University of Chicago Press, pp. 210–27.

—— (1994) *Walter Benjamin: An Aesthetic of Redemption*, Berkeley: University of California Press.

Wollen, Peter (1991) 'Bitter Victory: The Art and Politics of the Situationist International', in Elisabeth Sussman, ed. *On the Passage of a Few People Through a Rather Brief Moment in Time: The Situationist International 1957–72*, Boston: ICA, pp. 20–61.

—— (1993) *Raiding the Icebox: Reflections on Twentieth-Century Culture*, London: Verso.

Zola, Emile (1992) *The Ladies' Paradise*, Berkeley: University of California Press.

索 引

(页码为英文原书页码,即本书边码)

Adam, B. 亚当, B. 5
Ades, D. 埃兹, D. 46, 47
Adler, K. 阿德勒, K. 144
Adorno, T. 阿多尔诺, T. 33, 71
aesthetics 美学 19—24, 120, 129—130, 151, 174;
  emergence of term 术语的形成 20;
  of experimentation 实验的美学 23—24;
  form of experience 经验形式 19;
  mental / sensual experience 心灵的 / 感官的经验 19, 20, 21;
  sociological 社会学美学 38—39;
  transformation / transcendence 转型 / 超越 20;
  and use of juxtapositions 与并置的使用 23
Ahearne, J. 阿亨, J. 165—166
Akerman, C. 阿克曼, C. 147

alienation 异化 118, 120, 124, 125, 126, 130—131, 143, 145
Althusser, L. 阿尔都塞, L. 116
Americanization 美国化 118, 133
Anderson, P. 安德森, P. 99
anthropology 人类学 76, 82, 87;
  British social 英国社会人类学 98, 99—100, 104—105;
  cannibals and heroes 食人族和英雄 97—98;
  domestic 家庭人类学 58, 98;
  Malinowskian 马林诺夫斯基的人类学 100—103;
  mythic / ritualistic 神秘的 / 仪式主义的人类学 85, 106
Aragon, L. 阿拉贡, L. 45, 49, 55—56
Arcades Project (Benjamin)《拱廊项目》(本雅明) 61, 62—63, 73, 74

archives 档案 161—169;
 and concealment / suppression 与遮蔽 / 压制 162—163;
 construction of new 新档案的建构 164;
 microscopic / macroscopic dilemma 微观 / 宏观的困境 24—25;
 practices of 档案的实践 25—26;
 problem of 档案的问题 161;
 psychoanalytic aspects 精神分析的方面 164—165;
 sensory aspects 感官的方面 26;
 speech / writing dichotomy 言语 / 写作二分法 165—169;
 strategic characterization of 档案的战略特征 162, 168;
 suppression of 档案的压制 162—163;
 and urban environment 与城市环境 161
Ardagh, J. 阿尔达, J. 132
art 艺术 45—46, 47
asceticism 禁欲主义 9—10
Atget, E. 阿特热, E. 15, 64
avant-garde 先锋派 74;
 artistic 艺术先锋派 45—46;
 sociology 先锋派社会学 21—22, 23, 38—39, 143
Axelrod, C. D. 阿克塞尔罗德, C. D. 34

Bakhtin, M. 巴赫金, M. 123, 124
Barnard, T. T. 伯纳德, T. T. 99
Barthes, R. 巴尔特, R. 107, 116, 117
Bataille, G. 巴塔伊, G. 56, 58, 81, 121, 123
Baudelaire, C. 波德莱尔, C. 36, 63, 65, 141
Bauman, Z. 鲍曼, Z. 29
Baumgarten, A. 鲍姆加登, A. 20
Beaujour, M. 博茹尔, M. 52
Bell, A. 贝尔, A. 5
Benedict, R. 本尼迪克特, R. 112
Benjamin, A. 本雅明, A. 68
Benjamin, Walter 本雅明, 瓦尔特 18, 21, 23, 26, 30, 32, 44, 45, 53, 59, 83, 111, 174;
 Arcades Project《拱廊项目》61, 62—63, 73, 74;
 and articulation of experience of the everyday 与日常经验的表述 66—71;
 and the cinema 与电影 69—70;
 dialectical images of 本雅明的辩证意向 71—73, 161;
 and failure of Surrealism 与超现实主义的失败 62;
 and the *flâneur* 与闲逛者 139;
 importance of 本雅明的重要性

61—62；

and problematic of the everyday 与日常这个问题域 61；

and shock of experience 与经验的震惊 66—71；

situating work of 为本雅明的著作安顿位置 60—61；

and theme of distraction 与心烦意乱的主题 68—70；

and 'trash' 与垃圾 61, 63, 65；

and the urban 与城市 139—140, 141

Bennett, T. 贝内特, T. 154

Bentley, N. 本特利, N. 12

Berlin 柏林 40, 42

Berlin Trade Exhibition 柏林贸易展览会 40

Biernacki, R. 别尔纳茨基, R. 5

Blanchot, M. 布朗肖, M. 1, 20—21, 51—52, 54, 122

Bloch, E. 布洛赫, E. 33

Boiffard, J.-A. 布瓦法尔, J.-A. 52, 53

Bolton project 波尔顿项目 76, 78, 89, 96—105

and class 与阶级 103—104

'failure' of 波尔顿项目的"失败" 98, 104—105

and lack of published results 与公开发表的结果的缺乏 98；

and use of British social anthropology 与英国社会人类学 98, 99—100；

use of Malinowskian framework 使用马林诺夫斯基的框架 100—103

boredom 无聊, 百无聊赖 2—3；

affect on the body 对于肉体的影响 19；

and emptying of time 与掏空时间 5—12；

and gender 与性别 10—12

Boym, S. 博伊姆, S. 144

Brecht, B. 布莱希特, B. 22, 24, 61, 62, 68, 133, 143

Breton, A. 布雷东, A. 48, 118, 121, 140, 143；

definition of Surrealism 超现实主义的定义 49—50；

récit of relationship with a woman 和一个女人之间的关系的故事 51—55

Buchanan, I. 布坎南, I. 148

Bureau of Surrealist Research 超现实主义研究所 47

Bürger, P. 比尔格, P. 46, 134

Burke, P. 布尔克, P. 124

Caillois, R. 凯卢瓦, R. 58, 121

Calder, A. and Sheridan, D. 考尔德, A. 和谢里登, D. 87, 95, 102
capitalism 资本主义 9, 113, 117, 119, 133, 140—141, 149, 172
carnival 狂欢节 参见 *la fête*
Chaney, D. 钱尼, D. 112
Chtcheglov, I. 克舍格洛夫, I. 141, 142
cinema, as distraction 作为心烦意乱的电影 70;
 film montage in 电影里的电影蒙太奇 68, 69—71, 93
Clark, T. J. 克拉克, T. J. 36
class system 阶级体系 79—81, 88, 97—98, 103—104, 131
Clifford, J. 克利福德, J. 57, 75, 81, 87, 100
Cohen, M. 科昂, M. 53, 54
Cohn Bendit, D. 科恩-本迪特 138
collage 拼贴 46—47, 104;
 chance encounters of objects 对象的邂逅 46, 93;
 in newspapers 报纸上的拼贴 95;
 and non-subsuming of diverse elements 与不同元素的不包纳 94—95;
 practice of 拼贴实践 83—84, 90, 93—95;
 and reader / text relationship 与读者／文本关系 95;

 and simultaneity of difference 与差异的同时性 94;
 and social difference 与社会差异 93—94;
 and totality of fragments 与断片的总体性 95
Collège de Sociologie 社会学学会 21, 57, 58, 121
colonialism 殖民主义 78, 79, 80, 117—118, 142
commodities 商品 113, 114, 115, 117, 175
 参见 individual / commodity relationship
Communist Party 共产党 49, 120, 130
consciousness 意识 49—50, 106, 144, 164—165
consumption 消费 154—155
cooking project 烹饪规划 152—153, 168
Coombes, A. E. 库姆斯, A. E. 16
Cowan, R. S. 考恩, R. S. 8
criticism 批判 26—30;
 anthropological 人类学的批判 29;
 emergence of social forms of 批判的社会形式的出现 28;
 of everyday life 对于日常生活的批判 129—130;
 Fascist 法西斯主义的批判 29;

Marxist 马克思主义的批判 28;
moments of 批判的契机 129;
of politics 对于政治的批判 130;
as premature 未成熟的批判 27—28;
as theoretical endgame 作为理论残局的批判 27

Crow, T. 克罗, T. 45—46

Cultural Studies 文化研究 26—27, 29—30, 31—32, 174

culture 文化 80, 99—100;
authentic 本真的文化 125;
capitalist 资本主义的文化 140—141;
geographical understanding of 文化的地理学的理解 136—137, 139
heterogeneity of 文化的异质性 148;
myth / ritual 神秘的 / 仪式的文化 85, 106;
and politics 与政治 107—109, 171—173;
popular 大众文化 147—148;
practice of 文化实践 158;
residual / emergent 残存的 / 正在形成的文化 152

Davis, M. S. 戴维斯, M. S. 35
Davis, N. Z. 戴维斯, N. Z. 124

de Certeau, Michel 德塞尔托, 米歇尔 18, 25—26, 27, 29, 31, 32, 47, 174;
and archives 与档案 161—169;
belief / faith in the everyday 日常中的信念 / 信仰 145—146;
binary language of 德塞尔托的二元语言 151, 154—156, 165;
and disentanglement of people / practices 与解除人和实践的关系 156—157;
and foregrounding of the everyday 与使把日常放置到显著位置上 170—173;
impact of summer 1968 on 1968年夏天对于德塞尔托的影响 148—149;
and metaphorics of speaking / writing 与言说 / 写作的隐喻 165—169;
poetics of everyday life 日常生活的诗学 146—156;
and the political 与政治的 150;
and the popular 与大众的 149, 162—163;
and the practice of everyday life 与日常生活实践 147—148;
and psychoanalysis 与精神分析 164—165;
and resistanc 与抵制 151—152,

153;
  similarities / differences with Lefebvre 与列斐伏尔的异同 149—151;
  and strategy / tactics 与战略／战术 157—161, 162, 164—165;
  and travel 与旅行 146;
  works by 德塞尔托的著作 146—147
Deacon, B. 迪肯, B. 99
Debord, G. 德博尔, G. 49, 133, 138, 139, 141, 142;
  and Wolman, G. J. 与沃尔曼, G. J. 139
Délégation Générale á la Recherche Scientifique et Technique 科学技术研究总评议会 146—147
Dentith, S. 登蒂斯, S. 124
dérive 漂移 139—141, 142
dialectical image 辩证意象 71—73, 83, 93
distraction 心烦意乱 68—69, 70
Documents《文献》56—57
Donzelot, J. 东泽洛, J. 9
Doyle, A. C. 道尔, A. C. 2—4
dreams 梦 62, 92, 170
Durkheim, E. 迪尔凯姆, E. 12, 57

Eagleton, T. 伊格尔顿, T. 20, 46

economics 经济学 34, 43, 129
Edwards, E. 爱德华兹, E. 112
Edwards, S. 爱德华兹, S. 79, 96
Erfahrung 经验 67—69
Erlebnis 经验 67—69
ethnography 人种学 98, 100—101;
  practised at home 在本土实践的人种学 87—88;
  Surrealist 超现实主义的人种学 56—59, 81—89
Evans, J. 埃万斯, J. 78, 88
Evans, O. 埃万斯, O. 6
everyday, as accumulation of fragments 日常，作为片断的聚集 37—38;
  ambiguities of 日常的歧义性 2, 16, 54—56;
  archives of 日常的档案 24—26;
  arguments concerning 和日常相关的论证 17—18;
  articulation of 日常的表述 22;
  as bizarre / mysterious 作为奇怪的／神秘的事物的日常 3—4, 12—14, 16;
  conscious alterations in 日常中的意识变化 49—50;
  as cyclical 循环不已的日常 128—131;
  as dull / boring 沉闷／无聊的日常 2—3, 5—12;

experience of 关于日常的经验 1;
foregrounding of 把日常突出出来 170—173;
as hidden / evasive 隐秘的／躲避的日常 145;
imaginative / inventive practices 想象的／发明的实践 31;
international frame 国际框架 175—178;
as marvellous 作为神奇事物的日常 49, 49 51, 54—56;
as non-conscious 作为无意识的日常 13—14, 59;
notion of 日常的观念 1;
poetics of 关于日常的诗学 89—96, 146—156, 170—171;
practice / critique of 日常的实践／批判 26—30, 147—148;
as problematic 作为问题域的日常 61;
as rational 作为理性事物的日常 5, 12;
representations of 日常的表象 20—21, 24;
transformation of 日常的转变 31
experience, as *Erlebnis* or *Erfahrung* 经验, 作为 *Erlebnis* 或者 *Erfahrung* 67—69;
shock of 经验的震惊 67—71
'exquisite corpse' game "精美的尸体"游戏 50

familiar 熟悉的 142—144
Faraday, M. 法拉第, M. 92
Fascism 法西斯主义 29, 84, 105, 108—109
fashion 时尚 117
Featherstone, M. 费瑟斯通, M. 19
feminism 女性主义 28, 125—126, 130, 141, 144
Ferrier, M. 费里埃, M. 168
festival 节日 参见 *flâneur*
flâneur 闲逛者 36, 141
Flaubert, G. 福楼拜, G. 11
Foster, H. 福斯特, H. 140, 141
Foucault, M. 福柯, M. 116, 117, 162
Franco-British Exhibition (1908) 法国－英国博览会(1908年) 16
Freud, S. 弗洛伊德, S. 12—14, 16, 58, 100, 164, 170
Friedan, B. 弗里丹, B. 11
Frisby, D. 弗里斯比, D. 35—36, 38

Gascoyne, D. 盖斯科因, D. 76, 82
Geist, J. 盖斯特, J. 55
gender 性别 74, 97;

and boredom 与无聊 10—12;
domestic sphere 家庭领域 109—110;
and erasure of difference 与差异的消除 119, 125—127;
feminine ambiguity 女性的模棱两可 52, 54, 126;
and women's voices 与妇女的声音 168—169

Gershem, H. S. 格肖姆, H. S. 46

Giard, L. 贾尔, L. 146, 147, 152—153, 161, 168, 170—171, 172—173

Giedion, S. 吉迪翁, S. 6, 8

globalism 全球主义 117—118, 133, 175—178

Gollancz, V. 格兰茨, V. 98

Greenhalgh, P. 格林哈尔希, P. 16

Griaule, M. 格里奥尔, M. 57

Grierson, J. 格里尔森, J. 85

Gutterman, N. 古特曼, N. 121

Haddon, A. C. 哈登, A. C. 99

Hamper, B. 汉珀, B. 8

Hargreaves, A. G. 哈格里夫斯, A. G. 142

Harisson, T. 哈里森, T. 76, 77, 79, 80, 88, 96, 97—98, 99, 101, 103—105, 110;

et al 哈里森等人 76, 84, 90

Harmann, R. 哈尔曼, R. 36

Harootunian, H. 哈鲁图尼安, H. 175—177

Harvey, D. 哈维, D. 116, 136, 144

Haussmann, Baron 奥斯曼, 巴龙 138—139

Haxthausen, C. W. and Suhr, H. 哈克斯特豪森, C. W. 和祖尔, H. 41

Hegel, G. W. F. 黑格尔, G. W. F. 120—121, 125, 142

Hegelian Marxism 黑格尔主义的马克思主义 118—120, 127

Heidegger, M. 海德格尔, M. 125

history, approach through 'trash' 历史, 通过"垃圾"通达 61—62, 63, 65;
dialectics of 历史辩证法 72—73;
end of 历史的终结 118—119, 120—122, 124;
and failure of Surrealism 历史与超现实主义的失败 62;
as nostalgia 作为怀恋的历史 55—56, 125;
and presentation of place 历史与位置的提出 52—54, 55—56;
as revolution 作为革命的历史 54

Hollier, D. 奥利耶, D. 56, 57, 58, 121

Holmes, Sherlock 福尔摩斯,歇洛克 2—4, 12—13, 16, 47, 96
Hood, W. and Cawson, F. 胡德,W. 和考森,F. 102
Howarth, H. and Glew, R. 豪沃斯,H. 和格卢,R. 102
Hugnet, G. 于涅,G. 82
Huxley, J. 赫胥黎,J. 87
Huyssen, A. 于桑,A. 11
hypermodernization 过度现代化 131—137

impressionism 印象主义 34, 35—37, 43, 73
individual / commodity relationship 个体／商品关系 40—41
参见 commodities
interiors 内部世界 72—73, 74
International Surrealist Exhibition (1936)国际超现实主义展览会(1936年) 82
'iron-cage' analogy "铁笼子"类比 9—10, 43, 58

Jacknis, I. 杰克尼斯,I. 16
Jackson, K. 杰克逊,K. 82
Jameson, F. 詹姆森,F. 133, 134, 135—136
Jay, M. 杰伊,M. 18, 118, 127
Jeffery, T. 杰夫里,T. 76, 98, 107, 112
Jennings, H. 詹宁斯,H. 76, 81, 82—83, 85, 87, 90, 92, 93
Jones, K. and Williamson, K. 琼斯,K. 和威廉森,K. 5
Joyce, J. 乔伊斯,J. 24
Julia, D. 朱利亚,D. 162
Jun, Tosaka 户坂润 177
juxtapositions 并置 73;
  cinematic 电影的并置 68, 69—70;
  of cultural materials 文化材料的并置 56—57;
  evaluation of 对并置的评价 50—51;
  feminine 女性的并置 52, 54;
  fragile body / destruction of landscape 脆弱的身体／风景的破坏 66;
  as marvellous montage 作为奇迹般的蒙太奇 49—51;
  of place 位置的并置 52—54, 55—56

Kafka, F. 卡夫卡,F. 9
Kelly, M. 凯利,M. 120
Kern, S. 克恩,S. 5

Kofman, E. and Lebas, E. 科夫曼，E. 和勒巴，E. 139

Kojeve, A. 科耶夫，A. 121—122, 125, 127

Kracauer, S. 克拉考尔，S. 8, 34, 70

Kramarae, C. 克拉马雷，C. 8

Krauss, R. 克劳斯，R. 48;
and Livingston, J. 和列文斯顿，J. 48

Kristeva, J. 克里斯蒂娃，J. 166

Kuisel, R. 库塞尔，R. 113

la fete 节日 29, 119, 122—125, 129, 133, 137, 138—139

La Nature《自然》47

La Révolution Surréaliste《超现实主义革命》47

Lacan, J. 拉康，J. 121

Lambeth Walk 兰贝斯慢步舞 107—109, 122

Langbauer, L. 兰鲍尔，L. 6, 125—126

Laplanche, J. and Pontalis, J.-B. 拉普朗什，J. 和蓬塔利斯，J.-B. 164

Layard, J. 莱亚德，J. 99

Le Corbusier 勒科尔比西耶 133

Le Roy Ladurie, E. 勒鲁瓦·拉迪里，E. 124

Lefebvre, Henri 列斐伏尔，亨利 17, 25, 28—29, 31, 32, 149, 150—151, 174, 175;

and alienation 与异化 118, 120, 124, 126, 130—131;

and capitalism 与资本主义 117, 119;

and colonialism 与殖民主义 117—118;

contribution to geographical understanding of the social 对于社会的地理学理解的贡献 136—137;

and the end of history 与历史的终结 118—119, 120—122, 124;

and erasure of difference 与差异的消除 125—127;

and the festival 与节日 119, 122—125, 133, 137;

influence of French politics on 法国政治对于列斐伏尔的影响 119—120;

and leisure 与闲暇 128—129;

and logic of the commodity 与商品的逻辑 113;

'moments' of 列斐伏尔的"契机" 115—116, 122, 124;

and movement from symbol to signal 与从象征到信号的运动 134—135;

as philosopher 作为哲学家的列

斐伏尔 113, 115, 116—117;
philosophical / sociological shift 哲学 / 社会学的转换 132—133;
and postmodernism 与后现代主义 135—136;
practical / theoretical dialectic 实践的 / 理论的辩证法 116—118, 133—134;
and recognition of the familiar 与对熟悉之物的认识 142—144;
rural / urban life 乡村 / 城市生活 115;
and separation of politics from the aesthetic / everyday 与把政治从审美 / 日常中隔离出来 130;
similarities / differences with de Certeau 与德塞尔托的异同 149—151;
and social transformation 与社会转型 131—132, 134, 135, 137—138;
and stress on repetition / recurrence 与对于重复 / 重现的强调 128—131;
and 'total man' concept 与"总体的人"概念 118—119, 122, 124, 126—127;
urbanism and the Situationists 城市化和情境主义者 138—142
Legg, S. 莱格, S. 76, 93

Leiris, M. 莱里斯, M. 56, 57, 58
leisure 闲暇 128—129
Letterist International 国际笔会 123, 138
Lewis, H. 刘易斯, H. 46, 47, 50
Linhart, R. 林哈特, R. 160
literature 文学 48
lived space 生活空间 72—73
Lukacs, G. 卢卡奇, G. 33, 34, 125

McClintock, A. 麦克林托克, A. 175
MacIntyre, A. 麦金太尔, A. 100
Madge, C. 马奇, C. 75—77, 82, 85, 87, 90, 92, 93, 98, 99, 101, 103, 105—106
Malinowski, B. 马林诺夫斯基, B. 99, 100, 101—103, 111, 112
Mallarmé, S. 马拉美, S. 166
Mannheim, K. 曼海姆, K. 33, 34, 35
Marcus, L. and Nead, L. 马库斯, L. 和尼德, L. 60
Marcuse, H. 马尔库塞, H. 129
Marx, K. 马克思, K. 6—7, 14, 24, 49, 63, 116, 120, 130, 131, 177;
and Engels, F. 和恩格斯, F. 22
Marxism 马克思主义 25, 28, 34, 103, 126, 129, 130

mass media 大众传媒 85—86

Mass-Observation 民意调查 18, 21, 23, 122, 144, 173;

background 背景 75—77;

Bolton project 波尔顿项目 96—105;

and centrality of everyday life 与日常生活的中心地位 111—112;

collecting / organizing of material 收集／整理材料 90, 93;

contradictory, confused, unsystematic approach of 民意调查的自相矛盾的、混乱不堪的、不成体系的方法 105—111;

day-surveys 每日观察 89—90, 92, 93;

and distancing of myth 与神话的疏远 84;

emergence of 民意调查的出现 30—31;

and Fascism 与法西斯主义 29;

full-time observers 全职观察员 77;

and inclusion of housewives 与包含家庭妇女 76;

as modest and ambitious 既虚怀若谷又雄心勃勃的民意调查 111;

and negotiation of the managed / unmanaged archive 与得到管理的／未得到管理的档案的处理 24, 161;

and ordering of questions 与问题的编排顺序 90—91;

part-time panel 兼职的专门小组 75—76;

as poetry of everyday life 作为日常生活的诗篇 89—96;

as politics of everyday life 作为日常生活的政治 105—111;

and practice of montage 与蒙太奇实践 83—84, 90, 93—95, 104;

psychoanalytic aspects 精神分析的诸方面 90—92, 100;

radical positivism of 民意调查的彻底的实证主义 83;

recruitment to 民意调查征召新成员 79—81, 86—87, 89;

scientific aspects 科学的诸方面 83—84, 87;

several-pronged approach 多重倾向性的方法 105—111;

as Surrealist ethnography 作为超现实主义的人种学 81—89;

tensions in 民意调查中的紧张关系 77—81;

and use of crisis moments 与危机时刻的运用 85, 86;

use of mass media 使用大众传媒 85—86;

and use of newspaper bylines 与报

纸的署名报道 86, 107;
voyeuristic aspect 窥淫癖的一面 96—97
Mayhew, H. 梅休, H. 16
Mayol, P. 马约尔, P. 146, 158, 161, 168
Merlcau-Ponty, M. 梅洛庞蒂, M. 121
metropolis 大都会 40—43
参见 urbanism
Milli, G. 米利, G. 7
modernity 现代性 32, 115;
and articulation of experience 与经验的表述 66—71;
as assault on tradition 作为对传统的攻击 22;
capitalist 资本主义现代性 119, 149;
as complex / contradictory 复杂而自相矛盾的现代性 22, 23;
focus on detritus of 聚焦于现代性的碎屑 63, 65;
global 全球的现代性 175—177;
Holmesian aspects 联想到福尔摩斯的内容 2—4;
lived experience / cultural expressions link 活生生的经验和文化表现方式的关联 36—37;
phantasmagoria of 现代性的幻影汇集 14, 16, 70, 83;
rethinking / re-imagining 重新思考 / 重新想象现代性 57;
strangeness of 现代性的奇异性 12—14, 16, 70;
temporal concept 时间概念 5—12;
urban forms 城市形式 133
moments 契机, 因素 115—116, 122, 124, 129, 150
montage 蒙太奇 见 collage
Morris, M. 莫里斯, M. 27
Moseley, O. 莫斯利, O. 84, 108
Muller, L. 米勒, L. 36—37, 41

Nadeau, M. 纳多, M. 46, 47—48
Nadja (Breton)《娜佳》(布雷东) 51—55, 140;
political aspects 政治的方面 53—54;
as a *récit* 作为故事 51—52;
use of photographs in 在《娜佳》中使用照片 52—55
Naville, P. 纳维尔, P. 48
New Left 新左派 122, 126
Niethammer, L. 尼特哈默尔, L. 125
Nietzsche, F. 尼采, F. 116

Orwell, G. 奥韦尔, G. 97, 112
Osborne, P. 奥斯本, P. 60, 124

Paris Commune 巴黎公社 54, 138—139
Paris Exposition Universelle (1889) 巴黎万国博览会(1889 年) 14, 16
Paris Peasant (Aragon)《巴黎农民》(阿拉贡) 55—56
participant observation 参与型观察 86—87, 101
philosophy 哲学 33, 116
Pickering, M. 皮克林, M. 85, 112
Picton, T. 皮克顿, T. 80, 88, 109
pleasure 快感 55
politics 政治 84, 105, 111, 150;
    Abdication crisis 退位危机 75, 85, 86, 106;
    and culture 与文化 107—109, 171—173;
    domestic sphere 家庭领域 109—110;
    and Fascism 与法西斯主义 105—106, 107, 108—109;
    and Munich crisis 与慕尼黑危机 107—108;
    separation from aesthetic / everyday 与审美的／日常的相隔离 130;
    as several-pronged 多重倾向的政治 110;
    sleep-walking aspect 梦游的方面 106—107;
    traditional 传统的政治 150
Pollock, S. 波洛克, S. 144
Popular Front 人民阵线 106, 119, 127, 131
Poster, M. 波斯特, M. 120, 150
postmodernism 后现代主义 133—136
Potlatch《炫财冬宴》123
Pred, A. 普雷德, A. 135
psychic automatism 心灵的自动作用 50
psychoanalysis 精神分析 13—14, 73, 76, 90—92, 100, 164—165
public / private realm 公共／私人领域 72—73

Rabelais, F. 拉伯雷, F. 123
ragpickers 捡破烂者 63, 64, 65
Raine, K. 雷恩, K. 76, 81, 90, 92
Rammstedt, O. 拉姆斯泰特, O. 33, 38
rationalism 理性主义 19, 20, 29
Ray, P. C. 雷伊, P. C. 82
Read, A. 里德, A. 112
Read, H. 里德, H. 82
Reader, K. A. 里德, K. A. 131
resistance 抵制 151—153, 154, 157, 160
Revel, J. 雷韦尔, J. 62

revolution 革命 138—139, 172
Rigby, B. 里格比, B. 147
Rimbaud, A. 兰波, A. 49
Rivers, W. H. 里弗斯, W. H. 99
Rosler, M. 罗斯勒尔, M. 175, 176
Ross, K. 罗斯, K. 14, 49, 117, 132, 138, 175
ruralism 乡村生活 42, 43, 115

sacredness 神圣性 57—59
Sandberg, M. B. 桑德伯格, M. B. 16
Sartre, J.-P. 萨特, J.-P. 116
Scannell, P. and Cardiff, D. 斯坎内尔, P. 和卡迪夫, D. 107—108
Schivelbusch, W. 希弗尔布施, W. 8
Schor, N. 塑尔, N. 11—12
science 科学 47—48, 83—84, 87, 106, 107
scriptural economy 书写的经济学 165—167
Seligman, C. G. 塞利格曼, C. G. 99
Shields, R. 希尔兹, R. 115, 126
Sieburth, R. 席柏斯, R. 65
Simmel, Georg 席美尔, 格奥尔格 18, 21, 23, 26, 30, 32, 73, 127, 132, 174;
  archive of 席美尔的档案 161;
  assessment of 对席美尔的评价 33—34;
  avant-gardism of 席美尔的先锋主义 39—40;
  impressionistic aspects 印象主义的方面 35—37, 43;
  and the metropolis 与大都会 40—43;
  microscopy of 席美尔的微观视野 34, 37—38, 61;
  sociological formalism of 席美尔的社会学的形式主义 35;
  and theorizing of everyday life 与日常生活的理论化 34—35;
  totalities of 席美尔的总体性 37—40
Situationists 情境主义者 123, 133, 138—142, 149
society, anti-bureaucratic 反官僚政治的社会 119;
  image of 社会的意象 92—93;
  management of 社会的管理 172;
  primitive / civilized 初民社会 / 文明社会 123;
  signification of 赋予社会以意义 134—135;
  as totality of fragm of 作为社会的片段的总体性 120—121, 131—132, 134, 135, 137—138
sociology 社会学 33, 129;
  avant-garde 先锋社会学 21—22,

23, 38—39;
impressionistic 印象主义社会学 34, 35—37, 43;
Surrealist 超现实主义社会学 48—49
Soja, E. 苏贾, E. 133, 136
Sommerfield, J. and Watkin, B. 萨默菲尔德, J. 和沃特金, B. 102
Spacks, P. M. 斯帕克斯, P. M. 10
speech 言语 165—167, 168—169, 171, 173
Spender, H. 斯彭德, H. 78, 89
Stam, R. 斯塔姆, R. 123
Stanley, L. 斯坦利, L. 112
Stewart, S. 斯图尔特, S. 6, 9
Stocking, G. W. Jr 斯托金, G. W. (小) 99, 100
strategy 战略 147, 154, 157—161, 162, 164—165, 参见 tactics
structuralism 结构主义 117, 136
Surrealism 超现实主义 18, 21, 22, 23, 30, 73;
archive of 超现实主义的档案 161;
and collage 与拼贴 46—47;
definition of 超现实主义的定义 49—50;
ethnographic perspective 超现实主义的人种学方面 56—59;

failure of 超现实主义的失败 62;
as form of idealism 作为某种形式的唯心主义 51;
as form of social research 作为某种形式的社会研究 46;
importance of montage to 蒙太奇对于超现实主义的重要性 93;
impossibility of 超现实主义的不可能性 56;
as interdisciplinary 学科交叉的超现实主义 82;
limitations of 超现实主义的限制因素 83;
link with Marxism 与马克思主义的关联 130;
and materiality of the city 与城市的物质性 51—56;
methodology of 超现实主义的方法论 49—51;
modern everyday in 超现实主义中的现代日常 62;
overuse of term 术语的过度使用 45—46;
and refusal of trappings of art / design 与拒绝艺术／设计的装饰 48—49;
and romanticism 与浪漫主义 82;
and science 与科学 47—48
Surrealist ethnography 超现实主义人种学 81—89, 140;

and blurring of native informants / participant observer 与土著信息提供者／参与型观察者界限不清 87;

common features 共同的特征 87—88;

and perception of ritual 与对于仪式的观察 88—89;

relationship 关系 81—82;

and use of time and motion 与时间和运动的使用 88

tactics 战术 159—161
　　参见 strategy
Taylor, J. 泰勒, J. 80, 112
Thompson, E. P. 汤普森, E. P. 81
time, assembly line of 时间流水线 6—8;

bureaucratic 官僚政治的时间 9—10;

gendered 性别化了的时间 10—12;

industrialization of 时间的工业化 8;

marking 标记时间 8—9;

standardization of 时间的标准化 5—6, 9

Torgovnick, M. 托尔戈夫尼克, M. 57
totality 总体性 113, 118—119, 122, 124, 125, 126—127

tradition 传统 21—23, 32, 70, 136, 150, 151, 174

trash 垃圾 61, 63, 65
travel 旅行 146
Tristan, F. 特里斯坦, F. 10

Ulmer, G. L. 厄尔默, G. L. 95
universalism 普遍性 127
urbanism 城市化 51—56, 74, 115, 117—118, 132—133, 135, 136—137, 138—142
　　参见 metropolis

Vienet, R. 维耶内, R. 150

Waldberg, P. 瓦尔伯格, P. 49, 50
Weber, M. 韦伯, M. 9—10, 43
Wilcock, J. L. et al 威尔科克, J. L. 等人 102
Williams, R. 威廉斯, R. 152
Wilson, E. 威尔逊, E. 144
Wohlfarth, I. 沃尔法特, I. 63
Wolff, J. 沃尔夫, J. 144
Wolin, R. 沃林, R. 63
Wollen, P. 沃伦, P. 123
Worktown project 工作城规划

见 Bolton project
writing 书写，写作 155, 165—169, 171

Zipes, J. 齐普斯，J. 33
Zola, E. 左拉，E. 14

图书在版编目(CIP)数据

日常生活与文化理论导论/(英)海默尔著;王志宏译.—北京:商务印书馆,2008(2018.9重印)
(现代性研究译丛)
ISBN 978-7-100-05502-4

Ⅰ.日… Ⅱ.①海…②王… Ⅲ.生活-哲学理论-研究 Ⅳ.C913.3-02

中国版本图书馆CIP数据核字(2007)第066966号

权利保留,侵权必究。

现代性研究译丛
日常生活与文化理论导论
〔英〕本·海默尔 著
王志宏 译

商 务 印 书 馆 出 版
(北京王府井大街36号 邮政编码100710)
商 务 印 书 馆 发 行
北 京 冠 中 印 刷 厂 印 刷
ISBN 978-7-100-05502-4

2008年1月第1版 开本850×1168 1/32
2018年9月北京第2次印刷 印张10¾
定价:29.00元